Kulturgutschutz und Kirche, Bibel und Kirchenrecht

ADNOTATIONES IN IUS CANONICUM

Hrsg. von Elmar Güthoff und Karl-Heinz Selge

Band 31

PETER LANG
Frankfurt am Main · Berlin · Bern · Bruxelles · New York · Oxford · Wien

Andreas Weiß/Stefan Ihli (Hrsg.)

KULTURGUTSCHUTZ UND KIRCHE, BIBEL UND KIRCHENRECHT

Symposion und Festakt
anlässlich des 60. Geburtstags
von Professor Dr. Richard Puza

PETER LANG
Europäischer Verlag der Wissenschaften

Bibliografische Information Der Deutschen Bibliothek
Die Deutsche Bibliothek verzeichnet diese Publikation in der Deutschen Nationalbibliografie; detaillierte bibliografische Daten sind im Internet über <http://dnb.ddb.de> abrufbar.

ISSN 0946-9176
ISBN 3-631-52784-5

www.peterlang.de

Vorwort der Herausgeber

Dieser Band dokumentiert die Vorträge und jeweiligen Einleitungen dazu, die im Rahmen des Symposions „Der Schutz der Kulturgüter – eine Aufgabe für Staat und Kirche“ aus Anlass des 60. Geburtstages von Prof. Dr. Richard Puza am 17. Oktober 2003 im Hörsaal des Theologicums der Katholisch-Theologischen Fakultät der Eberhard-Karls-Universität Tübingen gehalten wurden. Abgedruckt ist auch der Festvortrag von Prof. Dr. Jean Werckmeister, Strasbourg, beim anschließenden Festakt anlässlich der Übergabe der Festschrift „Flexibilitas Iuris Canonici“ und ebenso die Laudatio, die Prof. DDr. Andreas Weiß beim gleichen Anlass dem Jubilar widmete.

Das Thema des Symposions ist der kirchlichen Vermögensverwaltung entnommen, einem Gebiet, mit dem sich Richard Puza seit Beginn seiner wissenschaftlichen Studien bis heute befasst. Seine ersten Aufsätze aus dem Jahre 1968 handeln darüber[1], im Grundriss und späteren Handbuch des katholischen Kirchenrechts hat er jeweils zwei Artikel dazu verfasst.[2] In diesen Bereich gehört auch der Schutz der kirchlichen Kulturgüter, also der Kirchen und Kapellen, kirchlichen Gebäude und Kunstgegenstände, die einen bedeutenden Teil des denkmalschutzwürdigen[3] Erbes in unserem Land darstellen. Hier funktioniert das Zu-

---

1 Schriftenverzeichnis Prof. Dr. Richard Puza, in: Andreas Weiß / Stefan Ihli (Hg.), Flexibilitas Iuris Canonici. Festschrift für Richard Puza zum 60. Geburtstag, Frankfurt am Main 2003, 862, 3. Aufsätze, Nrn. 1 f.

2 Jeweils „Die Verwaltung des Kirchenvermögens“ und „(Die) Rechtsgeschäfte über das Kirchenvermögen“ überschrieben: Grundriss (1980) §§ 98 und 99 (729 ff.), Handbuch (¹1983) §§ 98 und 99 (900 ff.), Handbuch (²1999) §§ 102 und 103 (1093 ff.). Das Schriftenverzeichnis des Jubilars (in: Weiß / Ihli, Flexibilitas Iuris Canonici [Fn. 1], 861 ff.) weist weitere Titel aus diesem Bereich aus, insbesondere zur Kirchenfinanzierung.

3 Unter Denkmalpflege werden herkömmlich die Maßnahmen der Betreuung durch die Verwaltung zum Erhalt von Denkmalen ohne hoheitliche Eingriffsmöglichkeit verstanden (Beratung und finanzielle Unterstützung der Eigentümer, wissenschaftliche Erfassung und Erforschung der Denkmale, deren Restaurierung), der Begriff Denkmalschutz bringt hingegen die Umsetzung denkmalpflegerischer Erkenntnisse in hoheitlichen Maßnahmen der Verwaltung zum Ausdruck (Verbote oder Gebote an Rechtsträger): Felix Hammer, Die geschichtliche Entwicklung des Denkmalrechts in Deutschland, Tübingen 1995, 3 ff.; Ansgar Hense, Reform des Denkmalrechts? – Eine Problemskizze zur Notwendigkeit und Entwicklungsperspektiven vor dem Hintergrund aktueller staats- und verwaltungsrechtswissenschaftlicher Reformdiskussionen, in: ders. (Hg.), Denkmalrecht unter Denkmalschutz? Aktuelle rechtspolitische, verfassungs- und verwaltungsrechtliche Probleme von Denkmalschutz und Denkmalpflege, Frankfurt am Main 2003, 91, Fn. 50. Diese Differenzierung in dem Aufgaben-Begriffspaar wird jedoch nicht stringent durchgehalten und zunehmend hinterfragt – Belege dazu in: Hense (Hg.), Denkmalrecht unter Denkmalschutz?, bes. 111-114. In diesem Band werden mitunter beide Begriffe verallgemeinernd als Synonyme verwendet.

sammenspiel von staatlicher Kulturverantwortung und kirchlichem Selbstbestimmungsrecht „im großen und ganzen reibungslos“[4], was auf eine solide und „bedeutsame staatskirchenrechtliche Dimension“[5] im Hintergrund schließen lässt. Und Staatskirchenrecht – oder sagen wir es besser: Fragen um das Verhältnis von Staat und Kirche, Recht und Religion – ist einer der Arbeitsschwerpunkte des Jubilars.

Für Richard Puza ist die Berücksichtigung anderer Wissenschaftszweige in der eigenen Forschung eine Selbstverständlichkeit. Autoren und Referate in diesem Band spiegeln daher nicht nur die vielfältigen Kontakte des Jubilars, sondern auch seine herausstechenden wissenschaftlichen Interessen wider. Neben der rechtsvergleichenden Untersuchung ist dies vor allem die Rechtsgeschichte, aber auch die Kunst. Lorenz Wolf untersucht in diesem Sinne die Geschichte des kirchlichen Denkmalschutzes, Felix Hammer analysiert das Spannungsverhältnis zwischen Kulturgutschutz und religiöser Freiheit in den Verfassungen Europas, und Wolfgang Urban fragt nach der Predigt von Bildern als schützenswertem Kulturgut.

Symposion und Festakt fanden im Theologicum der Universität Tübingen statt, deren Katholisch-Theologische wie Evangelisch-Theologische Fakultät auf eine große exegetische Tradition zurückblicken können. Richard Puza vertritt hier das Fach „Kirchenrecht und Kirchliche Rechtsgeschichte“. Der Festvortrag von Jean Werckmeister stellt die Frage nach dem Zusammenhang von Bibel und Kirchenrecht in historischer und aktueller Perspektive. Die Laudatio aus der Hand eines Schülers versucht, die Persönlichkeit des Jubilars zu erschließen. Grußworte runden den Band ab.

Die Herausgeber sind sich bewusst, mit dieser Edition das Thema des Symposions nur in Ausschnitten beleuchtet zu haben und dies – wie stets – unter der Prämisse, dass „wissenschaftlich überholt zu werden ... nicht nur unser aller Schicksal, sondern unser aller Zweck“[6] ist. Viele Fragen, die einer eingehenden Auseinandersetzung bedurft hätten, konnten nicht zur Sprache kommen.[7] Die Herausgeber schließen in der Hoffnung, dass weitere Anlässe Gelegenheit geben werden, vom Fortgang der wissenschaftlichen Arbeit Richard Puzas zu berichten.

Tübingen, im März 2004 — Andreas Weiß und Stefan Ihli

---

4 Axel Frhr. v. Campenhausen, Staatskirchenrecht, München ^{3}1996, 214.

5 Alexander Hollerbach, Kunst- und Denkmalpflege, in: Joseph Listl / Heribert Schmitz (Hg.), Handbuch des katholischen Kirchenrechts, Regensburg ^{2}1999, 1109.

6 Max Weber, Wissenschaft als Beruf, in: ders., Gesammelte Aufsätze zur Wissenschaftslehre, Tübingen ^{7}1988, 592.

7 Zu nennen sind z. B. die Fragen im Zusammenhang mit einer Nutzungserweiterung, Umwidmung oder Profanierung von Kirchen und Kapellen.

Inhaltsverzeichnis

Vorwort der Herausgeber....................5

Wissenschaftliches Symposion
„Der Schutz der Kulturgüter – eine Aufgabe für Staat und Kirche“

Ottmar Fuchs
Begrüßung und Eröffnung....................9

Andreas Weiß
Einführung in das Symposion....................11

Andreas Weiß
Einführung zu Vortrag 1: Die Kirche als älteste Denkmalschützerin....................17

Lorenz Wolf
Die Kirche als älteste Denkmalschützerin....................19

Andreas Weiß
Einführung zu Vortrag 2: Kulturgutschutz und religiöse Freiheit
in den Verfassungen Europas....................33

Felix Hammer
Kulturgutschutz und religiöse Freiheit in den Verfassungen Europas....................37

Andreas Weiß
Einführung zu Vortrag 3: Die Predigt der Bilder als Kulturgut....................61

Wolfgang Urban
Die Predigt der Bilder als Kulturgut.
Vom romanischen Kapitell zur „Stuttgarter Kreuzigung“
von Joseph Beuys....................63

Andreas Weiß
Staatlicher Denkmalschutz und Kirchenautonomie.
Zum Konfliktpotential zwischen denkmalpflegerischen und
gottesdienstlichen Interessen bei Sakralbauten....................97

Festakt
anlässlich der Übergabe der Festschrift
„Flexibilitas Iuris Canonici"

Andreas Weiß
Begrüßung und Eröffnung 103

Ottmar Fuchs
Grußwort des Dekans der Katholisch-Theologischen Fakultät 105

Teut Risler
Grußwort des Prorektors der Eberhard-Karls-Universität Tübingen 109

Gebhard Fürst
Grußwort des Bischofs von Rottenburg-Stuttgart 111

Andreas Weiß
„Kirchenrecht gestern und heute".
Laudatio zum 60. Geburtstag von Richard Puza 113

Stefan Ihli
„Flexibilitas Iuris Canonici".
Ein Blick in die Festgabe für Prof. Dr. Richard Puza 121

Jean Werckmeister
Festvortrag:
Die Bibel als normative Quelle des Kirchenrechts 125

Richard Puza
Worte des Dankes 135

Bibliographie

Schriftenverzeichnis Prof. Dr. Richard Puza 141

Begrüßung durch den Dekan der Katholisch-Theologischen Fakultät

Ottmar Fuchs

Meine Damen und Herren,

ich begrüße Sie sehr herzlich, die Sie von Nah und Fern gekommen sind, zwischen Wien und Löwen, zwischen Erfurt und Strasbourg, Fribourg und Rottenburg zu diesem Symposion anlässlich des 60. Geburtstags unseres Kollegen Prof. Dr. Richard Puza. Im Namen unserer Fakultät danke ich Ihnen, dass Sie gekommen sind, danke vor allem den Mit-Veranstaltern dieses Symposions, Herrn Prof. DDr. Andreas Weiß und Herrn Stefan Ihli.

Und – nicht zuletzt als praktischer Theologe – begrüße ich auch dieses Thema sehr. Denn es verbindet nicht nur, was auch ein Blick auf die Referentenliste zeigt, die Theologie mit den entsprechenden Verantwortlichen in unserer Diözese, sondern provoziert auch eine ganz bestimmte theologische Verantwortung. In einer Zeit, in der nachgewiesenermaßen die Erinnerung vieler Menschen über den eigenen Biographiehorizont kaum hinaus geht, steht die Frage nach den außerindividuellen Stützen eines darüber hinaus gehenden kulturellen Gedächtnisses um so drängender an. Und zwar nicht nur als Bedingung für eine Gesellschaft, die um ihre kulturellen Wurzeln weiß und diese auch in ihren Monumenten zu identifizieren vermag, sondern als die Bedingung der Möglichkeit, überhaupt Zeugnisse der Vergangenheit für die Gegenwart ernst zu nehmen. So leistet die Kirche mit dem in ihr selbst angestrengten Kulturschutz kirchlicher Erinnerungsposten nicht nur einen Beitrag zur Humanisierung unserer Gesellschaft, sondern zugleich für die Ermöglichung, die Vergangenheit für die Gegenwart wichtig zu nehmen, ja genauso wichtig wie uns selbst. Denn immerhin waren es Menschen, die das geschaffen haben, und ihr Tod macht sie nicht unwichtig – wie wir auch nicht auf die Idee kämen (hoffentlich!), uns für weniger wichtig zu erachten, weil wir einmal sterben werden.

Zur Repräsentanz dieser Verstorbenen im christlichen Bereich gehört nicht nur die Bibel, gehören nicht nur die Schriften der Tradition, sondern alle anderen Zeugnisse der Vergangenheit: Kunstwerke, Architektur, Denkmäler! Es wäre schon längst nötig, auch dafür eine für die Gegenwart bedeutsame Hermeneutik zu entwickeln. Wenn die Theologie des Zweiten Vaticanums stimmt, dass die jeweiligen Erfahrungen der Menschen bezüglich des Glaubens selbst eine hohe theologische Würde haben, dann haben eine romanische Kirche und ein Nazarenerbild aus dem 19. Jahrhundert eine eigene theologische Würde, weil in ihnen ganz bestimmte Erfahrungen des Glaubens denkmalhaft zum Ausdruck kommen. Diese Würde ist nicht unbedingt von der künstlerischen Qualität abhängig. Es kann auch diesbezüglich bescheidenere, oft hilflose Zeugnisse geben, die nichts desto weniger theologischen Denkmalwert haben. Jedenfalls gibt es wohl eine spezifische Reziprozität von Denkmal und Theologie, deren Hermeneutik noch nicht einmal in den Anfängen entschlüsselt ist. Vielleicht, hoffentlich, ist dieses Symposion ein Anstoß dazu, nicht nur für das Kirchenrecht, sondern auch für andere theologische Disziplinen.

So wünsche ich diesem Symposion einen guten Verlauf, danke Ihnen nochmals herzlich, dass Sie gekommen sind, dass Sie dieses Gespräch veranstaltet haben. Was unseren Jubilar anbelangt, so halte ich mich jetzt noch zurück und werde im Festakt nochmals das Wort ergreifen.

Der Schutz der Kulturgüter – eine Aufgabe für Staat und Kirche

Einführung in das Symposion

Andreas Weiß

Sehr geehrter Herr Dekan,

herzlichen Dank, dass Sie die Begrüßung zu diesem Symposion übernommen und es eben so charmant eröffnet haben. Als Stefan Ihli und ich an Sie herangetreten sind, ob die Katholisch-Theologische Fakultät sich ein wissenschaftliches Symposion anlässlich des 60. Geburtstages von Prof. Dr. Richard Puza vorstellen könnte, bejahten Sie spontan und sagten zu, die erforderliche Infrastruktur dafür bereit zu stellen. Auch dafür sei Ihnen herzlich gedankt.

Sehr geehrte Damen und Herren,

ein freudiges Willkommen Ihnen allen auch von meiner Seite und von Herrn Ihli. Wir freuen uns sehr, dass Sie so zahlreich unserer Einladung zu diesem wissenschaftlichen Symposion anlässlich des 60. Geburtstages von Prof. Dr. Richard Puza gefolgt sind. Sie bringen dadurch Ihre Verbundenheit mit dem Jubilar zum Ausdruck oder Ihr Interesse am Thema. In dieser Hinsicht heiße ich besonders die Vertreter und Mitarbeiter der staatlichen und kirchlichen Denkmalschutzbehörden und Bauämter willkommen. Wir freuen uns über Ihre Anwesenheit, denn nur so wird ein Diskurs zwischen Wissenschaft und Praxis ermöglicht.

Mein besonderer Gruß gilt den Referenten, die die Mühe eines Vortrags übernommen haben, ich werde sie Ihnen gesondert beim jeweiligen Vortrag vorstellen. Herzlich grüße ich auch die zahlreich anwesenden Professoren verschiedenster Disziplinen aus wenigstens sechs europäischen Ländern, unter ihnen zahlreiche Spezialisten zu unserer Thematik. Doch was wäre diese Veranstaltung ohne Sie, die Angehörigen des Jubilars, ohne die vielen Freunde und Bekannten von Richard Puza, die hier sind, und ohne die Studenten – wir würden uns im elitären Zirkel bewegen, was gar nicht im Sinne Richard Puzas wäre. Seien Sie deshalb alle, so wie Sie hier sind, aufs herzlichste willkommen geheißen.

Mein Part wird sein, Sie als Moderator durch das Programm zu begleiten. Gestatten Sie mir in diesem Zusammenhang gleich die inständige Bitte, sich so exakt wie möglich an die vorgegebenen Zeiten zu halten. Wir haben dem Symposion einen straffen Zeitplan zugrundegelegt, um den Beginn des sich anschließenden Festaktes, zu dem wir weitere Teilnehmer erwarten, nicht ungebührlich zu verzögern. Danke, wenn Sie dafür Verständnis haben.

Als der Berliner Stadtforscher Dieter Hoffmann-Axthelm im Frühjahr 2000 seine provozierende These von der Entstaatlichung der Denkmalpflege vorlegte[1], hat diese Materie schlagartig ihr Mauerblümchendasein abgelegt. Seither steht staatlicherseits der Schutz der Kulturgüter noch stärker unter Rechtfertigungszwang, als dies schon durch die seit den 90er Jahren

> „sich ausbreitenden Privatisierungstendenzen (Stichworte wie z. B. ‚schlanker Staat', Verwaltungsmodernisierung) und die Diskussionen über neue Leitbilder im Verhältnis von Staat und Gesellschaft (Zivilgesellschaft, der Staat als ‚Bürger-AG' u. a. m.)"[2]

der Fall war. Seither ist hierzulande ein inspirierendes Nachdenken der Fachleute[3] über die Zukunft des Denkmalschutzes festzustellen. Die schmerzlichen Mindereinnahmen der letzten Jahre in den öffentlichen Haushalten zwingen zu massiven Kürzungen und verschärfen die Diskussion um die Denkmalpflege in der Modernisierungsdebatte der Gesellschaft.

Auf der anderen Seite wird niemand ernsthaft bestreiten wollen, dass Kulturgüter eine identitätsstiftende Bedeutung haben. Dies gilt für Schlösser, Burgen, Parkanlagen und Museen, aber nicht weniger für die vielen Kirchen und Kapellen, Klöster und anderen alten Liegenschaften der Kirche in unserem Land. Kultur selbst aber ist

> „Bestandteil einer humanen Existenz. Sie ist eine Basis gemeinschaftlichen Lebens und deshalb für das soziale Dasein eines Gemeinwesens unverzichtbar. Kultur sichert Traditionen, ermöglicht Innovationen und ist die Voraussetzung für Interaktionen mit anderen Kulturen. ... [Sie] trägt, wie die Religion, dazu bei, die Voraussetzungen unseres demokratischen Staates zu erhalten und weiterzuentwickeln, die er selbst nicht schaffen kann."[4]

---

1 Dieter Hoffmann-Axthelm, Kann die Denkmalpflege entstaatlicht werden? Eine Streitschrift. Gutachten für die Bundestagsfraktion von Bündnis '90 / Die Grünen, März 2000; vgl. ders., Alles bewahren heißt nichts erhalten. Die Denkmalpflege ist am Ende und braucht eine neue Aufgabe: Die Suche nach den Projektionen gesellschaftlichen Glücks, in: DIE ZEIT, Nr. 22 v. 25.05.2000, 46 f.

2 Ansgar Hense, Vorwort, in: ders. (Hg.), Denkmalrecht unter Denkmalschutz? Aktuelle rechtspolitische, verfassungs- und verwaltungsrechtliche Probleme von Denkmalschutz und Denkmalpflege, Frankfurt am Main 2003, 5.

3 Vereinigung der Landesdenkmalpfleger in der Bundesrepublik Deutschland (Hg.), Entstaatlichung der Denkmalpflege? Von der Provokation zur Diskussion. Eine Debatte über die Zukunft der Denkmalpflege. Eine Dokumentation, zusammengestellt v. Matthias Donath, Berlin 2000; Hense (Hg.), Denkmalrecht unter Denkmalschutz? (Fn. 2).

4 Generalsekretariat des Zentralkomitees der deutschen Katholiken, Kultur als Aufgabe für Staat und Kirche. Zur Förderung der dezentralen und pluralen Kultur in Deutschland. Eine Erklärung des Zentralkomitees der deutschen Katholiken v. 20.11.1999, 6.

Kirchliche Denkmale sind somit

> „mehr als nur Funktionsträger, die den partikularen Interessen einer Kirchengemeinde dienen. Sie gehören zum Erbe der gesamten Bevölkerung und stehen – schon aus den Intentionen der christlichen Verkündigung heraus – allen Besuchern offen. An ihnen visualisiert und kristallisiert sich kulturelle Identität und kollektives Gedächtnis."[5]

Die Pflege kirchlicher Kulturgüter kommt also der gesamten Gesellschaft zugute, nicht nur den praktizierenden Kirchenmitgliedern.[6] Ihre Erhaltung stellt im Staat des Grundgesetzes, der auch Kulturstaat ist, ein „gesamtgesellschaftliches Anliegen"[7] dar.

Im internationalen Vergleich bewegen sich die Maßnahmen zur Erhaltung des Denkmalbestandes in Deutschland auf sehr hohem Niveau. Allein die katholische Kirche hat in den Jahren 1996 bis 2000 fast 2,1 Milliarden Euro[8] in die Pflege ihrer denkmalgeschützten Gebäude investiert.[9]

> „An der Gesamtzahl von Kulturdenkmalen in Deutschland haben die Kirchen auch heute noch den größten Anteil. Gerade sie zählen zu den beständigsten, anspruchsvollsten und wohl auch kostspieligsten Kulturdenkmalen."[10]

Die zwanzig katholischen Kirchengebäude im Range eines UNESCO-Weltkulturerbes in Deutschland[11] gelten

> „weltweit als modellhafte Objekte für vorbildliche Denkmalpflege auf technisch modernstem Stand. Etliche international etablierte Innovationen auf diesem Gebiet verdanken sich der kirchlichen Denkmalpflege Deutschlands."[12]

Die Aufrechterhaltung eines wenigstens angemessenen denkmalpflegerischen Engagements ist jedoch staatlicher- wie kirchlicherseits massiv bedroht. Bund, Länder und Kommunen haben immer weniger Mittel[13] für eigene denkmalpfle-

---

5 Sekretariat der Deutschen Bischofskonferenz, Die Katholische Kirche in Deutschland und die Denkmalpflege. Hintergründe, Fakten, Perspektiven. Grundinformation, Bonn 2003, 2.

6 Ca. 90 Millionen Menschen besuchen jährlich die denkmalgeschützten Gebäude der Kirchen, darunter nicht wenige Touristen, die zu Glauben und Kirche keine Beziehung haben; Pressemitteilung des Sekretariates der Deutschen Bischofskonferenz v. 01.09. 2003, in: http://dbk.de/presse/pm2003/pm2003090101.html.

7 Sekretariat der DBK, Katholische Kirche und Denkmalpflege (Fn. 5), 2.

8 Ebd., 4.

9 Die Denkmale und Liegenschaften der Caritas wie auch anderer kirchlicher Verbände sind hier nicht mitgerechnet.

10 Walter Döring, Eröffnungsansprache am 9. Landesdenkmaltag Baden-Württemberg 2002, in: Denkmalpflege in Baden-Württemberg 32 (2003), H. 1, 5.

11 Darunter befinden sich Kloster und Klosterstadt Maulbronn sowie die Klosterinsel Reichenau.

12 Sekretariat der DBK, Katholische Kirche und Denkmalpflege (Fn. 5), 3.

13 Das Volumen der staatlichen Zuschüsse zur Denkmalpflege lag beispielsweise in Baden-Württemberg Mitte der 90er Jahre bei ca. 30 Millionen Euro pro Jahr, 2002 standen an Fördermitteln für Bau- und Kunstdenkmale von Seiten des Landes nur mehr ca. 18

gerische Maßnahmen übrig und in den letzten Jahren auch ihre Zuschüsse hierzu an die Kirchen deutlich heruntergefahren, einige die Förderung fast ganz eingestellt. Da auch die kircheneigenen Ressourcen infolge von Veränderungen der staatlichen Steuergesetzgebung und der damit verbundenen sinkenden Kirchensteuereinnahmen immer geringer werden, brechen die finanziellen Möglichkeiten des kirchlichen Denkmalschutzes spürbar ein, wobei zugleich die Kosten für den Unterhalt eines Denkmals steigen. Nicht nur in den neuen Bundesländern – dort noch viel mehr – kämpft manches kirchliche Denkmal längst ums nackte Überleben.

Aber nicht nur fehlende finanzielle Mittel gefährden Kirchen und Kapellen, auch innerkirchliche Faktoren selbst sind hier in Anschlag zu bringen. Infolge der Neuorganisation der Seelsorgestrukturen – sprich Zusammenlegung von Pfarreien – und der sinkenden Zahl der Gottesdienstbesucher ist manche Kirche inzwischen viel zu groß, wird gar nicht mehr benötigt oder ihre Sanierung kommt zu teuer. Dann stellt sich für Gemeinde und Diözese[14] die Frage: Können wir dieses Gebäude erhalten? Brechen uns dadurch nicht dringend benötigte Mittel z. B. für die Pastoral weg? Prioritäten auch auf dem Sektor der Kirchenbauten lassen sich nicht mehr umgehen. Gemeinden und Diözesen werden zukünftig öfters vor der Frage stehen: Welche Gebäude sind an welchen Orten für Pastoral und Liturgie unverzichtbar? Neben der Sanierung eines Denkmals kommen dabei auch andere Alternativen ins Spiel wie beispielsweise Nutzungserweiterung[15], Umnutzung[16] oder Profanierung. Gebäude ohne Nutzung lassen sich auf Dauer wohl kaum erhalten. Stiftungen und Vereine zur Erhaltung

---

Millionen Euro zur Verfügung; so der Wirtschaftsminister von Baden-Württemberg, Walter Döring, Eröffnungsansprache (Fn. 10), 6.

14 Nach dem Pressebericht des Vorsitzenden der Deutschen Bischofskonferenz, Kardinal Karl Lehmann, v. 26.09.2003, TOP II.5, in: http://dbk.de/presse/pm2003/pm2003092601.html haben die deutschen Bischöfe auf ihrer Herbstvollversammlung 2003 eine Orientierungshilfe „Umnutzung von Kirchen" verabschiedet, die den Bistümern Entscheidungshilfen für den Fall an die Hand geben soll, dass eine Kirche nicht mehr genutzt wird; Rudolf Zewell, Lieber mal abwarten, in: Rheinischer Merkur, Nr. 41 v. 09.10.2003, 24.

15 Z. B. der Umbau zu einem multifunktionalen Gemeindezentrum mit integriertem Gotteshaus.

16 Z. B. als Museum, Bibliothek oder karitative Einrichtung. Das Rottenburger Diözesanmuseum ist in der Kirche des ehemaligen Karmeliterklosters untergebracht. Bekannte Beispiele für eine Umnutzung von Kirchen sind das Schnütgen-Museum zu Köln in der romanischen Basilika des ehemaligen Damenstifts St. Cäcilien und gleich daneben die von Friedhelm Mennekes 1987 gegründete Kunststation St. Peter in einer spätgotischen Pfarrkirche aus dem 12. Jahrhundert. Häufiger werden Kapellen in Museen umgewandelt oder integriert (z. B. Diözesanmuseen in Augsburg und Köln).

kirchlicher Bauten, die plötzlich aus dem Boden schießen, können manches auffangen, aber die Zuspitzung der Situation nicht verhindern.[17]

Wenn der Erhalt der Kulturgüter eine hochrangige Gemeinwohlaufgabe ist, wie ihn das Bundesverfassungsgericht mit Recht qualifiziert hat[18], dann muss das öffentliche Bewusstsein hierfür aller Orten sensibilisiert werden, dann brauchen wir „mehr als bisher eine neue Qualität der Denkmalpartnerschaft"[19], in der Denkmalbehörden der Länder, Kommunen und Kirchen, aber auch Bürgerinitiativen, private Stiftungen, die Medien usw. eingebunden sind. Vor diesem Hintergrund will das Symposion das Bewusstsein für die Bedeutung der staatlichen wie kirchlichen Denkmalpflege und für die Weiterentwicklung der kulturellen Tradition unseres Landes schärfen.

---

17 Zur Situation vgl. Gerhard Matzig, Kirchen in Not. Über den profanen Umgang mit sakralen Denkmälern, Bonn 1997.

18 BVerfG, Beschluss v. 02.03.1999 – 1 BvL 7/91 –, in: BVerfGE 100, 226 ff. (242).

19 Michael Goer, Denkmalpflege und Kirche. Sakralbauten als denkmalpflegerische Aufgabe, in: Denkmalpflege in Baden-Württemberg 32 (2003), H. 1, 39.

Die Kirche als älteste Denkmalschützerin
Einführung

Andreas Weiß

> „Die katholische Kirche ist seit alters ein lebendiger Hort der Pflege der Architektur und der bildenden Kunst"[1],

so beginnt Alexander Hollerbach seinen Artikel über die Kunst- und Denkmalpflege im Handbuch des katholischen Kirchenrechts. Was die Geschichte des staatlichen Denkmalschutzes in Deutschland anbelangt, so wird dessen Geburtsstunde um die Wende vom 18. zum 19. Jahrhundert angegeben.[2]

> „Die mit der damaligen Säkularisation einhergehende Zerstörung unzähliger Kirchen, Klöster und Kapellen war geradezu Impulsgeber für einen organisierten Schutz- und Rettungsgedanken als notwendige gesellschaftliche Gegenbewegung."[3]

In den Kirchen finden wir schon viel früher Vorschriften zum Erhalt der eigenen Denkmale[4], wobei zunächst weniger die

> „Konservierung kulturgeschichtlich bedeutsamer Zeugnisse im Vordergrund (stand), als das Bestreben, Kirchenvermögen zu sichern und Sakralgegenstände vor Zweckentfremdung zu schützen."[5]

---

1 Alexander Hollerbach, Kunst- und Denkmalpflege, in: Joseph Listl / Heribert Schmitz (Hg.), Handbuch des katholischen Kirchenrechts, Regensburg ²1999, 1109.

2 Pars pro toto Hans J. Wörner, Kurze Geschichte des Denkmalschutzes und der Denkmalpflege in Deutschland, in: August Gebeßler / Wolfgang Eberl (Hg.), Schutz und Pflege von Baudenkmälern in der Bundesrepublik Deutschland. Ein Handbuch, Köln 1980, 7.

3 Michael Goer, Denkmalpflege und Kirche. Sakralbauten als denkmalpflegerische Aufgabe, in: Denkmalpflege in Baden-Württemberg 32 (2003), H. 1, 34.

4 Allgemein zur Entwicklung des kirchlichen Denkmalrechts vgl. Peter Leisching, Haec Aedes Mysterium Adumbrat Ecclesiae. Kirchliches Recht zur Wahrung von Kunstwerken, in: Österreichisches Archiv für Kirchenrecht 29 (1978) 340 ff.; Louis Carlen, Denkmalschutz und Kirchenrecht, in: Bernhard Anderes u. a. (Hg.), Das Denkmal und die Zeit. Alfred A. Schmid zum 70. Geburtstag gewidmet von Schülerinnen und Schülern, Freunden und Kollegen, Luzern 1990, 38 ff.; grundlegend: Felix Hammer, Die geschichtliche Entwicklung des Denkmalrechts in Deutschland, Tübingen 1995; Lorenz Wolf, Kirche und Denkmalschutz. Die päpstliche Gesetzgebung zum Schutz der Kulturgüter bis zum Untergang des Kirchenstaates im Jahr 1870, Münster 2003.

5 Hans M. Bregger, Kirchliche Denkmalpflege im Spannungsfeld zwischen staatlicher und kirchlicher Normsetzung, in: Ansgar Hense (Hg.), Denkmalrecht unter Denkmalschutz? Aktuelle rechtspolitische, verfassungs- und verwaltungsrechtliche Probleme von Denkmalschutz und Denkmalpflege, Frankfurt am Main 2003, 52.

Zuvorderst sind hier die kanonischen Veräußerungsverbote[6] zu nennen. Heute haben wir in beiden Gesetzbüchern der 22 katholischen Kirchen keinen eigenen systematischen Ort und keine allgemeine Grundsatznorm zum Denkmalschutz, sondern wie im CIC / 1917 verstreute Einzelnormen; daneben stehen Aussagen der Liturgiekonstitution „Sacrosanctum Concilium" (bes. Art. 120-130), die nach can. 2 CIC ebenso zu berücksichtigen sind.[7] Hinzu kommen viele partikularrechtliche Regelungswerke auf Ebene der Bischofskonferenz[8] oder der einzelnen Diözesen (z. B. Bauordnungen).

Doch wo liegen die Anfänge des kirchlichen Denkmalschutzes im eigentlichen Sinn? Lässt dieser sich wirklich bis zum „Auftreten des geschichtlichen Bewusstseins im 16. Jahrhundert"[9] zurückverfolgen? Welche Anhaltspunkte lassen sich für welche zeitliche Einordnung benennen?

Zum Referenten: Monsignore Dr. Lorenz Martin Wolf, geb. 1955 in Edersberg, Landkreis Pfaffenhofen / Ilm; Studium der katholischen Theologie an der Katholisch-Theologischen Fakultät der Ludwig-Maximilians-Universität München und des Kirchenrechts am Kanonistischen Institut derselben Universität, Abschluss im Juli 1989 mit dem akademischen Grad eines Lizentiaten des kanonischen Rechts; seit August 1989 Vizeoffizial der Erzdiözese München und Freising; 1997 an der Fakultät für kanonisches Recht der Pontificia Universitas Lateranensis zum Dr. iur. can. promoviert; im August 1997 Ernennung zum Offizial der Erzdiözese München und Freising und zum Leiter des Referates Kirchenrecht am dortigen Ordinariat sowie im Oktober 1998 zum Domkapitular; seit Oktober 1999 Vorsitzender der deutschsprachigen Offizialenkonferenz; Lizentiatsarbeit: Der Irrtum über eine Eigenschaft der Person als Ehenichtigkeitsgrund. Ein Beitrag zur Interpretation von c. 1097 § 2 des CIC, St. Ottilien 1990; Doktorarbeit: Kirche und Denkmalschutz. Die päpstliche Gesetzgebung zum Schutz der Kulturgüter bis zum Untergang des Kirchenstaates im Jahr 1870, veröffentlicht in gekürzter Form in Rom 1997, vollständige Ausgabe Münster 2003.

---

6 Can. 15 des IV. Konzils von Konstantinopel; Decretum Gratiani p. II C. 12 q. 2 c. 13; heute cann. 1290-1298 und 1377 CIC, 1034-1042 und 1449 CCEO.

7 Näheres bei Hollerbach, Kunst- und Denkmalpflege (Fn. 1), 1109 ff.; Werner Groß, Kirche und Denkmalpflege. Die Erneuerung der Liturgie durch das Zweite Vatikanische Konzil, in: Denkmalpflege in Baden-Württemberg 32 (2003), H. 1, 40 ff.; Bregger, Kirchliche Denkmalpflege (Fn. 5), 52 ff.

8 Z. B. Sekretariat der Deutschen Bischofskonferenz (Hg.), Leitlinien für den Bau und die Ausgestaltung von gottesdienstlichen Räumen. Handreichung der Liturgiekommission der Deutschen Bischofskonferenz, Bonn [5]2000.

9 Groß, Kirche und Denkmalpflege (Fn. 7), 40.

Die Kirche als älteste Denkmalschützerin

Lorenz Wolf

Jeder, der sich mit der Thematik des Denkmalschutzes näher beschäftigt, wird sehr schnell feststellen, dass in diesem Bereich die verschiedensten Auffassungen bestehen, sei es in der Definition von Denkmal und Schutzwürdigkeit oder im Bereich der Konservierung und Restauration oder im Bereich der Zuständigkeit und Letztverantwortung. Genauso sieht es aus, wenn man nach der geschichtlichen Entwicklung des Denkmalschutzes fragt. Bis heute finden sich die verschiedensten Aussagen darüber, wann der Gedanke des Denkmalschutzes begonnen und wann er erstmals eine rechtliche Ausformung bekommen hat. Der Abgeordnete Reiner Schomburg (CDU) führte am 20. November 1997 im Landtag von Sachsen-Anhalt aus:

> „Die Geschichte des Denkmalschutzes als öffentlichem Anliegen ist verhältnismäßig jung. Mit der Emanzipation des Bürgertums infolge der Französischen Revolution entstand das gesellschaftliche Bedürfnis, sich seiner geschichtlichen Wurzeln zu vergewissern und deren Zeugnisse für die nachfolgenden Generationen zu bewahren. ... Der oberste preußische Baubeamte Karl Friedrich Schinkel [kann] als der eigentliche Schöpfer der Denkmalpflege bezeichnet werden. Schon früh entwickelte er Pläne zur Förderung der Kenntnisse von Denkmälern, ihrer Erfassung und des Schutzes durch den Staat. Sein Bericht vom 17. August 1815 bildete den Grundstein der staatlichen Denkmalpflege in Preußen. Den gesetzlichen Schutz von Denkmalen gibt es hingegen erst seit den 70er Jahren unseres Jahrhunderts, in einigen Bundesländern erst seit den 80er Jahren.“[1]

Im Denkmal-Lexikon im Internet kann man lesen:

> „Die Denkmalpflege, die auf Gesetzen fußt, ist eigentlich noch nicht sehr alt. Etwa in der Mitte des 19. Jahrhunderts wuchs das Bewusstsein, dass der Staat darauf achten sollte, historisch wertvolle Gebäude zu erhalten und zu pflegen. Das hing damit zusammen, dass zu dieser Zeit mit der Industrialisierung eine viel schnellere Veränderung der Städte und Lebensumstände einsetzte als in den Jahrhunderten davor. Wichtig für die Denkmalpflege im 20. Jahrhundert war dann eine Charta ‚über die Konservierung und Restaurierung von Denkmalen und Ensembles‘: Sie ging 1964 aus einer Tagung in Venedig hervor. Die Forderungen zur Denkmalpflege und ihren Methoden, die in dieser Grundsatzerklärung standen, wurden bald von allen Nationen anerkannt. Dabei ging man vor allem von dem Erhalt und der Restaurierung des herausragenden Einzel-Monuments aus Das änderte sich 1975, als der Europarat zum ‚Europäischen Denkmalschutzjahr‘ aufrief. Durch dieses Jahr hat sich der Denkmalschutz stark erweitert: Galten bis dahin vor allem kirchliche Bauten, Schlösser und Burgen als denkmalwürdig, interessierte man sich jetzt auch für Zeugnisse der Technik- und In-

---

1 Plenarprotokoll des Landtages von Sachsen-Anhalt Nr. 2/073, 5461.

dustriegeschichte sowie der Gartenbaukunst. Wohnhäuser und Stadtanlagen rückten ebenfalls in den Vordergrund."[2]

Anderes ist bei Andreas Naumann zu erfahren:

„Die Geschichte des Denkmalschutzes reicht bis in das 16. Jahrhundert zurück. Schon damals wurden in der Türkei ganze Stadtteile unter Schutz gestellt. Die preußische und sächsische Tradition ist mittlerweile über 250 Jahre alt. Es waren ausgerechnet die Monarchen, die kulturhistorische Werte, archäologische, künstlerische und wissenschaftliche Zeugnisse aus der Vergangenheit der Öffentlichkeit zugänglich gemacht haben und damit verhindert haben, dass diese ausschließlich einzelnen Privatpersonen überlassen wurden. Interessant ist auch, dass sie unter den Begriff Denkmal nicht allein architektonische, also Baudenkmale fassten, sondern ein umfassenderes Verständnis von Kulturdenkmalen hatten."[3]

Und schließlich findet man immer wieder die Behauptung, dass die Kirche die älteste Denkmalpflegerin ist, weil sie aus ihrem Selbstverständnis heraus die Tradition und Erhaltung von Kultur und deren Objekte im Auge hatte:

„Die Denkmalpflege der Kirche überragt an Hoheit des Gegenstandes und Ehrwürdigkeit der Geschichte alle anderen Erscheinungen dieser Art. Der kirchliche Denkmalschutz geht bis in die Anfänge der Kirche zurück."[4]

Diese Theorie findet man häufig in der Literatur des beginnenden 20. Jahrhunderts.[5] Dabei ging man davon aus, dass die Kirche als Besitzerin wertvoller Denkmäler der Geschichte und der Kunst zur Denkmalpflege stets ein inneres Verhältnis gehabt hat. Daraus wurde dann geschlossen, dass die Regelung der Kulturgutpflege in der Kirche so alt ist wie die Kirche selbst, ohne zu berücksichtigen, dass ein Kulturgutschutzgedanke in der Anfangszeit der Kirche überhaupt nicht vorhanden war und damit entsprechende Regelungen noch nicht erwartet werden können.

In meinem Beitrag möchte ich dieser These, dass die Kirche die älteste Denkmalschützerin ist, nachgehen und versuchen darzutun, welcher Befund für den Beginn des kirchliche Denkmalschutzes aus der kirchlich-rechtlichen Normierung zu erheben ist.

---

2 http://denkmal-mit-pfiff.de/denkmalkids/teens/wissen/denkmal-lexikon/ges-1.html (Stand der Adresse: 19.11.2003).

3 Andreas Naumann, Denkmalschutz in Dresden, in: Dresdner Blätt'l Nr. 7 v. 11.04.2001, in: http://www.dresdnerblaettl.de/2001/07/01070601.html (Stand der Adresse: 19.11. 2003).

4 August Kneer, Die Denkmalpflege in Deutschland mit besonderer Berücksichtigung der Rechtsverhältnisse, Mönchen-Gladbach 1935, 132.

5 Vgl. z. B. die Berichte der Salzburger Tagung 1911 und der 12. Tage für Denkmalpflege, Halberstadt 1912; Adrian Egger, Kirchliche Kunst- und Denkmalpflege, Bressanone 1933, 7.

Erste Vorschriften der Kirche, die man unvorsichtig als Kulturgutschutzvorschriften zu interpretieren versucht sein könnte, gehen bis in die Mitte des 3. Jahrhunderts zurück, wenn dem Ostiarier im Weihegebet die strenge Gewissenspflicht auferlegt wurde, darauf zu achten, dass nichts von dem, was sich in der Kirche befindet, zugrunde gehe. Dass diese Weiheformel aber nicht als Kulturgutschutzgesetz im eigentlichen Sinn angesehen werden kann, zeigen vor allem die in der Folgezeit entstandenen Veräußerungsverbote für die Gegenstände, welche dem Ostiarier zur Obhut anvertraut waren.

Bereits Papst Leo I. (der Große) ermahnte im Jahre 447 die Bischöfe und den gesamten Klerus, sich um den Erhalt und die Mehrung der Kirchenausstattung zu kümmern, und verbot deren Veräußerung, wenn nicht der Bischof dadurch einen Vorteil erlangen konnte.[6] Die Tatsache, dass „cimelia et vasa sacrata“ den höchsten Schutz genossen, weist darauf hin, dass diese Vorschriften dem Kultus- und Sachenrecht zugerechnet werden müssen; ihr Zweck war, die Profanierung und Entfremdung geweihter Gegenstände und Verluste am Kirchenvermögen zu verhindern. Einen Kulturgutschutz konnten sie nicht gewährleisten, da sie in den Fällen, in denen eine „necessitas“ oder „utilitas“ gegeben war, durchbrochen werden durften. Zwar hat das Veräußerungsverbot sicher zur Bewahrung von Kulturgut beigetragen, aber dieser Nebeneffekt wurde doch sehr stark eingeschränkt durch die Bestimmung, dass Gegenstände, die nicht mehr für den Gottesdienst gebraucht wurden und deswegen verkauft werden konnten, nicht in ihrer ursprünglichen Form belassen werden durften. Diese Tatsache beweist deutlich, dass mit den Veräußerungsverboten kirchlichen Eigentums ein Schutz von Kulturgut weder in den Anfängen der Kirche noch später intendiert war. Die Bedingungen für den Verkauf sind schließlich bis zur Promulgation des Codex Iuris Canonici im Jahre 1917 gleich geblieben. Ein relativ hoher Schutz war lediglich für die Erhaltung von Reliquien gewährleistet, die jedoch nicht aus Gründen des Kulturgutschutzes, sondern aus religiösen Motiven erhalten werden sollten.

Eine kulturgutschützende Nebenwirkung hatte die Entscheidung Papst Gregors I. (des Großen, 590-604), die Missionare in England anzuweisen, heidnische Heiligtümer nicht zu zerstören, sondern nach der Vernichtung der Götzenbilder als Kirchen wieder zu verwenden; damit wurde auch in Rom der Weg frei für die Umwidmung der alten Tempel. Wenn auch nach der Umwandlung des Pantheon im Jahre 609 nur wenige Tempel in großem zeitlichen Abstand zu Kirchen gemacht wurden (dies wahrscheinlich wegen des Aberglaubens der Römer), so wurde doch durch die Wiederverwendung antiker Tempelspolien vieles erhalten, was sonst dem Untergang preisgegeben gewesen wäre. Neben

---

6 Papst Leo I., Apostolische Konstitution „Occasio specialium“ v. 31.10.447, in: Bullarum, diplomatum et privilegiorum Sanctorum Romanorum Pontificium Taurinensis editio, I, hg. v. Aloysius Tomassetti, bearb. v. Francisco Gaude, 65 f.

Bestimmungen für Einzelfälle[7] und solchen, die eine kulturgutschützende Nebenwirkung entfaltet haben, konnte aber eine Gesetzgebung zum Schutz von Kulturgut von den Päpsten im gesamten Mittelalter nicht erwartet werden.

Die Zeit des Niedergangs des römischen Reiches und des Verfalls der antiken Stadt Rom war geprägt durch den Kampf der weltlichen Mächte, der Adelsfamilien der Stadt und der Päpste um die Vorherrschaft in Rom. Zwar genossen die antiken Monumente bei den ersten Senatoren der Stadt noch eine große Verehrung, im Laufe der Zeit wurde Rom jedoch zu einer fast unerschöpflichen Fundgrube für Marmor, derer man sich nach Bedarf bediente. Die Päpste hatten weder einen Sinn für den Schutz von Kulturgut, noch die politischen Möglichkeiten, durch Gesetzgebung einen solchen Schutz durchzusetzen. Auf Grund der Kompetenzstreitigkeiten konnten päpstliche Regelungen bezüglich eines Kulturgutschutzes überhaupt nicht erwartet werden. Erst nach der Rückkehr des Papsttums aus Avignon im Jahre 1367 festigten die Päpste durch ihre Anwesenheit in Rom mehr und mehr ihre Stellung und ihren politischen Einfluss in der Stadtregierung. Mit der Entstehung des Kirchenstaates konnte die Machtverteilung endgültig geregelt werden. Der Papst wurde erst in dieser Zeit wieder zum Gesetzgeber.

Als Papst Martin V. nach langer Zeit der Romferne den Amtssitz des Papsttums nach Rom zurückverlegte, lag die Stadt geradezu in Ruinen; wo einst blühend die Stadt Rom stand, grasten nun die Kühe. Papst Martin V. musste von Grund auf mit der Wiederherstellung beginnen. Zur Durchführung der notwendigen Erneuerungsmaßnahmen stellte er mit seiner Konstitution „Etsi in cunctarum"[8] vom 30. März 1425 das frühere kommunale Amt der „Magistri viarum" kraft apostolischer Autorität wieder her, das offenbar zu der Zeit nicht mehr bestand, obwohl es erst 15 Jahre vorher, am 10. März 1410, neue Statuten erhalten hatte.[9] Die kommunalen Beamten, die unter anderem auch für die Instandsetzung und Erneuerung der Straßen und Gebäude zuständig waren, wurden jetzt zu päpstlichen Beamten mit weit reichenden Befugnissen und Vollmachten nach dem Muster der früheren Magistratur. Da das Statut der „Magistri viarum" sehr häufig die Begriffe „Instandsetzung" und „Restaurierung" verwandte, kann man davon ausgehen, dass die Aufgabe der Amtsinhaber zunächst auch die Erhaltung des Baubestandes beinhaltete. Als im Laufe der Zeit die Stadt wieder wuchs und die Straßen in ihrer Bedeutung stiegen, änderte sich auch die zuständige Ma-

---

7 Wenn z. B. eine Bildtafel als Geschenk des Papstes an eine Kirche kam, wurde deren Erhalt auf ewige Zeiten festgelegt und diese auf der Rückseite angebracht.

8 In: Bullarum (Fn. 6), IV, 716 ff.; Codex Diplomaticus Domini Temporalis S. Sedis, III, hg. v. Augustin Theiner, 290 f.

9 Ausgiebig zu den „Magistri viarum" vgl. Lorenz Wolf, Kirche und Denkmalschutz. Die päpstliche Gesetzgebung zum Schutz der Kulturgüter bis zum Untergang des Kirchenstaates im Jahr 1870, Münster 2003, 57 ff.

gistratur. Papst Nikolaus V. erließ daher im Jahre 1452 neue Statuten[10], in denen die Straßenmeister neue Vollmachten erhielten; zu Gunsten einer geordneten Bautätigkeit und Stadterweiterung verschwanden die erhaltenden Maßnahmen und der Schutz der antiken Gebäude.

Mit der Apostolischen Konstitution „Cum almam nostram Urbem“[11] vom 28. April 1462 wurde von Papst Pius II. die Aufgabe, für die Erhaltung der Basiliken und Kirchen der Stadt sowie der öffentlichen Gebäude und deren Überreste zu sorgen, den Konservatoren der Kammer übertragen; allerdings wurden dabei lediglich die öffentlichen Gebäude geschützt, deren Schutz aber durch die mögliche Lizenzerteilung zur Verwertung des Materials für andere Zwecke wieder aufgeweicht wurde. Wahrscheinlich ging es insgesamt sogar weniger um die Erhaltung der Bauwerke und Ruinen als um die Sicherung der Ertragssteuer aus dem gewonnenen Baumaterial.

Mit der Apostolischen Konstitution „Etsi universis Romanae Ecclesiae“[12] vom 1. Januar 1474 hat Papst Sixtus IV., der den humanistischen Kreisen und der Wiederentdeckung der Klassik sehr zugeneigt war, eine große Bautätigkeit angeregt. Einen Schutz für antike Objekte gab es unter Papst Sixtus IV. und seinen Nachfolgern aber lediglich für Porphyr, Marmor, farbige Steine und Ornamente in weiter bestehenden Basiliken und Kirchen.[13] Wenn es zu gelegentlichen Restaurierungen antiker Monumente kam, dann nicht aufgrund gesetzlicher Regelungen, sondern ausschließlich durch Interventionen im Einzelfall. Der Neubau der Stadt machte auch vor Kirchen nicht halt, da alle entgegen stehenden Apostolischen Konstitutionen und Verordnungen sowie die Statuten der Stadt, die ihnen vorher Schutz boten, durch die Apostolische Konstitution Papst Sixtus' IV. „Etsi de cunctarum“[14] vom 30. Juni 1480 abrogiert und kirchliche Personen vorsorglich vom Eid auf die Einhaltung der Veräußerungsverbote befreit wurden. Außerdem wurde zur Beschleunigung der Stadterneuerung der Rechtsgrundsatz formuliert, dass das Gemeinwohl den Privatinteressen vorgehe, und den „Magistri viarum“ die Vollmacht gegeben, alles zu zerstören, was der Straßenerweiterung im Weg stand. Damit war auch endgültig jeglicher Auftrag an diese Beamten erloschen, kulturelles Erbe zu schützen. Allerdings kann dennoch

---

10 Abgedruckt bei C. Re, Maestri di strada, in: Archivio della Reale Società Romana di Storia Patria 43 (1920) 5 ff.

11 In: C. Fea, Risposta antiquario legale alla scrittura del Sig. avvocato Scipione Cavi diretta all'Eminentissimo Principe, Il Sig. Cardinal Pacca, Camerlengo di S. Chiesa dalla Santità di Nostro signore all'oggetto deputata, Roma 1822, 34 ff.; Codex Diplomaticus (Fn. 8), 422 f.

12 In: Bullarum (Fn. 6), V, 211 f.

13 Aufgrund der Apostolischen Konstitution „Cum provida sanctorum Patrum“ v. 7.4. 1474, in: Eugène M. Müntz, Les Arts e la cour des Papes pendant le XVe et le XVIe siècle: recueil des archives et des Bibliothèques romaines, III, Paris 1882 (Nachdruck Hildesheim 1983), 152 f.

14 In: Bullarum (Fn. 6), V, 273 ff.

nicht behauptet werden, dass damit aus einer Denkmalschutzbehörde eine Städtebaubehörde geworden wäre, denn auch früher waren die „Magistri viarum" mehr Richter und Aufsichtsbeamte von Instandsetzungsmaßnahmen als Vollzugsorgane des Kulturgutschutzes.

Einen Wendepunkt im Sinne eines Denkmalschutzes hätte die Ernennung von Raffael (Raffaelo Santi) zum Leiter der Bauhütte von St. Peter im August des Jahres 1515 und zum Präfekten über Marmor und alle Steine am 27. August 1516[15] darstellen können, da er durch sein Vorrecht beim Materialkauf die Materialgewinnung aus antiken Gebäuden hätte kontrollieren und steuern können. Schließlich hatte Raffael schon früher bei Papst Leo X. Klage geführt, dass der Glanz der neuen Kirchen und Paläste auf Kosten der zu Kalk gebrannten antiken Stadt entstanden sei. Die einzige Schutzwirkung aber, die tatsächlich erzielt wurde, bestand darin, dass die Stein verarbeitenden Handwerker die Genehmigung Raffaels brauchten, um Marmor, der Inschriften enthielt, zu Kalk brennen zu dürfen; die Inschriften sollten für die Literaten zur Pflege der lateinischen Sprache erhalten werden. Es genügte daher eine Abschrift dieser Inschriften zur Dokumentation, eine materielle Erhaltung war nicht notwendig – dafür fehlte auch ein entsprechendes Geschichtsbewusstsein. Als Raffael im Jahre 1517 auch noch zum Kommissar für die Antiken (commissario alle antichità) ernannt wurde, versprach er dem Papst, das Wenige, das vom alten Glanz der Stadt noch vorhanden war, am Leben zu erhalten. Allerdings blieben dem großen Künstler, der den Verlust der Marmorinschriften verhindern sollte, praktische Erfolge versagt; seine Ansätze zum Schutz der antiken Stadt blieben Theorie. Dennoch war ein Anfang gemacht.

Die Künstler der Zeit förderten den Geschmack an den und das Verständnis für die Antiken; dadurch wurden sie erhaltungswürdig und schützenswert. In diesem neu entstehenden kulturellen Klima brauchte man geeignete Personen aus der Kultur, um im juristischen Bereich einen Schutz von Kulturgut durchsetzen zu können. Daher ernannte Papst Paul III. am 28. November 1534[16] den gelehrten und gebildeten Latino G. Manetti zum Kommissar für die Antiken, erneuerte Schutzbestimmungen der Vorgängerpäpste und erweiterte den Bereich der geschützten Objekte; eine Menge von Monumenten wurde dabei ausdrücklich genannt, dazu kamen Gemälde, Skulpturen und antike Handwerksprodukte. Erstmals wurde mit der Aufzählung geschützter Objekte begonnen, die in der Folgezeit in allen juristischen Texten im Bereich des Kulturgutschutzes zu finden war. Die Absicht des Gesetzgebers, dem Verlust der antiken Dinge Einhalt zu gebieten, scheiterte aber vor allem an den ungenauen Formulierungen. Die Grenzen, innerhalb derer die beauftragte Autorität sich zu bewegen und in denen sie zu handeln hatte, waren zu wenig genau umrissen. Schutz oder Untergang der antiken Überreste lag im Ermessen des ernannten Kommissars, der nach eigenem

15 Zu Datierungsproblemen vgl. Wolf, Kirche und Denkmalschutz (Fn. 9), 77 f.

16 Das Apostolische Schreiben ist veröffentlicht in: Fea, Risposta (Fn. 11), 37.

Gutdünken handeln konnte; entsprechende Richtlinien, Ausführungsbestimmungen oder Hilfen personeller bzw. technischer Art zur Durchsetzung der Schutznormen hatte er noch nicht zur Verfügung. Außerdem stand noch die Entwicklung der modernen Stadt im Vordergrund, der die Erhaltung antiker Gebäude untergeordnet werden musste. Dies führte unter Papst Sixtus V. zur Zerstörung bedeutender antiker Bauwerke und Kirchen, vor allem, weil dieser in antiken Monumenten nur missgestaltete Überreste sah, die entweder in neue Konzepte integriert oder als Materiallieferanten verwandt werden konnten. Dazu kam sein religiöser Eifer, heidnische Zeugnisse zu entfernen, und sein politischer Wille, sich endgültig gegen die Autonomiebestrebungen der Konservatoren der Stadt durchzusetzen, welche die Erhaltung der antiken Überreste forderten. Auch aus diesen Gründen war von Papst Sixtus V. ebenso wenig eine Gesetzgebung zum Schutz antiker Monumente wie die Beachtung der Schutzbestimmungen seiner Vorgänger zu erwarten. Der Befund der rechtlichen Regelungen führt also zu einem anderen Ergebnis, als es die Biographen von Papst Sixtus V. bisher dargestellt haben. Vincent Mayr z. B. schreibt:

> „Der Papst, der immer als der große Förderer und Erneuerer der Stadt Rom gegolten hatte, muss nun hinnehmen, dass man ihn einen willkürlichen Zerstörer nennt, der nicht einmal Gesetze zum Erhalt erlassen hat.“[17]

Erst im Laufe des 17. Jahrhunderts entwickelte sich eine Gesetzgebung, die nicht mehr nur ganz allgemein den Schutz vollständig erhaltener Bauwerke und einzelner Objekte im Blick hatte, sondern mehr und mehr Vorschriften zur Erhaltung des gesamten Kulturgutes enthielt, das in Rom noch vorhanden war oder bei Grabungen zutage trat. Im Auftrag Papst Urbans VIII. fertigte der Camerlengo Ippolito Aldobrandino am 5. Oktober 1624 eine Vorschrift[18] aus, die neben der Ausfuhr von Figuren, Statuen, Antiquitäten und Werken aus Marmor, Metall oder anderer Steine antiker oder moderner Herkunft auch die Ausfuhr von Bruchstücken aus antiker Zeit verbot. Durch die vorgeschriebene Meldepflicht bei Grabungsfunden und die damit verbundene Registrierung wurde dem Apostolischen Stuhl ein genau umrissenes Vorkaufsrecht für alle Gegenstände von künstlerischem Wert gesichert. Die Aufzählung der Objekte, die nicht ausgeführt werden durften, war noch sehr an ein Konzept von Kulturgut gebunden, in dem in erster Linie ein humanistisch geprägtes Interesse an Altertümern vorherrschte; die geschützten Gegenstände galten als Symbole und Dokumente einer geschichtlichen Epoche, deren Wert allgemein anerkannt war. Als sich die Bewunderung der Werke des klassischen Altertums immer mehr steigerte, wurde der Erlass immer strengerer Normen durch den Apostolischen Stuhl un-

---

17 Vincent Mayr, Kunstpflege und Denkmalschutz in Rom, in: Das Münster 51 (1998), H. 3, 272.

18 Abgedruckt in: Andrea Emiliani, Leggi, bandi e provvedimenti per la tutela dei beni artistici e culturali negli antichi stati italiani 1571-1860, Bologna 1996, 67 f.; Filippo Mariotti, La legislazione delle belli arti, Roma 1892, 208.

abdingbar, um die Zerstreuung und den Verlust dieser Objekte an Sammler und Liebhaber aufzuhalten.

Um die Wirkung des Ediktes von 1624 zu verbessern, wurde vom Pro-Camerlengo Frederico Sforza am 29. Januar 1646 ein weiteres Gesetz[19] über Grabungen nach und Ausfuhr von antiken Gegenständen promulgiert. Ohne Lizenz des Apostolischen Stuhls durfte in Zukunft weder gegraben noch einer der Gegenstände, die in einer umfangreichen Liste aufgezählt waren, exportiert werden. Diese Liste bot jedoch noch keine Formel, welche die generellen Prinzipien des Kulturgutschutzes definiert hätte. Trotzdem kann man aus der taxativen Aufzählung der Objekte erkennen, dass neben dem archäologisch-antiquarischen Kriterium auch der Wert der Materialien an sich gesehen wurde, deren Verlust einen bedeutenden wirtschaftlichen Nachteil für die Stadt gebracht hätte. Bedingt durch einen regen Handel bedeutender Werke Mitte des 17. Jahrhunderts sollten detaillierte Vorschriften über Kauf und Verkaufsverbote ohne Lizenz, über Transport und Verpackungsmodalitäten im Handel, über Strafverhängung für Gesetzesübertreter und Belohnung der Denunzianten, über Meldepflichten aller Beteiligten und Sorgfaltspflichten von Grenzbeamten, über ausgedehnte Aufsichtsrechte und -pflichten des Kommissars für die Antiken sowie über die Registrierung von Funden einen lückenlosen Schutz für die aufgezählten Gegenstände ergeben.

Die Vorschriften von 1646 wurden vom Camerlengo Paluzzo Altieri am 5. Februar 1686 noch einmal promulgiert[20] mit der Konkretisierung, dass der Begriff „antike Gemälde" durch den allgemeineren Begriff „Bilder" ersetzt und für die Erlangung einer Ausfuhrlizenz ein spezielles Chirograph des Papstes erforderlich wurde. Eine wesentliche Erweiterung der Regelungen erfolgte erst 80 Jahre später mit dem Edikt von Camerlengo Giovanni B. Spinola vom 30. September 1704[21], durch das verfügt wurde, dass bei genehmigten Grabungen der Fund von Malereien, Stuck, Pflaster, Figuren, Mosaiken, anderen Monumenten oder Grabmalen sofort dem Kommissar der Antiken zu melden sei. Sollten solche Funde nicht erhalten bleiben können, mussten sie wenigstens dokumentiert werden. Erstmals traten damit die Gegenstände der Kunstgeschichte aus dem schwer definierbaren Bereich der Ästhetik heraus und wurden in ihrer geschichtlichen Dimension gesehen. Die Auflistung der Objekte, die durch die Gesetze des 17. Jahrhunderts geschützt werden sollten, wurde nämlich nach Kriterien vorgenommen, die dem Erhaltungszustand der entsprechenden Gegenstände sehr starkes Gewicht beimaßen. Mit dem Edikt von Spinola aus dem Jahre 1704 wurde erstmals eine Schutzpolitik erkennbar, die in der Gesetzgebung auch wissenschaftliche Kriterien berücksichtigte. Damit die Bewahrung von Werken und Dokumenten der Wissenschaft wirklich dienen konnte, musste durch Zeichnun-

19 In: Emiliani, Leggi (Fn. 18), 206 ff.; Mariotti, Legislazione (Fn. 18), 69 ff.
20 In: Emiliani, Leggi (Fn. 18), 206 ff.; Mariotti, Legislazione (Fn. 18), 69 ff.
21 In: Emiliani, Leggi (Fn. 18), 83 ff.

gen die Möglichkeit zur genauen Analyse und zur Beurteilung oder Untersuchung des jeweiligen Zustandes geschaffen werden, auch wenn dieser sehr schlecht war. Zum ersten Mal wurde die Notwendigkeit der Erhaltung antiker Andenken und Ornamente der Stadt Rom damit begründet, dass diese die Wertschätzung ihrer Größe und ihres Ruhmes in den fremden Nationen mehrten und die profane und kirchliche Überlieferung dokumentierten. Diese Begründung wurde später in allen weiteren Gesetzen wiederholt. Damit wird deutlich, dass jetzt das Kulturgut als Dokumentationsmaterial für die politischen und kulturellen Ereignisse in verschiedenen Epochen und geistigen Strömungen gewertet wurde.

Dass der Camerlengo der Apostolischen Kammer von 1701 bis 1704 das Ausfuhrverbot zweimal wiederholen musste, lag an den ständigen Übertretungen der Vorschriften. Jedoch ist festzustellen, dass die Liste der geschützten Objekte dabei auch auf Stuck und Manuskripte erweitert wurde. Mit der Einbeziehung der Manuskripte und Schriften aus öffentlicher und privater Hand, deren Handel strenger Kontrolle unterworfen wurde, dehnte sich der Kulturgutschutz in einen Bereich aus, der bis dahin völlig außer acht gelassen worden war. Der Schutz bezog sich jetzt nicht mehr nur auf Dinge, die antik oder an sich sehr wertvoll waren, sondern er wurde ausgeweitet auf Dinge, die wegen ihrer dokumentarischen Bedeutung bewahrt werden mussten, um den Gelehrten für ihre Forschungen alte Quellen zu erhalten. Es gab allerdings auch schon vorher einen Schutz von Büchern und Manuskripten. Seit 15. Juni 1475 bestand dieser mit der Apostolischen Konstitution „Ad decorem" von Papst Sixtus IV.[22]

Mit einem Edikt des Camerlengo Annibale Albani vom 21. Oktober 1726[23] wurde das schon bestehende Grabungsverbot ohne Lizenz auf Privatgrundstücke ausgedehnt. Bei eventuellen Ausgrabungen musste die Überwachung gewährleistet sein, damit nicht an antiken Gebäuden Schaden entstand und der Verlust von Funden verhindert werden konnte. Alles war der Begutachtung des Kommissars unterworfen, der Lizenzen zur Weiterverarbeitung nicht erhaltenswerten Gutes kostenlos zu erteilen hatte; schon Bestechungsversuche wurden mit schweren Strafen bedroht.

Offensichtlich hatten die vorhandenen Normen nicht zum gewünschten Erfolg geführt, denn bereits am 10. September 1733 erließ der Camerlengo Annibale Albani erneut ein Gesetz[24], das vor allem die Vereitelung und Verfolgung von Übertretungen des geltenden Rechts als Ziel hatte. Zu diesem Zweck wurde der Handel mit Fälschungen verboten, vor allem um der Gefahr zu begegnen, dass Originale unter dem Deckmantel der Fälschung Stadt und Kirchenstaat verlie-

---

22 In: José Ruysschaert, Sixte IV, fondateur de la Bibliothèque Vaticane, 15 juin 1475, in: Archivium Historiae Pontificiae 24 (1986) 76 ff. Die Erhaltung der Bibliotheken und Archive und die Errichtung der Museen wäre ein eigenes Thema.

23 In: Emiliani, Leggi (Fn. 18), 88 ff.; Mariotti, Legislazione (Fn. 18), 217 f.

24 In: Emiliani, Leggi (Fn. 18), 90 ff.; Mariotti, Legislazione (Fn. 18), 218 ff.

ßen. Die Begründung für den Schutz von Kulturgut wurde um zwei Argumente erweitert: Die Kunstwerke der Skulptur und Malerei sollten dazu dienen, dass Fremde angeregt würden, in die Stadt zu reisen; gleichzeitig sollten sie als Vorbilder für das Studium der Kunstschaffenden herangezogen werden. Die antiken Zeitdokumente gewannen in dieser Zeit immer mehr an Bedeutung, da man sie nicht mehr nur auf dem Weg der literarischen Beschreibung kennen, sondern durch direkte Anschauung Zugang zu ihrer Entstehungszeit bekommen wollte. Dies verlieh den Funden eine neue Qualität, die ihre Erhaltung im ursprünglichen Zustand erforderte und jegliche Veränderung oder Fälschung verbot. Damit begann jener Wandlungsprozess, der zu einem immer größeren Bewusstwerden der historischen Bedeutung der Kulturgüter und zur Erkenntnis der Notwendigkeit immer besserer öffentlicher Schutzmaßnahmen für ihre Erhaltung führte.

Von Camerlengo Silvio Valenti wurde am 5. Januar 1750 ein umfangreiches Gesetzeswerk[25] ediert, das neben einigen Neuerungen unter Verweis auf die jeweiligen Fundorte vor allem das geltende Recht zusammenfasste und erneut einschärfte. Die wichtigste Neuerung des Ediktes bestand in der Einführung eines effizienten Beamtenapparates mit Zuweisung der jeweiligen Kompetenzen. Damit war ein sehr effektiver Schutz von Kulturgut gegeben. Die Möglichkeit „praeter legem" antike Gegenstände auszuführen, wurde durch eine möglichst lückenlose Aufzählung der erfassten Dinge und einer abschließenden Allgemeinklausel fast völlig ausgeschlossen. Die Unterwerfung aller Personen, die sich in Rom aufhielten, unter das Gesetz ermöglichte eine konsequente Anwendung der Vorschriften. Mit der Einführung von drei Assessoren und deren Aufgabenbeschreibung wurde dem Kommissar ein funktionierender Apparat mit kompetentem Personal zur Verfügung gestellt, der die notwendige Kontrolle des Handels und die Einhaltung der Ausfuhrmodalitäten gewährleisten konnte. Um die Effizienz zu erhöhen, musste das geschützte Gut bekannt sein, was durch die Registrierung erzielt werden sollte. Die genau geregelte Lizenzerteilung und die Überwachung der Ausfuhr von der Verpackung der Gegenstände bis zum Grenzübertritt erleichterte für alle Beteiligten das Erkennen geschmuggelter Ware. Die strenge Bestrafung aller an unerlaubter Ausfuhr Beteiligter und eine Straffreistellung bzw. Belohnung der Denunzianten sollten Gesetzesübertretungen verhindern helfen.

Nach dem Schock der napoleonischen Eingriffe in das Kulturgut des Kirchenstaates begann eine Epoche noch größerer Anstrengungen, dem Verlust von Kulturgut entgegenzuwirken. Nachdem mit einem Edikt des Camerlengo Romualdo Braschi Onesti vom 21. August 1801[26] bereits alle Grabungslizenzen widerrufen waren, erließ Papst Pius VII. durch Chirograph vom 1. Oktober 1802, ausgefertigt von Giuseppe Doria Pamphilj als Pro-Camerlengo am 2. Oktober 1802

---

[25] In: Emiliani, Leggi (Fn. 18), 96 ff.; Mariotti, Legislazione (Fn. 18), 220 ff.

[26] In: Emiliani, Leggi (Fn. 18), 108 ff.

neue Schutznormen[27] für die Kulturgüter der Stadt. Der Schutz bezog sich jetzt auf alle antiken Werkstücke, auch Fragmente, sowie Tafelbilder und Gemälde berühmter Künstler. Die geschützten Objekte wurden nicht nur in einer langen Liste aufgezählt – für diese durfte keine Ausfuhrgenehmigung erteilt werden –, sondern ergänzend und ausnahmslos unter dem Begriff „Monumente und Werke der schönen Künste“ erfasst. Auch der freigestellte Handel innerhalb Roms mit geschützten Objekten und der Verkauf von nicht geschützten Kunstgegenständen innerhalb des Kirchenstaates brauchte in jedem Fall eine Lizenz. Ohne Begutachtung durch die dafür bestimmten Beamten durfte nichts, was dem Kulturgut zugerechnet wurde, verändert werden. Auch Kunstwerke in Privatbesitz wurden der Registrierung und Überwachung unterworfen. Kontrollen und Strafandrohungen sollten die Einhaltung des Gesetzes gewährleisten.

Nachdem aber die Kunstwerke, die in napoleonischer Zeit nach Paris gebracht worden waren, aufgrund der Ergebnisse des Wiener Kongresses zurückgegeben und wieder in Rom angekommen waren, wurden die vielen Anordnungen des Ediktes von Giuseppe Doria Pamphilj aus dem Jahre 1802 völlig vernachlässigt, in der Meinung, dass diese nun nicht mehr notwendig wären, da der große Schaden abgewendet sei. Diese Vernachlässigung der bestehenden Schutzgesetze führte zu der Notwendigkeit, die Gesetzgebung an die veränderte geschichtliche Situation anzupassen. So wurde das Edikt vom 7. April 1820 erlassen[28], das den Namen des Camerlengo Bartolomeo Pacca trägt und die Materie in 61 Artikeln neu regelt, ohne das Gesetz von 1802 außer Kraft zu setzen. An die Seite des Kommissars für die Antiken, der drei Assessoren und des Generalinspektors für die Schönen Künste, der mit dem Chirograph von Giuseppe Doria Pamphilj von 1802 ins Leben gerufen worden war, wurde die Kommission für die Schönen Künste als technisches Beratungsorgan gestellt. In den Provinzen des Kirchenstaates mussten Hilfskommissionen gebildet werden. Durch die genaue Normierung der Eigentumsbindung von Kunstwerken, des Exports dieser Objekte, des Vorkaufsrechtes von Seiten der Regierung, der Grabungen sowie der Behandlung der Funde von antiken Gegenständen war ein minutiöser Schutz für die Erhaltung von Kulturgut geschaffen worden. Eine bedeutende Rolle spielte dabei die Katalogisierung der Kunstwerke der öffentlichen kirchlichen und säkularen Orte, die den bisher größten Umfang geschützter Gegenstände erreichte. Da alle Besitzer zur Katalogisierung verpflichtet wurden, konnten die wertvollen Objekte gesichert werden, indem diese an ihren Eigentümer gebunden wurden, so dass dieser nicht mehr frei über sie verfügen konnte, sofern er nicht vorher eine spezielle Lizenz erhalten hatte. Nachdem in den Provinzen die im Edikt des Camerlengo Bartolomeo Pacca vorgeschriebenen Hilfskommissionen eingerichtet waren, promulgierte derselbe Kardinal Pacca am 6. August 1821 für diese Aus-

27 Chirograph und Edikt sind abgedruckt in: Emiliani, Leggi (Fn. 18), 111 ff.

28 In: Emiliani, Leggi (Fn. 18), 130 ff.; Mariotti, Legislazione (Fn. 18), 235 ff.

führungsbestimmungen[29] zum Gesetz vom 7. April 1820. In einem Punkt ging das Regolamento jedoch über das Edikt Kardinal Paccas von 1820 hinaus: In den anderen Städten des Kirchenstaates außerhalb Roms erhielten auch mittelmäßige Objekte ohne hohen Kunst- und Altertumswert einen besonderen Schutz, wenn sie die einzigen Schmuck- und Wertgegenstände waren. Damit begann der Kulturgutschutz in eine geschichtliche Bewertung der Objekte einzutreten, die strikt an deren Entstehungsort und dessen ursprüngliche Umgebung gebunden war. Die Definition der Kulturgüter weitete sich auf die allgemeine Entwicklung der Geschichte aus und löste sich so vom abgeschlossenen System, in dem nur Werke unerreichbarer Schönheit ihren Platz hatten. Bereits der dokumentarische Wert machte ein Objekt schützenswert. Die konservatorische Tätigkeit erstreckte sich nun auch auf Werke, die für das Verständnis der Geschichte und der Kultur in den verschiedenen Epochen von Bedeutung waren, obwohl sie keinen besonderen ästhetischen Wert hatten.

Als der Kirchenstaat im Jahr 1870 dem Königreich Italien angeschlossen wurde, behielt die sogenannte „Lex Pacca", zu der auch das Chirograph von 1802 und das Regolamento von 1821 zu zählen sind, durch das Gesetz des Senates vom 28. Juni 1871 weiter volle Gesetzeskraft bis zur Regelung der Materie durch das Gesetz vom 12. Juni 1902, bezüglich der Ausfuhrverbote sogar bis zum Gesetz vom 20. Juni 1909. Erst dann endete die Rechtskraft der kirchenstaatlichen Regelung des Kulturgutschutzes.

Die Frage nach dem Beginn eines systematischen Kulturgutschutzes in der Kirche ist also aufgrund des Befundes der Gesetzestexte eindeutig zu beantworten: Der systematische Kulturgutschutz beginnt nicht am Anfang der Kirchengeschichte, sondern erst ab der Zeit Papst Urbans VIII., und zwar mit dem Edikt, das den Namen des Camerlengo Ippolito Aldobrandino trägt und aus dem Jahr 1624 stammt. Alle Gesetze, die vorher die Erhaltung von Kulturgut bewirkten oder bewirken sollten, verfolgten ursprünglich andere Zwecke, waren zu ungenau formuliert oder hatten so eng begrenzte Ziele bis hin zur Beschränkung auf ein einziges Objekt, dass von einem systematischen Kulturgutschutz nicht gesprochen werden kann, zumal es kein eigenes Personal zur Überwachung der vorhandenen Vorschriften gab. Ausschlaggebend für die Festlegung des Beginns der päpstlichen Kulturgutschutzgesetzgebung auf den genannten Zeitpunkt ist die Tatsache, dass im Edikt des Camerlengo Ippolito Aldobrandino vom 5. Oktober 1624 erstmals ein eindeutig umschriebenes Konzept von Kulturgut entworfen wurde: Genau festgelegte Objekte wurden als erhaltungswürdig eingestuft, ihr Export verboten und die Überwachung der Einhaltung des Gesetzes einem Beamten übertragen, dem dazu die Methode der Registrierung des vorhandenen Kulturgutes und ein Vorkaufsrecht, das dessen Erhaltung in Rom si-

---

[29] Regolamento per le commissioni ausiliare di belle arti istituite nelle Legazioni e delegazioni dello Stato Pontificio, in: Emiliani, Leggi (Fn. 18), 146 ff.

chern sollte, zur Verfügung standen. Später wurden die Kulturgutdefinitionen noch ausgeweitet und verfeinert, der Beamtenapparat aufgestockt und mit immer mehr Kompetenzen versehen, die Methoden der Kontrolle und der Verhinderung der Gesetzesübertretung verbessert sowie die Strafandrohungen verschärft, so dass 1820 das ausgeklügelte Gesetzeswerk Kardinal Paccas entstehen konnte. Die Grundlagen dafür waren jedoch bereits im Edikt von 1624 unter Papst Urban VIII. geschaffen.

Kulturgutschutz und religiöse Freiheit in den Verfassungen Europas

Einführung

Andreas Weiß

In Deutschland ist die Sorge um das kirchliche Kulturgut im Grundgesetz und in den Landesverfassungen verankert, aber auch in den Konkordaten und Kirchenverträgen angesprochen. Konkretisiert wird der Kulturgutschutz in den Denkmalschutzgesetzen der Bundesländer sowie in staatlichen Verwaltungsvorschriften.[1] Das Grundgesetz sieht für kirchliche Denkmale eine Zuordnung von

[1] Allgemein zu Rechtsfragen des kirchlichen Denkmalschutzes vgl. Martin Heckel, Staat – Kirche – Kunst. Rechtsfragen kirchlicher Kulturdenkmäler, Tübingen 1968; Bernhard Bach, Kirche und Denkmalschutz, in: August Gebeßler / Wolfgang Eberl (Hg.), Schutz und Pflege von Baudenkmälern in der Bundesrepublik Deutschland. Ein Handbuch, Köln 1980, 371 ff.; Franz J. Ronig, Die Denkmalpflege der katholischen Kirche, in: ebd., 381 ff.; Winfried Schulz, Denkmalschutz und Denkmalpflege in der neuen kirchlichen Rechtsordnung, in: Theologie und Glaube 73 (1983) 351 ff.; Martin Heckel, Der Denkmalschutz an den Sakralbauten in der Bundesrepublik Deutschland, in: ders., Gesammelte Schriften. Staat, Kirche, Recht, Geschichte, II, hg. v. Klaus Schlaich, Tübingen 1989, 1075 ff.; Wolfgang Loschelder, Staatliche und kirchliche Kulturverantwortung auf dem Gebiet des Denkmalschutzes, in: Dieter Schwab / Dieter Giesen / Joseph Listl / Hans-Wolfgang Strätz (Hg.), Staat, Kirche, Wissenschaft in einer pluralistischen Gesellschaft. Festschrift zum 65. Geburtstag von Paul Mikat, Berlin 1989, 611 ff.; Bernd M. Kremer, Denkmalschutz und Denkmalpflege im Bereich der Kirchen, in: Joseph Listl / Dietrich Pirson (Hg.), Handbuch des Staatskirchenrechts der Bundesrepublik Deutschland, II, Berlin [2]1995, 77 ff.; ders., Denkmalpflege, kirchliche. I. Kirchenrechtlich, in: LThK[3], III, Sp. 97 f.; Bernhard Bach / Bernd M. Kremer, Denkmalpflege, in: Axel Frhr. v. Campenhausen / Ilona Riedel-Spangenberger / Reinhold Sebott unter Mitarbeit v. Heribert Hallermann (Hg.), Lexikon für Kirchen- und Staatskirchenrecht I, Paderborn 2000, 395 ff.; Axel Frhr. v. Campenhausen, Staatskirchenrecht, München [3]1996, 212 ff.; Felix Hammer, Das Schutzsystem der deutschen Denkmalschutzgesetze, in: Juristische Schulung 37 (1997) 971 ff.; Hartmut Maurer, Denkmalschutz im kirchlichen Bereich, in: ders., Abhandlungen zum Kirchenrecht und Staatskirchenrecht, Tübingen 1998, 203 ff.; Felix Hammer, Die geschichtliche Entwicklung des Denkmalrechts in Deutschland, Tübingen 1995; ders., Der Denkmal- und Kulturgutschutz in Verfassungen der Gegenwart, in: Die Öffentliche Verwaltung 52 (1999) 1037 ff.; Josef Isensee, Res Sacrae unter kircheneigenem Denkmalschutz, in: Kirche und Recht 5 (1999) 117 ff.; Martin Heckel, Religionsbedingte Spannungen im Kulturverfassungsrecht, in: Max-Emanuel Geis / Dieter Lorenz (Hg.), Staat – Kirche – Verwaltung. Festschrift für Hartmut Maurer zum 70. Geburtstag, München 2001, 351 ff.; Hans M. Bregger, Kirchliche Denkmalpflege im Spannungsfeld zwischen staatlicher und kirchlicher Normsetzung, in: Ansgar Hense (Hg.), Denkmalrecht unter Denkmalschutz? Aktuelle

staatlicher und kirchlicher Verantwortung vor, wobei insbesondere zwei Normen maßgeblich sind: die Religionsfreiheit nach Art. 4 Abs. 2 GG und das Selbstbestimmungsrecht der Kirche in eigenen Angelegenheiten innerhalb der Schranken des für alle geltenden Gesetzes nach Art. 140 GG i. V. m. Art. 137 Abs. 3 WRV. Zu nennen sind in diesem Zusammenhang aber auch das Säkularisationsverbot nach Art. 140 GG i. V. m. Art. 138 Abs. 2 WRV und die Gewährleistung der Kunstfreiheit in Art. 5 Abs. 3 GG.

Obwohl man also bei der Erhaltung der kirchlichen Kulturdenkmale in einer Verantwortungsgemeinschaft im gleichen Boot sitzt, kommt es mitunter aufgrund unterschiedlicher Interessen doch zu Spannungen.[2] Während nämlich die staatliche Denkmalpflege die Zeugnisse vergangener Kultur dem Menschen von heute erfahrbar machen will, steht für die Kirche die liturgische Nutzung von Bauten und Kunstwerken im Vordergrund ihrer denkmalschützenden Aktivitäten. Nicht immer lassen sich aber das liturgisch Gebotene, das konservatorisch Erforderliche und das nutzungstechnisch Denkbare unter einen Hut bringen. Um einen Ausgleich zwischen der aus der Verfassung entspringenden staatlichen Verantwortung für den Denkmalschutz und den berechtigten kirchlich-liturgischen Interessen herzustellen, haben die meisten Bundesländer in ihren Denkmalschutzgesetzen sog. Berücksichtigungsklauseln aufgenommen, die klar stellen, dass für die kirchlichen Belange einzig die Stellungnahme der Kirche maßgeblich ist. Für den Staat bedeutet dies, dass er kirchliche Denkmale nicht wie profane behandeln kann, gottesdienstliche Belange sind von ihm bei einer eventuellen Interessenkollision vielmehr „vorrangig zu beachten."[3] Dabei war in letzter Zeit mitunter die Tendenz staatlicher Behörden zu beobachten, „die Kirche auf den im engeren Sinn kultischen Interessenkreis zu beschränken"[4], also einen Sakralraum in einen Denkmalaspekt und in einen Bereich aufzuspalten, der aufgrund seiner liturgischen Funktionalität dem kirchlichen Selbstbestimmungsrecht unterliegt. Bernd M. Kremer kommt im Handbuch des katholischen Kirchenrechts zu dem Ergebnis, dass

---

rechtspolitische, verfassungs- und verwaltungsrechtliche Probleme von Denkmalschutz und Denkmalpflege, Frankfurt am Main 2003, 57 ff.; Felix Hammer, Kirche und Denkmalpflege. Rechts- und Verfassungsfragen, in: Denkmalpflege in Baden-Württemberg 32 (2003), H. 1, 47 ff. (Literatur!).

2 Beispiele in Baden-Württemberg waren in letzter Zeit die Renovation des Rottenburger Domes wie auch der Stiftskirche in Stuttgart; Michael Goer, Denkmalpflege und Kirche. Sakralbauten als denkmalpflegerische Aufgabe, in: Denkmalpflege in Baden-Württemberg 32 (2003), H. 1, 37 f.; ders., Der Dom zu Rottenburg. Aspekte der Umbaugeschichte, in: ebd., 69 ff.

3 § 11 Abs. 1 Denkmalschutzgesetz (DSchG) Baden-Württemberg v. 25.05.1971 in der Fassung v. 06.12.1983, zuletzt geändert am 14.03.2001, in: Gesetzblatt 189.

4 Alexander Hollerbach, Kunst- und Denkmalpflege, in: Joseph Listl / Heribert Schmitz (Hg.), Handbuch des katholischen Kirchenrechts, Regensburg ^{2}1999, 1114.

„die Denkmalschutzgesetzgebung in vielen Bundesländern eine Optimierung des Zusammenspiels des grundgesetzlichen Schutzes der Religionsfreiheit und der Denkmalverantwortung des Staates noch nicht gefunden hat und dass eine Fortentwicklung des Denkmalschutzrechtes im Sinne eines besseren Interessenausgleiches der beiden Schutzbereiche geboten ist."[5]

Im zweiten Referat geht es darum, die bei uns im Denkmalschutz austarierte Zuordnung von staatlicher Kulturverantwortung und Religionsfreiheit bzw. kirchlichem Selbstbestimmungsrecht genauer zu beleuchten und auf die europäische Rechtsebene hin auszuweiten. Wie ist dieses Verhältnis in unserem Grundgesetz geregelt, wie in den Verfassungen anderer Staaten? Wie steht es mit dem genannten Interessenausgleich dort? Kann die deutsche Lösung im auch rechtlich zusammenwachsenden Europa bestehen?

Zum Referenten: Dr. Felix Hammer, 1957 in Stuttgart geboren, verheiratet, zwei Kinder; Studium der Rechtswissenschaften in Tübingen und Würzburg, anschließend Referendariat und zweites juristisches Staatsexamen in Tübingen; seit 1985 in verschiedenen Funktionen am Lehrstuhl für Öffentliches Recht und Kirchenrecht von Prof. Dr. Dr. h. c. Martin Heckel an der Juristischen Fakultät der Eberhard-Karls-Universität Tübingen; 1999 / 2000 Vertretung des Lehrstuhls für Öffentliches Recht und Kirchenrecht an der Juristischen Fakultät der Ludwig-Maximilians-Universität München (Nachfolge Prof. Dr. Dr. Pirson); 2001 / 2002 als Rechtsanwalt in Biberach tätig; seit April 2002 bei der Diözese Rottenburg-Stuttgart beschäftigt, seit April 2003 als Justitiar und Kanzler der Kurie; gleichzeitig Privatdozent für die Fachgebiete Öffentliches Recht und Kirchenrecht an der Universität Tübingen; Dissertation: Die geschichtliche Entwicklung des Denkmalrechts in Deutschland (Tübingen 1995); Habilitation: Rechtsfragen der Kirchensteuer (Tübingen 2002); zahlreiche Publikationen zu Rechtsfragen des Denkmalschutzes.

---

5 Kremer, Denkmalschutz und Denkmalpflege (Fn. 1), 101.

Kulturgutschutz und religiöse Freiheit in den Verfassungen Europas

Felix Hammer

Eine akademische Veranstaltung zu Ehren eines außergewöhnlichen Gelehrten sollte sich nicht gerade auf das Alltägliche, das Gewöhnliche beschränken. Kultur ist immer von einem Nimbus des Außergewöhnlichen umstrahlt, kirchliche Kultur oft sogar von einem Glanz des Außerirdischen. Wenn es um die Ehrung eines großen Juristen, eines Kirchenjuristen geht, liegt es dann nicht nahe, sich mit dem Recht zu befassen, das sich der Kultur und den kirchlichen Denkmalen widmet, und dabei das vornehmste Recht, das Verfassungsrecht ins Zentrum der Überlegungen zu stellen? Sicher, Kunst- und Kulturdenkmale bilden nur den Gegenstand dieses Rechts, eine juristische Materie wird damit noch nicht selbst zum Kunstwerk – aber ein Abglanz seines Regelungsgegenstandes strahlt vielleicht doch auch auf das Recht zurück. Und wenn ein Gelehrter wie Richard Puza in seinem Wirken und Schaffen so ausgesprochen international geprägt ist, sollte dann nicht eine Ehrung internationale Dimensionen aufweisen? Deshalb darf ich es wagen, hier einige Überlegungen zum Spannungsverhältnis zwischen Kulturgutschutz und religiöser Freiheit in den Verfassungen Europas[1] anzustellen.

---

1 Verfassungen der Mitgliedstaaten der Europäischen Union sind – soweit nichts anderes vermerkt ist – zitiert nach Adolf Kimmel / Christiane Kimmel (Hg.), Verfassungen der EU-Mitgliedstaaten. Textausgabe, München ^{5}2000.
In den Anmerkungen erscheinen folgende Abkürzungen: ABl. = Amtsblatt; AfkKR = Archiv für katholisches Kirchenrecht, Mainz 1857 ff.; BVerfG(E) = (Entscheidungen des) Bundesverfassungsgericht(s); DÖV = Die öffentliche Verwaltung. Zeitschrift für öffentliches Recht und Verwaltungswissenschaft, Stuttgart 1948 ff.; DSchG = Denkmalschutzgesetz; DVBl. = Deutsches Verwaltungsblatt, Köln 1950 ff.; EMRK = Europäische Menschenrechtskonvention; EuGRZ = Europäische Grundrechte-Zeitschrift, Kehl 1974 ff.; GG = Grundgesetz für die Bundesrepublik Deutschland; GVBl. = Gesetz- und Verordnungsblatt; H. = Heft; JöR = Jahrbuch des öffentlichen Rechts der Gegenwart, Tübingen 1907-1938, N.F. 1951 ff.; Jura = Juristische Ausbildung, Berlin 1979 ff.; JZ = Juristenzeitung, Tübingen 1951 ff.; NJW = Neue Juristische Wochenschrift, München u. a. 1947 ff.; N.F. = Neue Folge; NuR = Natur und Recht, Berlin 1979 ff.; NVwZ = Neue Zeitschrift für Verwaltungsrecht, München 1982 ff.; ÖAKR = Österreichisches Archiv für Kirchenrecht, Wien 1950-1998; ÖZKD = Österreichische Zeitschrift für Kunst und Denkmalpflege, Wien 1947 ff.; RGBl. = Reichsgesetzblatt; S. = Satz; ThürVBl. = Thüringer Verwaltungsblätter, Weimar 1992 ff.; VOBl. = Verordnungsblatt; VBlBW = Verwaltungsblätter für Baden-Württemberg, Stuttgart 1980 ff.; VVDStRL = Veröffentlichungen der Vereinigung der Deutschen Staatsrechtslehrer, Berlin 1924 ff.; ZevKR = Zeitschrift für evangelisches Kirchenrecht, Tübingen 1951 ff.; ZFA = Zeitschrift für Arbeitsrecht, Köln u. a. 1970 ff.

1. Das Spannungsverhältnis zwischen staatlichem Denkmal- und Kulturgutschutz einerseits sowie religiöser Freiheit andererseits

1.1. Die Bedeutung der Sakraldenkmale für das kulturelle Erbe der Staaten Europas

Konnte Martin Heckel 1968 noch schreiben, dass die sakralen Kunstdenkmale in Deutschland die große Masse des überkommenen Denkmalbestandes bildeten[2], so hat sich dies mittlerweile ganz wesentlich geändert. Dies resultiert einerseits aus einer Erweiterung des Interessenspektrums der Denkmalpflege, die sich in zunehmendem Maße für Denkmale der Alltagsgeschichte zu interessieren begann[3], andererseits daraus, dass die Bauwerke des Historismus und der folgenden Epochen in einer längst fälligen Entwicklung als denkmalbedeutsam erkannt wurden[4] und die sakralen Denkmale hier einen deutlich geringeren Anteil an der Gesamtzahl der Denkmale stellen. Doch ist nach wie vor der Anteil der sakralen Denkmale an der öffentlichen Wahrnehmung von Denkmalen und Denkmalpflege außergewöhnlich stark ausgeprägt, und zwar sowohl der Anteil, den sie am Interesse der breiten Öffentlichkeit an Kulturdenkmalen als auch am Interesse der Fachöffentlichkeit – vor allem der Wissenschaft, aber auch der Denkmalbehörden – für Denkmalfragen beanspruchen können.

Das Interesse einer breiteren Öffentlichkeit lässt sich nicht nur messen an den Besucherzahlen, bei denen die sakralen Denkmale oft Spitzenplätze einnehmen, weil sie vielerorts – neben Burgen, Schlössern und Residenzen – den bedeutendsten Kunstwert aufweisen[5], sondern auch am Raum, den sie in Kunstdenk-

---

2 Martin Heckel, Staat, Kirche, Kunst. Rechtsfragen kirchlicher Kulturdenkmäler, Tübingen 1968, 129.

3 Diesem Vorgang lag genau genommen keine Erweiterung des Denkmalbegriffs zugrunde, sondern nur eine Intensivierung des Interesses für bereits bislang zwar grundsätzlich als denkmalgeeignet erkannte, wegen mangelnder Bedeutung aber nicht als schützenswert angesehene Gegenstände, die seit etwa 1970 zunehmend in die Schutzbemühungen der Denkmalpflege aufgenommen wurden. Dies führte dazu, dass neben die bislang zahlenmäßig überwiegenden Sakraldenkmale eine stetig wachsende Zahl anderer Denkmale trat; vgl. dazu: Felix Hammer, Geschichte der Denkmalpflege sowie des rechtlichen Denkmal- und Kulturgüterschutzes, in: Dieter J. Martin / Jan Nikolaus Viebrock / Carsten Bielfeldt (Bearb.), Denkmalschutz – Denkmalpflege – Bodendenkmalpflege, Loseblattausg., 16. Lfg. 2001, Nr. 10.01, 11; allgemein zur Entwicklung von Denkmalschutz und Denkmalpflege in dieser Epoche: Felix Hammer, Die geschichtliche Entwicklung des Denkmalrechts in Deutschland, Tübingen 1995, 318 ff.

4 Vgl. Hammer, Geschichte der Denkmalpflege (Fn. 3), 11.

5 Wissenschaftlich begründete Untersuchungen über die Besucherzahlen von Kulturdenkmalen liegen wohl noch nicht vor; exakte Zahlen dürften bei frei zugänglichen sakralen Denkmalen auch schwierig zu ermitteln sein. Mit aller Vorsicht darf auf eine Meldung des Deutschen Tourismusverbandes vom 14. Mai 2003 verwiesen werden (publiziert in: http://www.deutschertourismusverband.de/source/aktuelles/aktuelles.php; Stand der Adresse: 18.11.2003), die sich auf eine 2003 durchgeführte Recherche bei den Landestou-

mal-Publikationen finden, die man als populär bezeichnen kann, die also nicht nur für einen wissenschaftlich geprägten Leserkreis konzipiert sind. Hier kann auf die Zeitschrift „Monumente“[6] verwiesen werden, die Fördererzeitschrift der Deutschen Stiftung Denkmalschutz, die eine große Fördergemeinde aufbauen und pflegen soll[7] und deshalb ihre Inhalte sorgfältig am Interesse ihrer nicht wissenschaftlich geprägten, wenn auch gebildeten Leserschaft orientieren muss, im übrigen aber ihre Berichterstattung auch daran ausrichtet, für welche Denkmale sie Spendengelder sowie Stiftungen und Zustiftungen mobilisieren möchte. In ihr nehmen Berichte über sakrale Denkmale durchweg sehr viel Raum ein. Sodann ist auf die Buchreihe „Kulturerbe bewahren“ derselben Stiftung zu verweisen, die ihren Ausgang mit dem Band „Sakralbauten“ nahm.[8] Auch Kunstführer, die weniger für Kunsthistoriker als vielmehr für Kunstreisende geschrieben sind, zeigen, welche Bedeutung den sakralen Denkmalen zugemessen wird. Dort führen vielfach die Kirchengebäude die Reihe der Denkmalbeschreibungen nicht nur an, sondern erfahren auch die ausführlichste Darstellung.[9] Ein ähnlicher Befund zeigt sich bei Durchsicht des stärker wissenschaftlich ausgerichteten Kunstdenkmälerhandbuchs von Georg Dehio.[10] Erwähnt werden kann schließ-

---

rismusorganisationen stützt. Allerdings bietet sie nur eine Auswahl aus Deutschlands „Touristenhits“, die Angaben beruhen zum Teil auf Schätzungen. Hiernach ist das 2002 meistbesuchte deutsche Denkmal der Kölner Dom mit 6.000.000 Besuchern, gefolgt von der Rüdesheimer Drosselgasse mit 3.000.000 und dem Berliner Reichstag mit 2.700.000 Besuchern. Unter den 29 genannten Objekten erscheinen noch der Aachener Dom (1.000.000 Besucher) und das Ulmer Münster (587.644 Besucher), wobei die Liste nicht abschließend ist. Sakralbauten wie die Wieskirche oder die Sebaldus- und Lorenzkirche in Nürnberg dürften ebenfalls in diese Reihe gehören, sind aber nicht genannt, so dass der Wert dieser Darstellung eher begrenzt erscheint.

6 Monumente. Magazin für Denkmalkultur in Deutschland 13 (2003).

7 Vgl. dazu das Impressum, etwa in: Monumente, H. 5/6 (2003) 83.

8 Ingrid Scheurmann / Katja Hoffmann, Sakralbauten. Förderprojekte der Deutschen Stiftung Denkmalschutz (Kulturerbe bewahren, Bd. 1), Bonn 2001.

9 Als Beispiel kann eine Reihe von Bändchen dienen, die vor allem Mitarbeiter des Landesdenkmalamtes Baden-Württemberg für verschiedene Kreise in diesem Land vorgelegt haben, nämlich: Norbert Bongartz / Jörg Biel, Kunst, Archäologie und Museen im Kreis Esslingen, Stuttgart 1983; Julius Fekete, Kunst- und Kulturdenkmale im Stadt- und Landkreis Heilbronn, Stuttgart 1991; Ulrich Gräf, Kunst- und Kulturdenkmale im Kreis Ludwigsburg, Stuttgart 1986; Konrad A. Theiss, Kunst- und Kulturdenkmale im Ostalbkreis, Stuttgart 1989; Hermann Diruf / Christoph Timm, Kunst- und Kulturdenkmale in Pforzheim und im Enzkreis, Stuttgart 1991; Wolfgang Meyer, Kulturdenkmale und Museen im Rems-Murr-Kreis, Stuttgart 1989; Lothar Gonschor, Kulturdenkmale und Museen im Kreis Reutlingen, Stuttgart 1989; Manfred Akermann u. a., Kunst, Kultur und Museen im Kreis Schwäbisch Hall, Stuttgart [2]1991.

10 Etwa Ute Bednarz / Folkhard Cremer u. a. (Bearb.), Sachsen-Anhalt, Bd. I. Regierungsbezirk Magdeburg, München, Berlin 2002; Tilmann Breuer u. a. (Bearb.), Franken. Die Regierungsbezirke Oberfranken, Mittelfranken und Unterfranken, München, Berlin [2]1999; Dagmar Zimdars u. a. (Bearb.), Baden-Württemberg, Bd. I. Die Regierungsbezirke Stuttgart und Karlsruhe, München, Berlin 1993; Dagmar Zimdars u. a. (Bearb.),

lich die im November 2003 in Verkehr gebrachte Sondermünze „UNESCO Weltkulturerbestadt Quedlinburg“, die die Kirchen der Stadt ins Zentrum ihrer Bildseite stellt.[11]

Das Interesse der Fachöffentlichkeit an sakralen Denkmalen wird deutlich an der großen Zahl der Tagungen und Publikationen, die nicht nur Denkmalpfleger[12], sondern auch andere mit der Thematik befasste Zweige der Wissenschaft und Fachpraxis[13] den sakralen Denkmalen im allgemeinen und gerade auch der

---

Baden-Württemberg, Bd. II. Die Regierungsbezirke Freiburg und Tübingen, München, Berlin 1997.

11 Bekanntmachung über die Ausprägung von deutschen Euro-Gedenkmünzen im Nennwert von 100 Euro (Goldmünze „UNESCO Weltkulturerbestadt Quedlinburg“) v. 09. 09.2003 (BGBl. I, 1899). Auf der Bildseite der Münze sind neben Elementen des Siegels Heinrichs I. die Stiftskirche abgebildet sowie „die Namen herausragender sakraler Bauten des Flächendenkmals Quedlinburg“ wiedergegeben („St. Servatii, Wiperti, Aegidii, Blasii, Benedicti, Nicolai“).

12 So etwa: Denkmalpflege und Kirche. Jahrestagung der Vereinigung der Landesdenkmalpfleger in der Bundesrepublik Deutschland [1989], in: Arbeitshefte des Bayerischen Landesamts für Denkmalpflege 46 (1991); Liturgie und Denkmalpflege. Über den verträglichen Umgang mit katholischen und protestantischen Kirchenräumen (Veröffentlichungen des Instituts für Denkmalpflege an der ETH Zürich, Bd. 14), Zürich 1994; Gerhard Matzig, Kirchen in Not. Über den profanen Umgang mit sakralen Denkmälern (Schriftenreihe des Deutschen Nationalkomitees für Denkmalschutz, Bd. 56), Bonn 1997; Nichts für die Ewigkeit? Kirchengebäude zwischen Wertschätzung und Altlast. Dokumentation der Tagung des Deutschen Nationalkomitees für Denkmalschutz vom 5. bis 7. Oktober 2000 in Erfurt (Schriftenreihe des Deutschen Nationalkomitees für Denkmalschutz, Bd. 63), Bonn 2001; Denkmalpflege in Baden-Württemberg. Nachrichtenblatt des Landesdenkmalamtes 32 (2003) H. 1 (mit Dokumentation der Beiträge zum 9. Landesdenkmaltag zum Thema Denkmalpflege und Kirche); Manfred F. Fischer, Bewahrung kirchlicher Baudenkmäler in den neuen Bundesländern als Auftrag und Verpflichtung aus denkmalpflegerischer Sicht, in: Kunstchronik 49 (1996) 342 ff.; Dirk Jonkanski, Neue Kunst in alten Kirchen, in: DenkMal! Zeitschrift für Denkmalpflege in Schleswig-Holstein 5 (1998) 22 ff.

13 Lediglich beispielhaft seien genannt:
1) theologische / kirchliche Publikationen: Bernhard Bach, Kirchliches Bauen und Denkmalpflege. Zur Geschichte von 50 Jahren Evangelischer Kirchbautagungen, in: Monumental. Festschrift für Michael Petzet zum 65. Geburtstag, München 1998, 177 ff.; Philipp Harnoncourt, Erneuerte Liturgie als Bauaufgabe, in: ÖZKD 48 (1994) 180 ff.; Egon Kapellari, Nicht Sterbebegleitung, sondern Lebenselixier, in: Die Tagespost, Nr. 146 v. 07.12.2000, 9 [Vortrag aus Anlass des 150jährigen Bestehens der staatlichen Denkmalpflege in Österreich]; Karl Lehmann, Bauen – Bewahren – Verkünden. Denkmalpflege und Kirche, in: Kunstchronik 48 (1995) 446 ff.; Jürgen Lenssen, Bewahren und Erneuern. Das Bestreben um Zeitgenossenschaft in sakralen Räumen des Bistums Würzburg. Mit einem Beitrag von Ulrich Kahle, Regensburg 2001; Andrea Richter, Der Dom St. Martin in Rottenburg am Neckar. Domrenovation. Bauforschung und Gutachterverfahren, Rottenburg am Neckar 2001; Norbert Wibiral, Liturgie und Denkmalpflege nach dem Zweiten Vaticanum, in: ÖAKR 29 (1978) 352 ff.;
2) kirchenrechtliche Arbeiten: Walter Hagel, Teilkirchliche Aspekte zum Denkmal-

Frage des Spannungsverhältnisses zwischen staatlichen Erhaltungs- und kirchlichen Gestaltungswünschen im besonderen widmen. Allein hieran zeigt sich schon, wie außergewöhnlich stark das Interesse an kirchlichen, insbesondere sakral genutzten Denkmalen und den spezifischen, mit ihrer Existenz verbundenen denkmalpflegerischen und denkmalrechtlichen Fragen ausgeprägt ist.

Mögen diese wenigen Hinweise[14] zwar nicht als Grundlage einer empirischen Untersuchung über die Bedeutung der Sakraldenkmale für das kulturelle Erbe und für das historische Bewusstsein Europas und die Wertschätzung dieses Erbes seitens der Völker Europas genügen, so zeigen sie doch, dass diese Bedeutung nach wie vor eine ganz außerordentliche ist. Mangelt es schon im allgemeinen an kritischen Reflexionen darüber, für wen eigentlich Denkmale geschützt werden, und wem demgemäß die Aufgabe zuzustehen hat, die Voraussetzungen der Denkmaleigenschaft sowie Ziel, Inhalt und Reichweite des Denkmalschutzes zu definieren, so fehlen im besonderen wissenschaftlich begründete Untersuchungen darüber, welches Gewicht den Sakraldenkmalen im Rahmen des Denkmalbestandes und der öffentlichen Denkmalschutzbemühungen zukommt und zuzukommen hat. Angesichts dessen muss es an dieser Stelle genügen, unter Rückgriff auf einige aussagekräftige Indizien den hohen Rang, den

---

schutz in Österreich, in: ÖAKR 29 (1978) 331 ff.; Peter Leisching, Haec Aedes Mysterium Adumbrat Ecclesiae. Kirchliches Recht zur Wahrung von Kunstwerken, in: ÖAKR 29 (1978) 340 ff.; Winfried Schulz, Denkmalschutz und Denkmalpflege in der neuen kirchlichen Rechtsordnung, in: Theologie und Glaube 73 (1983) 351 ff.; Lorenz Wolf, Kirche und Denkmalschutz. Die päpstliche Gesetzgebung zum Schutz der Kulturgüter bis zum Untergang des Kirchenstaates im Jahr 1870, Münster 2003 (= Diss. Rom 1997);
3) aus der Sicht der Kunstgeschichte: Johann M. Fritz, Anfang vom Ende? Der schleichende Untergang der ererbten Ornamenta ecclesiae, in: Jahres- und Tagungsbericht der Görres-Gesellschaft 1994, 5 ff.; ders., Über den rechten Umgang mit den ererbten „Ornamenta ecclesiae". Kirchliche Denkmalpflege heute, in: Das Münster 47 (1994) 93 ff.; ders., Versiegende Quellen. Der unbemerkte Untergang kirchlicher Denkmäler, in: Konrad Krimm / Herwig John (Hg.), Bild und Geschichte. Studien zur politischen Ikonographie. Festschrift für Hansmartin Schwarzmaier zum 65. Geburtstag, Sigmaringen 1997, 361 ff.; Anneliese Seeliger-Zeiss, Historische Grabmäler in Baden-Württemberg. Inventarisierung als Instrument gegen den Verlust von Kirchengut, in: Zeitschrift für Württembergische Landesgeschichte 54 (1995) 379 ff.;
4) interdisziplinär: Denkmalpflege und Denkmalschutz an den Sakralbauten in der Bundesrepublik Deutschland und in Frankreich (Deutsch-Französische Kolloquien Kirche – Staat – Gesellschaft, Bd. 7), Kehl – Straßburg 1987;
5) für den Bereich der Rechtswissenschaft sei verwiesen auf die Nachweise unten, Fn. 18.

14 Zu inhaltlichen Aspekten der Bedeutung von Sakraldenkmalen für die (säkularisierte) Gesellschaft, die hier nicht weiter thematisiert werden können: Leipziger Erklärung (des Arbeitsausschusses des Evangelischen Kirchbautages) „Nehmt eure Kirchen wahr!" v. 06.01.2003, in: ABl. der EKD 2003, 141; Christfried Röger, Kirchenbau als Lebenshilfe, in: Ricarda Dill / Stephan Reimers / Christoph Thiele (Hg.), Im Dienste der Sache. Liber amicorum für Joachim Gaertner, Frankfurt am Main u. a. 2003, 591 ff.

die Sakraldenkmale im Kulturerbe Europas einnehmen, festzustellen und die detaillierte Begründung hierfür künftigen Arbeiten zu überlassen. Am Ergebnis als solchem dürften Zweifel nämlich kaum möglich sein.

1.2. Das Interesse des Staates am Schutz kirchlicher Denkmale und das Interesse der Kirchen an der Veränderung ihrer Denkmale

Das große öffentliche Interesse an sakralen Denkmalen hat zur Folge, dass sich der Staat, der sich in der Gegenwart als Kulturstaat versteht[15] und den Denkmalschutz zu seinen kulturstaatlichen Aufgaben rechnet[16], in besonderem Maße auch für die Erhaltung der sakralen Denkmale verantwortlich fühlt. Weil sie zu den nationalen Monumenten der Staaten, zu den großen Zeugnissen europäischer Kultur, ja oft sogar zum gemeinsamen Kulturerbe der Menschheit zählen[17], weil sie von Touristen bewundert, von den Gebildeten besichtigt, von Kunsthistorikern, Reiseschriftstellern und Sachbuchautoren beschrieben werden, fühlt sich der Staat verpflichtet und berechtigt, sie unter Schutz zu stellen und sie damit aber auch seinem Denkmalregiment zu unterwerfen. Hier ist nicht der Ort, an dem eine sorgfältige, problemangemessene Auflösung des daraus notwendig resultierenden Spannungsverhältnisses mit den oft gegenläufigen Interessen der Kirchen und Religionsgemeinschaften versucht werden soll. Denn diese sehen ihre Sakralbauten in erster Linie nicht als Denkmale oder Museen, sondern als vitale, aktuell in Gebrauch stehende Gotteshäuser, an denen – dem lebendigen Glauben der sich in ihnen versammelnden Gemeinden entsprechend – laufend Veränderungen vorgenommen werden müssen. Vielmehr muss es genügen, das Bestehen einer solchen grundsätzlichen Konfliktsituation zu konsta-

---

15 Zum Kulturstaatsprinzip als Bestandteil der Verfassung, insbesondere des Grundgesetzes: Frank Fechner, Geistiges Eigentum und Verfassung, Tübingen 1999, 359 ff.; ders., Medienrecht, Tübingen ^{4}2003, Rz. 56; ders., Grenzen der Forschungsfreiheit am Beispiel der Bodendenkmalpflege, in: JZ 42 (1992) 777 ff. (783).

16 Zu Kulturgut- und Denkmalschutzbestimmungen im Verfassungsrecht zahlreicher Staaten: Peter Häberle, National-verfassungsstaatlicher und universaler Kulturgüterschutz – ein Textstufenvergleich, in: Frank Fechner / Thomas Oppermann / Lyndel V. Prott (Hg.), Prinzipien des Kulturgüterschutzes, Berlin 1996, 91 ff., in erweiterter und aktualisierter Form wieder abgedruckt bei: Peter Häberle, Verfassungslehre als Kulturwissenschaft, Berlin ^{2}1998, 1106 ff.; Felix Hammer, Der Denkmal- und Kulturgutschutz in Verfassungen der Gegenwart, in: DÖV 52 (1999) 1037 ff.

17 Zu den unterschiedlichen Aspekten vgl. Markus Müller, Kulturgüterschutz. Mittel nationaler Repräsentation oder Wahrung des Gemeinsamen Erbes der Menschheit, in: Fechner / Oppermann / Prott, Prinzipien (Fn. 16), 257 ff.; zum Anteil der – keineswegs nur christlichen – Sakralbauten am Kulturerbe der Menschheit vgl. etwa: Thomas Veser / Jürgen Lotz / Reinhard Strübner / Christine Baur / Sabine Kurz, Schätze der Menschheit. Kulturdenkmäler und Naturparadiese unter dem Schutz der UNESCO-Welterbekonvention, Augsburg ^{7}2000.

tieren und im übrigen auf die zu dieser Thematik vorhandene, überreiche Spezialliteratur zu verweisen.[18]

Hier soll stattdessen der Versuch gewagt werden, die Verfassungen der Staaten Europas – und die künftige Verfassung der Europäischen Union selbst, soweit sich deren Konturen bereits erkennen lassen – daraufhin zu untersuchen, ob sie zu dieser Fragestellung ihrerseits Ansätze und Anknüpfungspunkte für eine Antwort bereithalten, ob sie bestimmte rechtliche Strukturen vorgeben, an der sich diese notwendigerweise orientieren muss, will sie nicht auf die eine oder andere Weise zum Verfassungsverstoß führen. Das Ergebnis dieser Untersuchung wird kaum zu einer grundsätzlichen Neubewertung des vieldiskutierten Spannungsverhältnisses zwischen staatlichem Denkmal- und Kulturgutschutz einerseits sowie religiöser Freiheit andererseits führen oder völlig neue Lösungen verlangen, doch kann es bei der Beantwortung der sich hier stellenden Fragen Orientierung bieten, indem deutlich wird, wie die Kulturvölker Europas in ihren Verfassungsordnungen, auf denen ihr Recht und ihre Staatstätigkeit aufbauen, die hier relevanten Momente sehen und bewerten und welche Eckpunkte und Rahmendaten sie hierfür vorgegeben haben. Die Betrachtung der Verfassungsordnungen Europas kann mit anderen Worten zwar nicht viel weiterhelfen, wenn es darum geht, die Details in einem Rechtsstreit um die Erneuerung des Gemeindegestühls einer denkmalgeschützten Kirche auszuloten, sie kann aber Orientierung für die Frage bieten, ob die Sonderstellung, die Sakraldenkmale in vielen deutschen Denkmal-

---

18 Genannt seien hier nur: Wolfgang Eberl, Mitwirkung der Kirchen und Gemeinden beim Schutz von Baudenkmälern, in: DÖV 36 (1983) 455 ff.; Felix Hammer, Kirche und Denkmalpflege. Rechts- und Verfassungsfragen, in: Denkmalpflege in Baden-Württemberg (Fn. 12) 47 ff.; Martin Heckel, Der Denkmalschutz an den Sakralbauten in der Bundesrepublik Deutschland. Kulturgutschutz und Kirchenfreiheit im säkularen Verfassungssystem, in: ders., Gesammelte Schriften, Bd. II, Tübingen 1989, 1075 ff. = Deutsche Kunst und Denkmalpflege 48 (1990) 3 ff.; ders., Staat, Kirche, Kunst (Fn. 2); Alexander Hollerbach, Kunst- und Denkmalpflege, in: Joseph Listl / Heribert Schmitz (Hg.), Handbuch des katholischen Kirchenrechts, Regensburg ²1999, 1109 ff.; Josef Isensee, Res Sacrae unter kircheneigenem Denkmalschutz, in: Kirche und Recht 5 (1999) 117 ff. (= Gliederungs-Nr. 525, 1 ff.); Bernd M. Kremer, Denkmalschutz und Denkmalpflege im Bereich der Kirchen, in: Joseph Listl / Dietrich Pirson (Hg.), Handbuch des Staatskirchenrechts der Bundesrepublik Deutschland [HdbStKR], Bd. II, Berlin ²1995, 77 ff.; ders., Rechtsverhältnisse in der kirchlichen Denkmalpflege, in: Nichts für die Ewigkeit? (Fn. 12), 81 ff.; ders., Denkmalpflege und kirchliche Belange, in: Konservatorenauftrag und heutige Denkmalverantwortung (Landesdenkmalamt Baden-Württemberg, Arbeitsheft 4), Stuttgart 1995, 89 ff.; Wolfgang Loschelder, Staatliche und kirchliche Kulturverantwortung auf dem Gebiet des Denkmalschutzes, in: Dieter Schwab (Hg.), Staat, Kirche, Wissenschaft in einer pluralistischen Gesellschaft. Festschrift zum 65. Geburtstag von Paul Mikat, Berlin 1989, 611 ff.; Dieter Martin / Andreas Schneider / Lucia Wecker / Hans-Martin Bregger, Sächsisches Denkmalschutzgesetz. Kommentar, Wiesbaden 1999, 139 ff.; Hartmut Maurer, Denkmalschutz im kirchlichen Bereich, in: ders., Abhandlungen zum Kirchenrecht und Staatskirchenrecht, Tübingen 1998, 203 ff.

schutzgesetzen finden[19], ein anachronistisches Relikt aus den Zeiten des Staatskirchentums ist oder Ausdruck eines freiheitlichen Staatsverständnisses, das der Religionsfreiheit auch im Bereich des Denkmalschutzes den ihr angemessenen Rang zuzuerkennen bereit ist. Eine solche Betrachtung kann den Blick weiten, dass dieser nicht bei den einzelnen Bäumen haften bleibt, sondern sich auf den Wald selbst richtet, um eine bekannte Spruchweisheit zu zitieren, sie kann jedoch nicht die einzelnen Blätter in Großaufnahme vorführen, um im Bilde zu bleiben.

2. Die Verankerung von Freiheitsrechten der Kirchen und von staatlichem Denkmal- und Kulturgutschutzauftrag in den Verfassungen Europas

2.1. Der Schutz religiöser Freiheit als Bestandteil der Grund- und Menschenrechtsgarantien

Verfassungen haben aufgrund ihrer mehrere Jahrhunderte währenden historischen Entwicklung, die jedoch eine besondere Prägung im späten 18. Jahrhundert – nämlich in der amerikanischen und französischen Revolution – gefunden hat, traditionell vor allem zwei Regelungskomplexe[20]: Sie legen zum einen die fundamentalen Rechte des Bürgers im Staat und die Rechte des Menschen gegen den Staat fest, die Grund- und Menschenrechte. Und sie enthalten zum anderen die wesentlichen Regelungen über Kompetenzen und Arbeitsweise der Staatsorgane, das Staatsorganisationsrecht. Vorschriften über die religiöse Freiheit, die eines der wichtigsten Menschenrechte bildet[21], sind von Anfang an in den Ver-

---

19 Vgl. dazu Heckel, Sakralbauten (Fn. 18), 1077 ff.; Kremer, Denkmalschutz (Fn. 18), 92 ff.; ähnlich das Bundesdenkmalschutzgesetz Österreichs, dazu: Karl Anderle, Kirchenrechtliche und staatskirchenrechtliche Aspekte der Novelle zum Denkmalschutzgesetz im Jahre 1978, in: ÖAKR 29 (1978) 446 ff.; Norbert Helfgott, Denkmalschutzgesetz und kirchliches Eigentum, in: ÖAKR 29 (1978) 426 ff.; Gebhard Klötzl, „Zwingende liturgische Notwendigkeit" zu Altarraumumbauten? Bemerkungen zu § 5 Absatz 4 Denkmalschutzgesetz, in: ÖZKD 46 (1992) 38 ff.

20 Zusammenfassend: Felix Hammer, Verfassung, in: Ergänzbares Lexikon des Rechts, Loseblattausgabe, Gruppe 1: Rechtsgeschichte, hg. v. Robert Scheyhing u. Matthias Wilhelm, 55. Lfg. Dezember 1991, Gliederungs-Nr. 1/1240, 1-4 (mit Hinweisen auf weiterführende Literatur).

21 Aus der nahezu uferlosen Zahl von Darstellungen zur Religionsfreiheit, ihrer Geschichte, ihrem Garantiegehalt und ihren Grenzen seien hier nur genannt: Winfried Aymans, Staat, Konfessionen, Religionsfreiheit, in: AfkKR 159 (1990) 132 ff.; Albert Bleckmann, Von der individuellen Religionsfreiheit des Art. 9 EMRK zum Selbstbestimmungsrecht der Kirchen. Ansätze zu einem „Europäischen Staatskirchenrecht", Köln u. a. 1995; Martin Heckel, Rechtscharakter und Funktionen der Religionsfreiheit, in: Rudolf Morsey (Hg.), Staat, Politik, Verwaltung in Europa. Gedächtnisschrift für Roman Schnur, Berlin 1997, 205 ff.; ders., Religionsfreiheit. Eine säkulare Verfassungsgarantie, in: ders., Gesammelte Schriften, Bd. IV, Tübingen 1998, 647 ff.; ders., Religionsfreiheit im säkularen pluralistischen Verfassungsstaat, in: Burkhardt Ziemske

fassungen zu finden, seit sie gegen Ende des 18. Jahrhunderts in vollständiger oder nahezu vollständiger Form in Erscheinung traten.[22] Bereits zuvor finden sich Religionsfreiheitsgarantien in vor allem amerikanischen Rechtsfundamental-Dokumenten, die sicher nicht zu Unrecht als Vorstufen der Verfassung angesehen werden, wie etwa dem Maryland Toleration Act von 1649[23], den von John Locke formulierten Fundamental Constitutions of Carolina von 1669[24] oder der New York Charter of Liberties von 1683.[25]

Waren die frühen Religionsfreiheitsgarantien teilweise noch deutlich beschränkt auf die Glaubensfreiheit, was etwa in der französischen Erklärung der Rechte des Menschen und Bürgers von 1789[26] dadurch zum Ausdruck kommt, dass diese verheißt, dass niemand wegen seiner Ansichten, auch der religiösen, beunruhigt werden soll, und die damit die Religions- als Unterfall der Meinungsfreiheit ansieht, so wurde doch bald die Religionsausübungsfreiheit be-

---

(Hg.), Staatsphilosophie und Rechtspolitik. Festschrift für Martin Kriele zum 65. Geburtstag, München 1997, 281 ff.; Karl-Hermann Kästner, Hypertrophie des Grundrechts auf Religionsfreiheit? Über das Verhältnis der Religions- und Weltanschauungsfreiheit zum Geltungsanspruch des allgemeinen Rechts (Tübinger Universitätsreden N.F., Bd. 31), Tübingen 1999 = JZ 48 (1998) 974 ff.; Jörg P. Müller, Religionsfreiheit – ihre Bedeutung, ihre innere und äußere Gefährdung, in: JöR N.F. 45 (1997) 1 ff.; Christian Starck, Die historischen Quellen der modernen Religionsfreiheit, in: ders., Der demokratische Verfassungsstaat. Gestalt, Grundlagen, Gefährdungen, Tübingen 1995, 364 ff. (jeweils mit weiterführenden Nachweisen).

22 Mit der amerikanischen und französischen Revolution sowie in Polen; noch getrennt in Menschenrechtserklärung und eigentliche Verfassung 1776 in Virginia: The Virginia Declaration of Rights, Sec. 16, abgedruckt bei: Kermit L. Hall / William M. Wiecek / Paul Finkelman, American Legal History. Cases and Materials, New York – Oxford 1991, 69 f.; Nr. 10. der französischen Erklärung der Rechte des Menschen und des Bürgers v. 26.08.1789, die in die erste französische Verfassung v. 03.09.1791 aufgenommen wurde, abgedruckt bei: Wolfgang Heidelmeyer (Hg.), Die Menschenrechte, Paderborn u. a. [4]1997, 56 ff. (58); Nr. 7. der französischen Verfassung v. 24.06.1793, abgedruckt bei: Heidelmeyer, Menschenrechte, 59 ff. (60); im Grundrechtsteil noch beschränkt auf die Religionsfreiheit der 1. Abschnitt der polnischen Verfassung v. 03.05. 1791, dazu: Georg Ch. von Unruh, Die polnische Konstitution vom 3. Mai 1791 im Rahmen der Verfassungsentwicklung der europäischen Staaten, in: Der Staat 13 (1974) 185 ff. (192 f.); ders., Die polnische Verfassung vom 3. Mai 1791 als Beitrag zur konstitutionellen Entwicklung in Europa. Erster religiöser Minderheitenschutz, in: DVBl. 48 (1997) 547 f.

23 Abgedruckt bei: Clarence L. Ver Steeg / Richard Hofstadter (Hg.), Great Issues in American History. From Settlement to Revolution. 1584-1776, New York 1969, 210 ff.

24 §§ 97-109, abgedruckt bei: John Locke, Political Writings. Edited and with an Introduction by David Wootton, New York 1993, 210 ff.

25 Abgedruckt bei: Hall / Wiecek / Finkelman, American Legal History (Fn. 22), 21 ff. (22 f.).

26 Nachweis oben, Fn. 22.

sonders garantiert[27]; heute ist es vollkommen selbstverständlich, dass beides gleichermaßen gewährleistet ist.[28] Ausdrücklich garantiert wird dies etwa in verschiedenen der neuen Verfassungen, die in Zentral- und Osteuropa nach dem Zerfall der sozialistischen und kommunistischen Diktaturen gegen Ende des 20. Jahrhunderts entstanden[29], sowie in internationalen Rechtsdokumenten[30], die den

---

27 Nr. 7. der Französischen Verfassung v. 24.06.1793 (Fn. 22) formuliert: „... und die freie Ausübung des Gottesdienstes können nicht verwehrt werden“; Nr. 5 der Französischen Charta v. 04.06.1814 (auszugsweise abgedruckt bei Heidelmeyer, Menschenrechte [Fn. 22], 67 ff.) lautet: „Jeder bekennt seine Religion mit gleicher Freiheit und erhält für seinen Gottesdienst den gleichen Schutz“; Sec. 16 der Virginia Declaration of Rights (Fn. 22): „That religion ... and the manner of discharging it, can be directed only by reason and conviction, not by force or violence; and therefore all men are equally entitled to the free exercise of religion, according to the dictates of conscience; ...“

28 Überblick zum gegenwärtigen Verfassungsrecht bei Johannes Neumann, Staat und Kirchen in verfassungsrechtlichen Texten der Europäischen Union und ihrer Mitgliedstaaten, in: Dieter Fauth / Erich Satter (Hg.), Staat und Kirche im werdenden Europa, Würzburg 2003, 39 ff.; weiterhin: Hermann Weber, Die individuelle und kollektive Religionsfreiheit im europäischen Recht einschließlich ihres Rechtsschutzes, in: ZevKR 47 (2002) 265 ff.; Darstellungen zu zahlreichen europäischen Ländern und den USA bei Gerhard Robbers (Hg.), Church Autonomy. A Comparative Survey, Frankfurt am Main u. a. 2001.

29 So Verfassung der Republik Slowenien v. 23.12.1991 (abgedruckt bei: Ivan Kristan, Verfassungsentwicklung in Slowenien, in: JöR N.F. 42 [1994] 59 ff., Verfassungstext: 88 ff.), Art. 7 Abs. 2: „Die Religionsgemeinschaften sind gleichberechtigt, ihre Tätigkeit ist frei.“; Verfassung der Republik Serbien v. 28.09.1990 (abgedruckt in deutscher Übersetzung in: JöR N.F. 45 [1997] 253 ff.), Art. 41 Abs. 2: „Religionsgemeinschaften sind vom Staat getrennt und frei in der Ausübung religiöser Werke und Riten“; weiterhin etwa: Verfassung der Russischen Föderation v. 12.12.1993 (abgedruckt in: EuGRZ 21 [1994] 519 ff. = Heidelmeyer, Menschenrechte [Fn. 22], 122 ff.), Art. 28; Verfassung der Tschechischen Republik v. 16.12.1992 (abgedruckt bei: Heidelmeyer, Menschenrechte [Fn. 22], 143 ff.), Art. 16 Abs. 1; Verfassung Rumäniens v. 21.11.1991 (abgedruckt bei: Peter Häberle, Verfassungspolitische Maximen für die Ausgestaltung der „Europafähigkeit“ Polens, in: JöR N.F. 44 [1996] 313 ff., Text 514 ff. = [auszugsweise] Heidelmeyer, Menschenrechte [Fn. 22], 113 ff.), Art. 29 Abs. 3.

30 Art. 18 der Allgemeinen Erklärung der Menschenrechte [der Vereinten Nationen] v. 10.12.1948 (abgedruckt bei: Heidelmeyer, Menschenrechte [Fn. 22], 209 ff.): „Jeder Mensch hat Anspruch auf Gedanken-, Gewissens- und Religionsfreiheit; dieses Recht umfasst ... die Freiheit, seine Religion oder seine Überzeugung allein oder in Gemeinschaft mit anderen, in der Öffentlichkeit oder privat, durch Lehre, Ausübung, Gottesdienst und Vollziehung von Riten zu bekunden“; Art. 9 der Europäischen Konvention zum Schutze der Menschenrechte und Grundfreiheiten v. 04.11.1950 (abgedruckt bei: Heidelmeyer, Menschenrechte [Fn. 22], 215 ff.): „Jedermann hat Anspruch auf Gedanken, Gewissens- und Religionsfreiheit; dieses Recht umfasst ... die Freiheit, seine Religion oder Weltanschauung einzeln oder in Gemeinschaft mit anderen öffentlich oder privat, durch Gottesdienst, Unterricht, durch die Ausübung und Beachtung religiöser Gebräuche auszuüben“; Art. 18 Abs. 1 des Internationalen Paktes über bürgerliche und politische Rechte v. 19.12.1966 (abgedruckt bei: Heidelmeyer, Menschenrechte [Fn. 22], 235 ff.): „Jedermann hat das Recht auf Gedanken-, Gewissens- und Religionsfrei-

nationalen Verfassungen als Richtmaß dienen und – wegen der Unterordnung der verschiedenen Staaten unter sie – auch dienen müssen. Deshalb gehört im Staat der Gegenwart nicht nur die Freiheit zu glauben und nicht zu glauben, was der Einzelne für religiös und weltanschaulich richtig hält, zum Inhalt des grundrechtlich Gesicherten, sondern auch die Freiheit, entsprechend diesem Glauben zu leben sowie einzeln oder zusammen mit anderen religiöse Gebräuche und Riten auszuüben und durchzuführen. In dieser weiten Form soll religiöse Freiheit auch im künftigen europäischen Verfassungsvertrag geschützt werden, zum einen, indem sie als Grundrecht Schutz erfährt[31], zum anderen, indem die Europäische Union sich verpflichtet, den Status, den Kirchen und religiöse Vereinigungen oder Gemeinschaften in den Mitgliedstaaten nach deren Rechtsvorschriften genießen, zu achten und nicht zu beeinträchtigen.[32] Damit begegnet die Religionsfreiheit auch bei einem weiteren Fortschreiten der europäischen Einigung nicht der Gefahr, künftig aufgrund des europäischen Rechts und durch dieses Einschränkungen zu unterliegen.

Ist damit die Freiheit, nicht nur seine religiöse Überzeugung zu äußern, sondern auch religiöse Gebräuche auszuüben, ebenso das Recht, seinen Glauben in Gemeinschaft mit anderen, also kollektiv zu bekennen, garantiert, so wird die solchermaßen geschützte Religionsfreiheit, der vom Grundrecht feierlich garantierte Freiheitsbereich mit dem staatlichen Wunsch, Sakralbauten als historische Denkmale zu schützen, zumindest potentiell in Konflikt geraten: Ist ein historisches Zeugnis nur dann authentisch und wertvoll, wenn es unverfälscht von vergangenen Zeiten kündet, so verlangt der religiöse Kultus danach, Sakralbauten als Hülle und Rahmen eines lebendigen Glaubens in die vitalen Glaubensäußerungen einzubeziehen, sie nicht nur nutzen zu dürfen, sondern sie gemäß den aktuellen Gesetzen der Religion in deren Vollzug einzubeziehen, sie auszuschmücken, umzugestalten, sie zu beleuchten, mit Weihrauch zu erfüllen, ja

---

heit. Dieses Recht umfasst die Freiheit, ... seine Religion oder Weltanschauung allein oder in Gemeinschaft mit anderen, öffentlich oder privat durch Gottesdienst, Beachtung religiöser Bräuche, Ausübung und Unterricht zu bekunden".

31 So bestimmt Teil I Art. 7 des Entwurfs des Europäischen Konvents für einen Vertrag über eine Verfassung für Europa v. 13.06. / 10.07.2003 (hier zitiert nach der Drucksache CONV 850/03 des Europäischen Konvents v. 18.07.2003) in Abs. 1, dass die Union die Rechte, Freiheiten und Grundsätze anerkennt, die in der Charta der Grundrechte als dem Teil II der Verfassung enthalten sind; und Abs. 3 stellt fest, dass die Grundrechte, wie sie in der Europäischen Konvention zum Schutze der Menschenrechte und Grundfreiheiten gewährleistet sind, und wie sie sich aus den gemeinsamen Verfassungsüberlieferungen der Mitgliedstaaten ergeben, zu den allgemeinen Grundsätzen des Unionsrechts gehören. Die (individuelle und kollektive) Religionsfreiheit wird in Art. 9 Abs. 1 EMRK garantiert, ebenso in dem seinem Vorbild folgenden Art. 10 Abs. 1 EU-Grundrechte-Charta (nunmehr Verfassungsentwurf Art. II-10). Dass die Religionsfreiheit ein zentrales Element der gemeinsamen Verfassungsüberlieferungen der Mitgliedstaaten der Europäischen Union bildet, wurde bereits dargelegt.

32 Teil I Art. 51 Abs. 1 des Verfassungsentwurfs (Fn. 31).

auch sie mit zeitgemäßen Sitzbänken auszustatten, sie zu beheizen und was sonst noch alles den Denkmalpfleger erschrecken mag. Und dies alles wird von der Glaubens- und Glaubensäußerungsfreiheit, wie sie in der Gegenwart verstanden wird, verfassungskräftig geschützt. Ja mehr noch: Ist die Glaubens- und Glaubensäußerungsfreiheit von der Verfassung garantiert, so muss sich der staatliche Denkmalschutz dem Verdacht aussetzen, grundrechtliche Freiheit verkürzen zu wollen, er muss gar seinerseits einem in der Verfassung selbst wurzelnden Wert dienen, nimmt er doch für sich in Anspruch, von der Verfassung gewährte Freiheit einzuschränken.

2.2. Denkmale, das historische und kulturelle Erbe sowie der Kulturstaat als Schutzgut europäischer Verfassungen

Dabei stellt sich jedoch das Problem, dass – geht man vom klassischen Regelungsprogramm von Verfassungen aus – Bestimmungen zum Denkmal- und Kulturgüterschutz an sich gar nicht in eine Verfassung gehören, vielmehr ist ihre Schaffung allein Aufgabe des auf der Grundlage der Verfassung agierenden, demokratisch legitimierten Gesetzgebers. Allerdings haben Verfassungen im Verlauf des 20. Jahrhunderts zunehmend eine weitere Funktion gewonnen, die bereits zur Zeit der Weimarer Republik von Rudolf Smend gesehen und in seiner Integrationslehre beschrieben wurde.[33] Verfassungen prägen nämlich einen Staat und das Staatsleben, indem sie ihnen Ziel und Programm vorgeben und so ihre Entwicklung leiten, ihnen Richtung und einen bestimmten Charakter verleihen.

Dies geschieht zum einen durch die bereits genannten Regelungskomplexe der Verfassung: Durch die Grund- und Menschenrechte wird das Staatswesen – in ganz spezifischer Weise – als freiheitliches verfasst und durch die Staatsorganisationsbestimmungen als demokratischer Staat und als Rechtsstaat. Zum anderen aber hat in Deutschland erstmals die Weimarer Verfassung von 1919[34] den Staat ausdrücklich als Sozial- und Kulturstaat konstituiert, indem eine ganze Reihe von Staatsfundamental- und Staatszielbestimmungen in den Verfassungs-

33 Rudolf Smend, Das Recht der freien Meinungsäußerung, in: VVDStRL 4 (1928) 44 ff. = ders., Staatsrechtliche Abhandlungen und andere Aufsätze, Berlin ³1994, 89 ff. (91 ff.); ders., Verfassung und Verfassungsrecht, München – Leipzig 1928 = ders., Staatsrechtliche Abhandlungen, 119 ff. (insb. 187 ff., 215 ff., 260 ff.); dazu zusammenfassend: Gerhard Robbers, Die Staatslehre der Weimarer Republik. Eine Einführung, in: Jura 15 (1993) 69 ff. (71); aus dem neueren Schrifttum: Wilhelm Hennis, Integration durch Verfassung? Rudolf Smend und die Zugänge zum Verfassungsproblem nach 50 Jahren unter dem Grundgesetz, in: JZ 49 (1999) 485 ff.; Stefan Korioth und Armin von Bogdandy, Europäische und nationale Identität. Integration durch Verfassungsrecht?, in: VVDStRL 62 (2003) 117 ff. und 156 ff., sowie die Aussprache ebd., 194 ff.

34 Verfassung des Deutschen Reichs v. 11.08.1919 (RGBl., 1383).

text aufgenommen wurden.[35] Nun kann der reine Verfassungstext – das Verfassungspapier – ein Staatswesen zwar noch nicht bewegen und gestalten, er bedeutet aber eine stetige Verpflichtung und Richtungsweisung, so dass er mittelbar sehr wohl zu prägen vermag. Dies dürfte der Grund dafür sein, dass im Verlauf des 20. Jahrhunderts – und zwar in ganz besonderem Maße nach dem Zusammenbruch der kommunistischen Diktaturen in Zentral- und Osteuropa – in viele neue Verfassungen oft umfangreiche Kataloge von sozialen und kulturellen Grundrechten, von Staatsziel- und Staatsfundamentalbestimmungen sowie von Gesetzgebungsaufträgen aufgenommen wurden. Dabei sind Denkmal- und Kulturgutschutzvorschriften in den Verfassungen[36] zumeist als Staatszielbestimmungen und Gesetzgebungsaufträge formuliert, seltener finden sich Staatsfundamentalbestimmungen[37] und kulturelle Grundrechte[38] oder Grundpflichten, die allen Bürgern auferlegt werden.[39]

Dabei gewähren soziale und kulturelle Grundrechte den Bürgern – meist deutlich relativierte – Ansprüche gegen den Staat auf soziale und kulturelle Leistungen oder Einrichtungen, Staatszielbestimmungen erlegen dem Staat und seinen Organen die Pflicht auf, im Rahmen der bestehenden Möglichkeiten vorrangig bestimmte, näher definierte Ziele zu verfolgen, während Staatsfundamentalbestimmungen wichtige Werte als für Staat und Staatsorgane verbindlich und vor-

---

35 Vgl. dazu Felix Hammer, Die Verfassung des Deutschen Reichs vom 11. August 1919 – die Weimarer Reichsverfassung, in: Jura 22 (2000) 57 ff. (61 f.), mit Hinweisen auf weiterführende Literatur.

36 Überblicke (mit Nachweisen zahlreicher Verfassungsnormen) bieten: Häberle, Kulturgüterschutz (Fn. 16); Hammer, Denkmal- und Kulturgutschutz (Fn. 16). Verfassungsbestimmungen, die den staatlichen Denkmal- und Kulturgutschutz betreffen, bilden – aus dem EU-Bereich – etwa § 20 Abs. 1 Grundgesetz Finnlands; Art. 24 Abs. 6 Verfassung der Republik Griechenland; Art. 9 Abs. 2 Verfassung der Republik Italien; Art. 9 lit. e) Verfassung der Republik Portugal; Art. 46 Verfassung des Königsreichs Spanien.

37 So bringen die Präambeln der Verfassungen Polens, Perus und Estlands den Willen der jeweiligen Völker zum Ausdruck, ihr kulturelles Erbe zu bewahren oder zu verteidigen, die Verfassung Guatemalas anerkennt die Traditionen und die kulturelle Erbschaft des Landes; vgl. Häberle, Kulturgüterschutz (Fn. 16), 97; Hammer, Denkmal- und Kulturgutschutz (Fn. 16), 1043.

38 In diese Richtung geht Art. 40 Abs. 3 S. 2 der Verfassung für Rheinland-Pfalz v. 18. 05.1947 (VOBl., 209): „Die Teilnahme an den Kulturgütern des Lebens ist dem gesamten Volke zu ermöglichen“; ganz ähnlich Art. 34 Abs. 2 S. 2 der Verfassung des Saarlandes v. 15.12.1947 (ABl., 1077): „Die Teilnahme an den Kulturgütern ist allen Schichten des Volkes zu ermöglichen“; weitere Beispiele bei Hammer, Denkmal- und Kulturgutschutz (Fn. 16), 1042, Fn. 59.

39 So § 20 Abs. 1 Grundgesetz Finnlands; Art. 37 Verfassung der Republik Kasachstan v. 30.08.1995 (abgedruckt in: JöR N.F. 47 [1999] 634 ff. [639]); Art. 43 Verfassungsgesetz der Republik Lettland v. 10.12.1991 (abgedruckt bei: Häberle, Verfassungspolitische Maximen [Fn. 29], 395 ff.); Art. 44 Abs. 3 Verfassung der Russischen Föderation v. 12.12.1993 (Fn. 29); allgemein dazu Hammer, Denkmal- und Kulturgutschutz (Fn. 16), 1042 f.

rangig zu beachten anordnen.[40] Ihnen ist gemeinsam, dass sie eine langfristige, durch die Autorität der Verfassung abgesicherte Lenkungsfunktion auf die staatliche Politik ausüben wollen, sie aber nur soweit binden, als sie nach pflichtgemäßer Abwägung mit anderen durch die Verfassung vorgegebenen Werten und Zielen diese *in concreto* für realisierbar erachtet. Auch soweit Staatsziele und Staatsfundamentalbestimmungen ausnahmsweise im Indikativ und ohne Vorbehalt formuliert sind, ist ihnen doch diese Begrenzung stets immanent. Denn auch für den Staat und seine Organe gilt die Rechtsregel „ultra posse nemo obligatur“[41].

Nachdem sich der Staat der Gegenwart – unter anderem – als Kulturstaat versteht[42], erhielten während des 20. Jahrhunderts zahlreiche Verfassungen kulturgut- und denkmalschützende Bestimmungen aus dem dargestellten Spektrum.[43] Sodann aber entfaltete – auch noch im späteren 20. Jahrhundert und nicht nur in Südosteuropa – die Geschichte, meist die – wie auch immer definierte – nationale Geschichte, eine ganz besondere Präge- und Identifikationskraft. Nicht nur beim Zerfall Jugoslawiens zeigte sich dies in zum Teil auch sehr bedrückender Weise. Und so ist es alles andere als verwunderlich, dass auch Bewahrung und Pflege des historischen, kulturellen und nationalen Erbes in vielen Verfassungen als Staatsziel oder als Gesetzgebungsauftrag erscheinen.[44] Deshalb sind die

---

40 Begriffs- und Systembildung erfolgen nicht einheitlich, manchmal wird auch Unterschiedliches unter einem Begriff zusammengefasst; zwischen den verschiedenen Kategorien bestehen zudem fließende Übergänge. Die Unterscheidung in Staatsziele und Staatsfundamentalnormen kommt etwa in der Verfassung des Landes Brandenburg v. 20.08.1992 (GVBl., 298) zum Ausdruck, in der der 1. Hauptteil mit „Grundlagen“ und der 2. Hauptteil mit „Grundrechte und Staatsziele“ überschrieben ist. Demgegenüber unterscheidet die Verfassung des Landes Sachsen-Anhalt v. 17.07.1992 (GVBl., 200) in ihrem 2. Hauptteil („Bürger und Staat“) zwischen Grundrechten, Einrichtungsgarantien und Staatszielen, in der Verfassung des Freistaats Thüringen vom 29.10.1993 (GVBl., 625) hat der erste Teil den Titel „Grundrechte, Staatsziele und Ordnung des Gemeinschaftslebens“. Vgl. zu dieser Thematik etwa: Wolfgang Graf Vitzthum, Soziale Grundrechte und Staatszielbestimmungen morgen. Landesverfassungsgebung und Grundgesetzreform, in: ZFA 22 (1991) 695 ff.; ders., Auf der Suche nach einer sozio-ökonomischen Identität? Staatszielbestimmungen und soziale Grundrechte in Verfassungsentwürfen der neuen Bundesländer, in: VBlBW 12 (1991) 404 ff.; Hsin-hua Wu, Soziale Grundrechte in der Verfassung, (Jur. Diss.) Tübingen 1997.

41 Dazu Detlef Liebs, Lateinische Rechtsregeln und Rechtssprichwörter, München ^{4}1986, 214.

42 Literatur dazu oben Fn. 15.

43 Nachweise oben Fn. 36-39.

44 Als Beispiele seien nur genannt: Verfassung der Russischen Föderation v. 12.12.1993 (Fn. 29), Art. 44 Abs. 3: „Jeder hat die Pflicht, für den Erhalt des historischen und kulturellen Erbes zu sorgen sowie historische und kulturelle Denkmale zu schützen“; Verfassung der Republik Litauen, angenommen in einem Referendum v. 25.10.1992 (abgedruckt bei: Häberle, Verfassungspolitische Maximen [Fn. 29], 360 ff.), Art. 42 Abs. 2: „The State shall support culture and science, and shall be concerned with the protection

Kunst- und Kulturdenkmale in manchen Verfassungen als Bestandteil der Kultur Gegenstand staatlicher Förderung und Fürsorge, in anderen Verfassungen wird ihnen als Teil des historischen oder kulturellen Erbes das Wohlwollen des Staates garantiert. In vielen Verfassungen erscheinen sie damit unmittelbar und ausdrücklich als Wert, den der Staat in besonderem Maße in Schutz nimmt.[45] Darüber hinausgehend statuieren einige Verfassungen nicht nur Schutzaufträge oder Schutzgarantien für Denkmale, sondern verheißen sogar der Bevölkerung die Teilnahme an den Kulturgütern oder Zugang zu den Denkmalen.[46]

In Verfassungen, die im Lauf der letzten beiden Jahrzehnte entstanden sind, erfahren die Denkmale und Kulturgüter zumeist auf einem der genannten Wege Berücksichtigung, so dass es bei neueren Verfassungen eher eine Ausnahme darstellt, wenn Denkmale und Kulturgüter überhaupt keine, also auch keine mittelbare Berücksichtigung gefunden haben. Aber selbst in diesem Fall sind sie über das Kulturstaatsprinzip, dem sich nahezu alle Staaten der Gegenwart verpflichtet fühlen, Gegenstand verfassungsrechtlichen Schutzes. Soweit dieses

---

of Lithuanian history, art, and other cultural monuments and valuables"; Verfassung Kasachstans v. 30.08.1995 (Fn. 39), Art. 37: „Die Bürger der Republik Kasachstan sind verpflichtet, sich um die Erhaltung des historischen und kulturellen Erbes zu kümmern und die Denkmale der Geschichte und Kultur zu bewahren"; Verfassung Turkmenistans v. 18.05.1992 (abgedruckt in: JöR N.F. 42 [1994] 674 ff.), Art. 10: „Der Staat ist verantwortlich für die Unversehrtheit der nationalen und historisch-kulturellen Identität der Einwohnerschaft sowie für die Bewahrung der natürlichen Ressourcen"; Verfassung der Republik Slowenien v. 23.12.1991 (abgedruckt in: JöR N.F. 42 [1994] 88 ff.), Art. 5 Abs. 1 S. 4: „Er [der Staat] sorgt für die Erhaltung der Naturgüter und des kulturellen Erbes und schafft die Voraussetzungen für eine harmonische Entwicklung Sloweniens im Bereich der Zivilisation und Kultur"; Constitution of Malta von 1964 in der Fassung der Gesetze von 1965 bis 1979 (abgedruckt in: JöR N.F. 41 [1993] 444 ff.), 9. Safeguarding of landscape and historical and artistic patrimony: „The State shall safeguard the landscape and the historical and artistic patrimony of the Nation"; Verfassung der Republik Polen v. 02.04.1997 (abgedruckt in: Osteuropa-Recht 43 [1997] 227 ff.), Präambel: „[...] verpflichtet, den kommenden Generationen alles zu überliefern, was unter den Errungenschaften aus mehr als tausend Jahren kostbar ist"; Art. 5: „Die Republik Polen [...] wacht über das nationale Erbe und gewährleistet den Schutz der Umwelt [...]"; Art. 6 (1.): „Die Republik Polen schafft die Bedingungen für die Verbreitung und den gleichen Zugang zu den Kulturgütern, die die Quelle der Identität des polnischen Volkes, seines Fortbestehens und seiner Entwicklung sind".

45 Überblick bei Hammer, Denkmal- und Kulturgutschutz (Fn. 16), 1040 f., 1043 f.

46 Vgl. dazu Ernst-Rainer Hönes, Kulturdenkmalbegriff und Eigentumsschutz, in: DÖV 56 (2003) 517 ff. (521); Hammer, Denkmal- und Kulturgutschutz (Fn. 16), 1042, Fn. 59; Beispiele bilden Art. 6 (1.) Verfassung Polen (vgl. Fn. 44); im Ergebnis ähnlich Art. 40 Abs. 3 S. 2 Verfassung für Rheinland-Pfalz (Fn. 38); Art. 34 Abs. 2 S. 2 Verfassung des Saarlandes (Fn. 38); allgemeiner Art. 44 Abs. 1 Verfassung des Königreichs Spanien: „Die öffentliche Gewalt fördert und schützt den Zugang zur Kultur, auf die jedermann ein Recht hat". Etwas schwächer Verfassung des Freistaats Sachsen v. 27.05.1992 (GVBl., 243), Art. 112 Abs. 2: „Die Baudenkmale der Kirchen und Religionsgemeinschaften sind ... Kulturgut der Allgemeinheit".

Prinzip nicht ausdrücklich in der Verfassung erscheint, so bildet es doch einen ungeschriebenen Bestandteil der Verfassung, auf dem diese als für den modernen Staat unverzichtbar aufbaut, so dass auf diese Weise für die Kultur und das, was sie umfasst, ein Schutzauftrag der Verfassung an den Staat und seine Organe besteht.

Auch der Entwurf des Europäischen Konvents zu einem Vertrag über die Verfassung der Europäischen Union[47] bildet hier keine Ausnahme. Zwar kann er keinen unmittelbaren Denkmal- oder Kulturgutschutzauftrag enthalten, weil nach diesem Verfassungsentwurf der Europäischen Union keine allgemeine Kultur- oder gar Denkmalschutzkompetenz zukommen soll. Nachdem aber die Union Unterstützungs-, Koordinierungs- oder Ergänzungsmaßnahmen mit europäischer Zielsetzung im Bereich der Kultur durchführen darf[48], ist es nur konsequent, dass der Verfassungsentwurf statuiert, dass die Union den Reichtum ihrer kulturellen und sprachlichen Vielfalt wahrt und für den Schutz und die Entwicklung des kulturellen Erbes Europas sorgt.[49] Im übrigen zeigt sich die kulturelle Orientierung der Union auch in der Präambel zum Verfassungsvertrag, die davon spricht, dass dieser zustande gekommen sei, „schöpfend aus den kulturellen, religiösen und humanistischen Überlieferungen Europas“, die in seinem Erbe weiter lebendig seien.

Damit gehört die Förderung und Bewahrung der Kultur im allgemeinen und der Schutz der Kulturgüter und Denkmale im besonderen zum Programm der Verfassungen der Gegenwart. Und deshalb bildet auch der Denkmal- und Kulturgüterschutz einen in der Verfassung selbst wurzelnden Wert, der durchaus fähig sein kann, der Freiheit der Religion und Religionsausübung Schranken zu ziehen und Grenzen zu setzen. Doch kann er kaum in der Lage sein, die religiöse Freiheit insgesamt, in ihrem Wesensgehalt einzuschränken, denn sonst würde die feierliche Garantie der Glaubens- und Religionsfreiheit in den Verfassungen *ad absurdum* geführt. Vielmehr muss das Spannungsverhältnis zwischen beiden Verfassungsgarantien dazu führen, dass im Konfliktfall keine von beiden *per se* einen Vorrang vor der anderen beanspruchen kann, sondern mit Blick auf beide und unter Achtung beider eine möglichst ausgleichende Lösung gefunden werden muss.

2.3. Weitere Freiheitsrechte der Kirchen und Religionsgemeinschaften, die mit dem Denkmalschutzauftrag des Staates konkurrieren

Dabei streiten freilich zugunsten der Kirchen und Religionsgemeinschaften, die ihre Sakraldenkmale verändern möchten, noch weitere verfassungskräftig geschützte Werte, die den Denkmalschutzanspruch des Staates einzuschränken

---

47 Vom 13.06. / 10.07.2003 (Fn. 31).

48 Teil I Art. 16 des Verfassungsentwurfs (Fn. 31).

49 Teil I Art. 3 Abs. 3 des Entwurfs (Fn. 31), unter dem Titel: Die Ziele der Union.

geeignet sind. Diese Freiheitsrechte müssen ihnen wie allen Bürgern oder bürgerlichen Vereinigungen und Gesellschaften zustehen, will der Staat Religionsgemeinschaften nicht schlechter stellen als andere Rechtssubjekte und sie damit aus religiösen Gründen diskriminieren, womit er wiederum – mittelbar – die Freiheit der Religion verletzen würde.

Zu nennen ist insoweit zunächst die Eigentumsfreiheit, die alle europäische Verfassungen garantieren und zumeist an zentraler Stelle ausdrücklich nennen[50] und die – wie vor wenigen Jahren das Bundesverfassungsgericht für Deutschland eingehend begründet hat[51] – den staatlichen Denkmalschutz in erheblichem Maße zu beschränken vermag. Wenn jedoch die Eigentumsfreiheit in vielen europäischen Verfassungen nur begrenzt durch die Grundsätze sozialer Gerechtigkeit[52] oder unter Rücksicht auf die soziale Funktion des Eigentums[53] gewährleis-

---

50 So Verfassung Belgien, Art. 16; Verfassung der Republik Bulgarien v. 12. / 13.07.1991 (abgedruckt bei: Heidelmeyer, Menschenrechte [Fn. 22], 90 ff.), Art. 17; Verfassung des Königsreichs Dänemark, § 73; GG Art. 14; Grundgesetz Finnlands, § 15; Verfassung der Republik Frankreich, Präambel i. V. m. Art. 17 der Erklärung der Menschen- und Bürgerrechte v. 26.08.1789; Verfassung der Republik Griechenland, Art. 17 f.; Verfassung der Republik Irland, Art. 43; Verfassung der Republik Italien, Art. 42; Verfassung des Großherzogtums Luxemburg, Art. 16; Verfassung des Königreichs der Niederlande, Art. 14; Verfassung der Republik Portugal, Art. 62; Verfassung von Rumänien (Fn. 29), Art. 41; Verfassung der Russischen Föderation (Fn. 29), Art. 35; Verfassung des Königreichs Schweden, Kap. 2 § 18; Verfassung des Königreichs Spanien, Art. 33; Verfassung der Tschechischen Republik (Fn. 29), Art. 11; für das Vereinigte Königreich vgl. bereits Nr. 28-31 der Magna Charta Libertatum von 1215.

51 BVerfG, Beschluss v. 02.03.1999, 1 BvL 7/91, in: BVerfGE 100, 226 ff. (DSchG Rheinland-Pfalz). Im Gefolge dieser Entscheidung wurde die Problematik in der rechtswissenschaftlichen Literatur sehr intensiv diskutiert; hier können nur einige Arbeiten (mit Nachweisen zu weiteren Fundstellen) genannt werden: Ulrich Battis, Denkmalschutz und Eigentumsgarantie, in: NuR 22 (2000) 421 ff.; Kurt Frein, Nochmals: Verfassungsrechtliche Grenzen des Denkmalschutzes, in: NVwZ 19 (2000) 1010 ff.; Felix Hammer, Verfassungsrechtliche Grenzen des Denkmalschutzes, in: NVwZ 19 (2000) 46 f.; Hönes, Kulturdenkmalbegriff (Fn. 46), 517 ff.; Ulrich Hösch, Denkmalschutz und Eigentum, in: ThürVBl. 12 (2003) 145 ff.; Dieter Martin, Bundesverfassungsgericht contra Denkmalschutz? Anmerkungen zu seinem Beschluss vom 02.03. 1999 – 1 BvL 7/91, in: Bayerische Verwaltungsblätter 131 (2000) 584 ff.; Bernhard Stüer / Nadine Thorand, Abschied von salvatorischen Klauseln im Denkmal- und Naturschutzrecht, in: NJW 54 (2000) 3737 ff.; bereits früher: Otto Kimminich, Die Eigentumsgarantie im Natur- und Denkmalschutz, in: NuR 16 (1994) 261 ff.; Raimund Körner, Denkmalschutz und Eigentumsschutz. Die Pflicht zur Erhaltung von Baudenkmälern im Lichte der grundgesetzlichen Eigentumsgewährleistung, Berlin 1992; Andreas Lubberger, Eigentumsdogmatik. Gegenwärtige Probleme der Systembildung und Rechtsanwendung, dargestellt am Beispiel des Denkmalschutzrechts, Baden-Baden 1995; Hansjörg Melchinger, Die Eigentumsdogmatik des Grundgesetzes und das Recht des Denkmalschutzes, Berlin 1994.

52 So Art. 43 Verfassung der Republik Irland; im Ergebnis ähnlich, aber stärker ausdifferenziert und weiter: Art. 41 insb. Abs. 6 Verfassung Rumänien (Fn. 29); Art. 11 Abs. 3 Verfassung der Tschechischen Republik (Fn. 29).

tet wird und eine – völlige oder teilweise – Enteignung aus Gründen des öffentlichen Wohls[54] zulässig ist, oder wenn dies erforderlich ist, um dringende öffentliche Interessen sicherzustellen[55], so zeigt dies, dass überall in Europa ein die Freiheit des Eigentums beschränkender Denkmalschutz durch die Verfassungen zugelassen wird, weil er dem öffentlichen Wohl dient und weil die Integrität wertvoller Denkmale für das Gesamtvolk oder gar – als Teil des Kulturerbes der Menschen – für die Menschheit insgesamt ein fundamentales kulturelles Anliegen bedeutet. Dennoch muss dieser Denkmalschutz stets die grundsätzliche Freiheit des Privateigentums im Auge behalten und er muss sich jeweils rechtfertigen lassen, indem die Erhaltungsforderung im Allgemeininteresse und nicht nur im Interesse einzelner Geschichtsbegeisterter geltend gemacht werden muss, und diese muss stets das Gewicht und die Bedeutung der dadurch eingeschränkten Privatinteressen überwiegen.

Sodann ist es vor allem die Kunstfreiheit[56], die – mittlerweile von vielen europäischen Verfassungen eigens und ausdrücklich garantiert[57], sonst aber von der

---

53 Art. 14 Abs. 2 GG; Art. 42 Verfassung der Republik Italien; Art. 33 Abs. 2 Verfassung des Königreichs Spanien.

54 § 73 Abs. 1 Verfassung des Königreichs Dänemark; Art. 14 Abs. 3 S. 1 GG; Art. 42 Abs. 3 Verfassung der Republik Italien; Art. 16 Verfassung des Großherzogtums Luxemburg; Art. 62 Verfassung der Republik Portugal; ähnlich Art. 16 der Verfassung Belgiens; Art. 33 Abs. 2 Verfassung des Königreichs Spanien.

55 Art. 18 Verfassung des Königreichs Schweden.

56 Zu dieser Problematik existieren aus dem Bereich der Rechtswissenschaft bislang nur wenige Publikationen, die sie ausführlicher behandeln. Daher muss vorwiegend auf Titel, die sie hinsichtlich ihrer künstlerischen und denkmalpflegerischen Seite illustrieren, verwiesen werden: Bernhard Schneider, Die Freiheit der Baukunst. Gehalt und Reichweite der Kunstfreiheit des Art. 5 Abs. 3 GG im öffentlichen Baurecht (Schriften zum Öffentlichen Recht, Bd. 882), Berlin 2002, 243 ff. (speziell zum Denkmalschutz); Ernst-Rainer Hönes, Historische Park- und Gartenanlagen zwischen Kunstfreiheit und Umweltschutz, in: DÖV 51 (1998) 491 ff.; Dieter Bogner / Peter Müller (Hg.), Alte Bauten – Neue Kunst. Denkmalpflege und zeitgenössisches Kunstgeschehen, Wien 1986; Norbert Huse, Moderne Architektur und Denkmalschutz. Konvergenzen und Konflikte, in: Das Baudenkmal in der Hand des Architekten. Umgang mit historischer Bausubstanz (Schriftenreihe des Deutschen Nationalkomitees für Denkmalschutz, Bd. 37), Bonn 1991, 40 ff.; Otto Meitinger, Bauen in historischer Umgebung, in: Monumental (Fn. 13), 187 ff.; Frank R. Werner, Das Castelgrande in Bellinzona, in: Bauwelt 82 (1991) 2152 ff.; Jonkanski, Neue Kunst (Fn. 12), 22 ff.; Lenssen, Bewahren (Fn. 13). Ohne eingehende Begründung bezweifeln eine besondere Einwirkung der Kunstfreiheit auf das Denkmalrecht: Dieter Martin / Holger Ahrensdorf / Andreas Flügel, Denkmalschutzgesetz des Landes Sachsen-Anhalt. Kommentar, Wiesbaden 2001, 111; Martin / Schneider / Wecker / Bregger (Fn. 18), 111.

57 Art. 5 Abs. 3 S. 1 GG; § 16 Abs. 3 Grundgesetz Finnlands; Art. 16 Abs. 1 Verfassung der Republik Griechenland; Art. 33 Abs. 1 Verfassung der Republik Italien; Art. 42 Verfassung der Republik Portugal; Art. 20 Abs. 1 lit. b) Verfassung des Königreichs Spanien; Art. 15 Abs. 2 Verfassung der Tschechischen Republik (Fn. 29); § 70 G Abs. 1 Verfassung der Republik Ungarn (abgedruckt bei: Heidelmeyer, Menschenrechte [Fn.

Meinungsfreiheit umfasst[58] – dem Denkmalschutzanspruch des Staates Grenzen setzen kann. Sie nimmt nicht nur die weltliche, sondern auch die kirchliche Kunst in Schutz[59] und begünstigt damit künstlerisch begründete Veränderungswünsche der Kirchen und Religionsgemeinschaften gegen das staatliche Verlangen, Denkmale unversehrt und unverändert der Nachwelt zu erhalten. Dabei ist es unschädlich, wenn die Kirchen lediglich Aufträge zur Umgestaltung von Bau- und Kunstwerken erteilen und nicht selbst schöpferisch tätig sind, denn die Kunstfreiheit schützt keineswegs nur den Künstler selbst, sondern auch den Wirkbereich der Kunst und damit den Auftraggeber, den Kunstmäzen, den Kunstförderer.[60]

Weitere Grundrechte mögen im Einzelfall kirchlichen Veränderungswünschen an Kunst- und Geschichtsdenkmalen ebenfalls rechtlichen Schutz verleihen. Es lohnt sich nicht, dem im Detail nachzugehen. Zu vielgestaltig sind die tatsächlichen Situationen, ist die Lebenswirklichkeit des Denkmalschutzes an Sakralbauten, zu vielgestaltig sind aber auch die verschiedenen europäischen Verfassungen mit ihren unterschiedlich ausgeprägten Grundrechtskatalogen, als dass hier abschießend jede Grundrechtsgarantie, die Kirchen und Religionsgemeinschaften zu Hilfe kommen kann, wenn sie sakrale Denkmale Veränderungen unterziehen wollen, abschließend aufgezählt werden könnte. Es genügt vielmehr

---

22], 151 ff.); etwas unbestimmter schützt Art. 23 Nr. 5 Verfassung Belgien „das Recht auf kulturelle und soziale Entfaltung"; vgl. auch die Nachweise in der folgenden Fn.

58 Deutlich etwa Kap. 2 § 1 Nr. 1 Verfassung des Königreichs Schweden: „Recht auf freie Meinungsäußerung: die Freiheit, in Rede, Schrift oder Bild oder auf andere Weise Auskünfte zu erteilen sowie Gedanken, Meinungen und Gefühlen Ausdruck zu verleihen"; Verfassung Bulgarien (Fn. 50), Art. 39 Abs. 1: „Jeder hat das Recht, seine Meinung zu bekunden und sie schriftlich oder mündlich durch Ton, Bild oder in anderer Weise zu verbreiten"; Art. 30 (Überschrift: „Freiheit der Äußerung") Abs. 1 Verfassung Rumänien (Fn. 29): „Die Freiheit, Vorstellungen, Meinungen und Glauben auszudrücken und die Freiheit des Schöpferischen jeder Art – mündlich, geschrieben, durch Bilder, Töne oder in anderer Form öffentlicher Darstellung – ist unverletzlich".

59 Dies soll hier nicht eigens begründet werden, vielmehr sei verwiesen auf die eingehende Darstellung bei Heckel, Staat, Kirche, Kunst (Fn. 2), 87 ff., 101; ders., Denkmalschutz (Fn. 18), 1088, 1092.

60 Für Deutschland entspricht dies der ständigen Rechtsprechung des Bundesverfassungsgerichts (etwa BVerfGE 30, 173 ff. [189 ff.]; 81, 278 ff. [292] = NJW 44 [1990] 1982 ff. [1983]; BVerfGE 81, 298 ff. [305 f.] = NJW 44 [1990] 1985 f.), es kann aber für andere europäische Länder kaum anders entschieden werden, soweit es dort nicht sogar ausdrücklich von der Verfassung in diesem Sinne entschieden ist, so Art. 42 Abs. 2 Verfassung Portugal: „Diese Freiheit umfasst das Recht der Erfindung, Herstellung und Verbreitung des wissenschaftlichen, literarischen und künstlerischen Werkes ..."; nicht ganz so klar Art. 20 Abs. 1 lit. b) Verfassung Spanien: „... das Recht auf literarische, künstlerische, wissenschaftliche und technische Produktion und Schöpfung"; in Belgien durch die weite Formulierung des Art. 23 Nr. 5 Verfassung (vgl. Fn. 57) jedenfalls miterfasst, ebenso durch § 70 G Abs. 1 Verfassung Ungarn: „Die Republik Ungarn achtet und fördert das künstlerische und wissenschaftliche Leben, ...".

festzustellen, dass der staatliche Denkmalschutz an religiös genutzten Denkmalen regelmäßig in mehrfacher Hinsicht auf grundrechtlich geschützte Positionen trifft: Zunächst und vor allem greift er in die Religionsfreiheit ein; sodann schränkt er die Freiheit des Eigentums ein, wenn und soweit sich Denkmale in kirchlichem Eigentum befinden, was sehr häufig der Fall sein wird; schließlich erfasst er die Freiheit der Kunst oder der Meinungsäußerung, je nachdem, wie die Verfassung den entsprechenden Schutz ausgeprägt hat.

3. Konkurrenz der Verfassungswerte: Staatlicher Denkmal- und Kulturgutschutz contra Gewährleistung grundrechtlicher Freiheit für Kirchen und Religionsgemeinschaften

Steht damit fest, dass sich einerseits Kirchen und Religionsgemeinschaften, wenn sie ihre Sakraldenkmale verändern möchten, auf verschiedene Verfassungsgarantien berufen können, dass andererseits aber die Verfassungen die Staaten zugunsten ihrer Bürger verpflichten, Denkmale und Kulturgüter, auch soweit sie sakralen Zwecken dienen, vor Veränderungen zu schützen, die ihren historischen oder kulturellen Zeugniswert beeinträchtigen, stellt sich die Frage, wie dieses Spannungsverhältnis aufzulösen ist. Dabei müssen folgende Überlegungen bei einer sachgerechten Lösung angemessene Berücksichtigung finden:

Da die sakralen Denkmale ein hochbedeutender, ganz zentraler Bestandteil des historischen und kulturellen Erbes nicht nur der Länder Europas und Europas insgesamt, sondern der Menschheit überhaupt sind und Denkmale und Kulturgüter direkt oder indirekt in fast allen Ländern verfassungsrechtlichen Schutz erfahren, erstreckt sich dieser Schutz auch auf die sakralen Denkmale. Dabei gewähren die Verfassungen nicht nur staatlichen Schutz, vielmehr folgt aus ihren Regelungen auch, dass der Staat grundsätzlich in Anspruch nimmt, die Denkmale und damit auch die sakralen Denkmale als für die nationale, die kulturelle Identität[61] des Staates und seiner Bürger unverzichtbare Zeugnisse der Geschichte und Kultur, als Teil des Kulturerbes Europas und der Menschheit gegen Veränderungswünsche ihrer Eigentümer und Nutzer zu verteidigen. Bei der Auflösung des hieraus resultierenden Konflikts mit der Glaubens- und Religionsfreiheit, die Verfassungen und internationale Erklärungen, Abkommen und Rechtsdokumente[62] ebenfalls als einen der Grundwerte des modernen Staates in ganz grundlegender Weise schützen, muss stets beachtet werden, dass für Kirchen und Religionsgemeinschaften Sakralbauten zumindest nicht primär Mo-

---

61 Zur Frage der Stiftung kultureller Identität durch Denkmale vgl. vor allem die Beiträge zum internationalen Symposium der VII. Generalversammlung des ICOMOS 1984 in Rostock und Dresden, dokumentiert im Tagungsband: Denkmale und kulturelle Identität, hg. v. ICOMOS-Nationalkomitee der DDR, Berlin (Ost) 1987; Verfassungstexte: Verfassung der Republik Polen v. 02.04.1997, Art. 6 (1.) (Text oben, Fn. 44); Verfassung Turkmenistans, Art. 10 (Fn. 44).

62 Nachweise Fn. 30 f.

numente religiöser Traditionen oder kirchlicher Geschichte, sondern vor allem Stätten aktueller Glaubensbetätigung sind. Sie dienen dem Gottesdienst in seiner gegenwärtigen Form und Bedeutung als Ausdruck lebendiger Frömmigkeit, sie bieten Raum für die Gottesverehrung in ihrem jeweils zeitgemäßen Verständnis.

Dies bedeutet, dass staatlichen Stellen, soweit sie von Kirchen und Religionsgemeinschaften die unveränderte Erhaltung ihrer Denkmale fordern, immer bewusst sein muss, dass sie diesen ein Opfer für die im Staat verfasste Gemeinschaft abverlangen. Im freiheitlichen Staat muss hierfür eine besondere Rechtfertigung zur Verfügung stehen. Außerdem muss den staatlichen Stellen stets klar sein, dass es – wegen der Religionsfreiheitsgarantie – allein den Kirchen obliegen kann, ihre religiösen Anliegen zu formulieren. Staatliche Behörden dürfen also niemals versuchen, Erhaltungsforderungen damit zu legitimieren, der Schutz eines Denkmals entspreche auch den wohlverstandenen Interessen einer Kirche oder Religionsgemeinschaft, weil es deren religiöse Traditionen zum Ausdruck bringe. Dies kann nicht ihre Aufgaben sein. Und ihnen muss deutlich vor Augen stehen, dass die Eigentums- und die Kunstfreiheit sowie weitere möglicherweise einschlägige Grundrechte, die Kirchen und Religionsgemeinschaften je nach Lage des Falles ergänzend schützen oder auf ihre jeweils ganz spezifische Weise den Schutz der Religionsfreiheit erweitern und ausdehnen, dieses Spannungsverhältnis noch verschärfen können. Eine sachgerechte Entscheidung seitens staatlicher Denkmalschutzbehörden setzt dabei die Erkenntnis voraus, dass Denkmalerhaltungsforderungen notwendigerweise in grundrechtlich geschützte Freiheit, also in durch die Verfassungen selbst geschützte Werte eingreifen, so dass der Konflikt unmittelbar auf der Ebene der Verfassung wurzelt und nach einem besonders sorgfältigen und schonenden Ausgleich verlangt.

Dieses Spannungsverhältnis kann nicht abschließend aufgelöst werden. Bereits der Versuch, hier allgemein und für alle Länder Europas oder gar darüber hinaus feste Kriterien entwickeln zu wollen, erscheint kaum sinnvoll. Vielmehr kann eine Lösung immer nur mit Blick auf die konkrete Rechtsordnung und die nationalen Rechtstraditionen, die für das Verständnis und die Auslegung des Verfassungsrechts und seiner Garantien unbedingt beachtet werden müssen, aber auch mit Blick auf die Spezifika eines jeden Falles und unter angemessener Beachtung und Gewichtung aller hiernach relevanten Umstände entwickelt werden.

Unmittelbar und ausdrücklich widmet dem Spannungsverhältnis zwischen Kulturgutschutz und religiöser Freiheit – wohl – allein die Verfassung Sachsens eine Norm, die bestimmt, dass die Baudenkmale der Kirchen und Religionsgemeinschaften Kulturgut der Allgemeinheit bilden und daher ein Anspruch auf angemessene Kostenerstattung durch das Land besteht.[63] Diese Frage wird,

---

63 Verfassung des Freistaats Sachsen v. 27.05.1992 (GVBl., 243), Art. 112 Abs. 2; hierzu Helmut Goerlich / Torsten Schmidt, Kirchengut und Kulturgut – Verfassungs- und ver-

wenn über das Spannungsverhältnis zwischen kirchlichen Interessen und staatlichem Denkmalschutzauftrag diskutiert wird, bislang noch selten problematisiert.[64] Tatsächlich handelt es sich dabei einerseits um eine schwerwiegende und drängende Problematik, weil der Denkmalreichtum der Kirchen zwar häufig für die Völker Europas einen bedeutenden Wert, für die Kirchen selbst aber eine schwere Last bildet, zumal wenn die Kirchengebäude denkmalgerecht instand zu halten und instand zu setzen sind. Auch soweit es in den Staaten Europas an entsprechenden Verfassungsgarantien fehlt, unterstützen sie andererseits Kirchen und Religionsgemeinschaften, selbst wenn eine relativ strikte Trennung von Staat und Kirchen existiert, oft intensiv bei der Erhaltung wertvoller Denkmale[65], so dass deshalb kein vordringlicher Regelungsbedarf für die Verfassung besteht. Über diesen Teilausschnitt der Problematik hinaus verlangt die sächsische Regelung von Kirchen und Religionsgemeinschaften aber, dass sie einer besonderen Verantwortung vor der Allgemeinheit gerecht werden müssen. Sie stellt damit auch eine besondere Forderung auf, die aber dem entspricht, was allgemein als nicht eigens ausformulierter Inhalt der europäischen Verfassungen anzusehen ist, und reicht materiell nicht darüber hinaus. Vor allem enthält Art. 112 Abs. 2 der sächsischen Verfassung keine weiteren Kriterien, die dem Spannungsverhältnis zwischen staatlichem Denkmalschutzauftrag und kirchlicher Freiheit über das hier Dargestellte hinaus schärfere oder zusätzliche Konturen verleihen würden. Die Norm gewährt aber – indem sie eine ausdrückliche Erhaltungsforderung ausspricht – ein besonderes Maß an Rechtssicherheit und ist schon deshalb von Bedeutung, weil sie ein wichtiges Problem des Verfassungslebens einer expliziten und klaren Regelung unterwirft.

Resümierend lässt sich feststellen, dass der Schutz religiöser Freiheit, die auch die – kollektive – Ausübung der Religion und insbesondere kultische Handlungen und damit die Nutzung sakraler Denkmale entsprechend den Vorstellungen der Kirchen und Religionsgemeinschaften umfasst, in den Verfassungstraditionen Europas fest verankert ist. Außerdem können sich Kirchen und Religionsgemeinschaften, wenn sie ihre Sakraldenkmale verändern möchten, regelmäßig auf weitere Verfassungsgarantien berufen. Der Schutz von Kulturgütern und

---

waltungsrechtliche Probleme des Art. 112 Abs. 2 der Sächsischen Verfassung, in: Siegfried Reich (Hg.), Festschrift zum 100jährigen Jubiläum des Sächsischen Oberverwaltungsgerichts, München 2002, 417 ff.; weitere Nachweise bei Martin / Schneider / Wecker / Bregger (Fn. 18), 139.

64 Wie weit sich dies ändern wird, wenn die finanzielle Lage des Staates und der Kirchen zunehmend schwieriger wird, bleibt abzuwarten.

65 Für verschiedene europäische Staaten Nachweise bei Gerhard Robbers (Hg.), Staat und Kirche in der Europäischen Union, Baden-Baden 1995, 56 (Inger Dübeck, Dänemark), 245 (Sophie C. van Bijsterveld, Niederlande), 294 f. (Vitalino Canas, Portugal), 348 (David McClean, Vereinigtes Königreich); für Ungarn: Péter Erdő / Balázs Schanda, Church and State in Hungary, in: European Journal for Church and State Research 6 (1999) 219 ff. (227 ff.).

Denkmalen durch den Staat etabliert sich mehr und mehr in den Verfassungstexten der Staaten Europas und darüber hinaus und kann heute zumindest zum kulturstaatlichen Programm gezählt werden, das Verfassungen, sofern sie es nicht ausdrücklich garantieren, doch voraussetzen und damit stillschweigend gewährleistet wissen wollen. Zwischen beiden verfassungsrechtlich geschützten Positionen wird es häufig zu Spannungen und Konflikten kommen. Wie diese zu lösen sind, sagen die Verfassungen – mit Ausnahme der Verfassung des Freistaates Sachsen und auch diese nur in Ansätzen – nicht. Sie müssen es auch nicht sagen, weil sich Verfassungen auf die ganz grundsätzlichen Dinge beschränken sollen. Die richtige Lösung zu finden, ist Aufgabe der Verfassungsinterpreten und des einfachen Rechts – sie hier im einzelnen beschreiben zu wollen, würde zu weit führen. Sie ist abhängig von allen Umständen des Einzelfalls und von der jeweiligen nationalen Rechtslage. Sie kann nur gelingen, wenn alle widerstreitenden, verfassungsrechtlich geschützten Interessen sorgsam beachtet und angemessen gewichtet werden. Angesichts des hohen Wertes der Religionsfreiheitsgarantie wird diese nicht selten den Vorrang beanspruchen dürfen vor den ebenfalls verfassungsrechtlich aufgetragenen Erhaltungsforderungen des Denkmal- und Kulturgutschutzes, der aber auch ein wichtiges Verfassungsgut bildet und adäquat zu berücksichtigen ist. Dabei hat – wo immer dies realisierbar ist – ein angemessener Ausgleich zwischen beiden Werten stattzufinden, der ihnen möglichst weitgehend zur Verwirklichung zu verhelfen hat.

Die Predigt der Bilder als Kulturgut
Einführung

Andreas Weiß

Museen sind besondere Stätten kirchlicher Denkmalpflege. Die reichen Bestände an Kulturgütern erfahren dort eine verantwortungsvolle Pflege und Betreuung. Im Bild treffen sich Recht und Kunst, Staat, Kirche und Gesellschaft in vielfältiger Weise. Wie viel an Aussage für die damalige Zeit steckt oft z. B. in einem Symbol, dessen Bedeutung man zunächst kaum erahnt. Und plötzlich spricht es ins Heute, ist gleichsam eine Brücke zwischen Vergangenheit und Gegenwart. Bilder sind wahre Schatztruhen, wenn wir Aussagen über eine vergangene Epoche suchen.

Das dritte Referat des Symposiums will für Kunstgeschichte sensibilisieren und befähigen,

> „sich mit den Werten und mit dem Lebensgefühl früherer Generationen zu beschäftigen. Dies hilft gegen geschichtslose Entwurzelung.“[1]

Dadurch lernen wir auch, unsere Kulturgüter von heute zu „lesen“, sie künstlerisch und geistlich zu verstehen. Die abgedruckten Bilder und Skulpturen sind der näheren räumlichen Umgebung des Jubilars entnommen.

Zum Referenten: Wolfgang Urban M.A., geboren 1948 in Stetten a. k. M., seit 1997 Ständiger Diakon, verheiratet, vier Kinder; bis 1986 Wissenschaftlicher Mitarbeiter am Sonderforschungsbereich 8 (Spätmittelalter – Reformation) der Eberhard-Karls-Universität Tübingen; früher Lehrbeauftragter für Baugeschichte an der FH Dessau; heute Diözesankonservator der Diözese Rottenburg-Stuttgart und Kustos des Diözesanmuseums in Rottenburg; Lehrauftrag am Historischen Seminar der Fakultät für Philosophie und Geschichte an der Eberhard-Karls-Universität Tübingen.

---

1 Martin Klumpp, Kirche und Denkmalpflege. Der Sakralraum zwischen gottesdienstlicher Nutzung und Denkmalpflege, in: Denkmalpflege in Baden-Württemberg 32 (2003), H. 1, 46.

Die Predigt der Bilder als Kulturgut

Vom romanischen Kapitell zur „Stuttgarter Kreuzigung" von Joseph Beuys*

Wolfgang Urban

Von „Kunst der Sprachlosigkeit" wird gegenwärtig gesprochen, ein Wort, das Arnold Gehlen (1904-1976) in seinem Werk „Zeit-Bilder" von 1960 geprägt hat.[1] Bei Gehlen dient allerdings diese synästhetische Metapher zur Charakteristik der Kunst des 20. Jahrhunderts. Von der „vergessenen Bildsprache der christlichen Kunst" spricht der Titel eines populären ikonographischen Handbuches, das erstmals 1980 erschienen ist.[2] Wenn hier nun vom Verstummen der Bilder die Rede ist, dann nicht in der kritischen Stoßrichtung Gehlens in der Kennzeichnung eines Mangels der Gegenwartskunst, sondern zur Beschreibung des allenthalben in unserer Zeit konstatierbaren Phänomens, dass die Bildwerke der Vergangenheit für heutige Betrachter stumm geworden sind, den Menschen nichts mehr zu sagen haben, sie allmählich und im wachsenden Maße bedeutungslos werden – und dies gleich im mehrfachen Sinne des Wortes. Das Verschwinden der Bedeutung der Bilder und damit letztlich der Bilder selbst mag man als Begleiterscheinung einer posthistorischen, postliterarischen, postreligiösen Situation in der Gesellschaft nehmen, gerade wie der Literaturpreisträger des Jahres 2003, Jean M. Coetzee, die Kunstfigur seines Literaturprofessors David Lurie in seinem Roman „Schande" (Disgrace) über die postchristlichen, posthistorischen, postliterarischen Voraussetzungen seines Auditoriums von Studenten in seinen Seminaren sinnieren lässt.[3]

Kunstwerke der christlich-abendländischen Tradition erscheinen für den nicht mehr vorbereiteten Betrachter als hermetisch, als verschlossen, als nicht dechiffrierbare Hieroglyphen, deren Sinn sich nicht sofort erschließt, geschweige denn von selbst verständlich wäre.

---

* Für den Druck bearbeitete, um das Bildmaterial verkürzte und einen Abschnitt über die „Stuttgarter Kreuzigung" von Joseph Beuys ergänzte Fassung des Vortrags v. 17.10. 2003. Alle Fotos vom Autor.

1 Arnold Gehlen, Zeit-Bilder. Zur Soziologie und Ästhetik der modernen Kunst, Frankfurt am Main ³1986, 185.

2 Heinrich und Margarethe Schmidt, Die vergessene Bildsprache der christlichen Kunst, München ⁵1995.

3 Jean M. Coetzee, Schande. Roman. Aus dem Englischen v. Reinhild Böhnke, Frankfurt am Main 2000, 44.

Wie steht es aber überhaupt mit der Sprache der Bilder, ist freilich die fundamentale, entscheidende Frage, sei zu Beginn der Titel des Vortrages kritisch-analytisch problematisiert. Wenn von der Predigt der Bilder die Rede ist, setzt der Begriff der Predigt, sofern jede Predigt als Vollzug eines Sprechaktes verstanden werden kann, voraus, dass hier gesprochen wird. Alles Sprechen bedient sich einer Sprache, von der letztlich vorausgesetzt wird, dass sie von Adressaten aufgenommen werden kann und verstanden wird. Dabei kann Sprechen sich einer je eigentümlichen Sprache bedienen, möglicherweise sogar in der Form, dass diese Sprache qua Sprechen und Sprechakt zuallererst kreiert wird.

Nun versteht es sich von selbst, dass, wenn von „der Sprache" oder gar „der Predigt der Bilder" die Rede ist, dann dies nur in uneigentlicher, in übertragener, sprich metaphorischer Weise geschieht. Bilder besitzen Zeichencharakter. In ihrer Zeichenhaftigkeit verweisen sie auf anderes als sie selbst, ein Zeichencharakter, der selbst dann, wenn er sich auf sich selbst bezieht, wie es in der konkreten Kunst der Fall ist, selbst dann, wenn die autosemantische Relation die entscheidende und maßgebliche ist, noch zum Vorschein kommt. Die Zeichenhaftigkeit und die damit gegebene Aussagehaltigkeit bilden das *tertium comparationis* zur Sprache.

Bildliche Darstellungen der abendländisch-christlichen Kultur gründen und verweisen auf die heilsgeschichtlichen und hagiographischen Texte in ihrem Hintergrund, basieren auf einem Bezug auf vorgängig Sprachliches, auf Texte. So eng jedoch dieser Konnex zu einem sprachlichen Kontext wie beispielsweise den Psalmen des Alten Testamentes oder den Evangelien des Neuen Testamentes sein mag, das jeweilige Bild geht immer über seine jeweilige kontextuelle Basis hinaus. Ein Bild erschafft eine auf andere Weise nicht zu formulierende Sinnkomplexität, die zwar mittels einer sprachlichen und notwendiger Weise sprachlich bleibenden Interpretation beschrieben werden kann, die aber als eine *originaliter* auftretende Gegebenheit mittels Sprache nie voll erreicht werden kann. Darin liegt die von anderen Medien oder Zeichensystemen nicht erreichbare Eigenart und die Legitimität der Bilder.[4] Diese nach Max Imdahl „auf andere Weise gar nicht zu formulierende Sinnkomplexität" macht das Genus des Bildes und das „spezifische Leistungsvermögen von Bildlichkeit"[5] aus.

Die Kunstwerken jeglicher Art immanente Sinnkomplexität begründet ihren Charakter als Kulturgut. Der Begriff „Kulturgut" wird in der Kodifizierung des Denkmalrechtes und des Denkmalschutzes undefiniert vorausgesetzt – wohlweislich, möchte man hinzufügen. Denn jede Definition bedeutete eine Festlegung und Abgrenzung, wie es der Terminus „Definition" schon selbst beinhaltet,

---

4 Ich folge hier Überlegungen aus der letzten Publikation von Max Imdahl, Werke der ottonischen Kunst. Anschauung und Sprache, in: Theologische Quartalschrift 169 (1989) 163.

5 Ebd.

mit der Gefahr der Ausschließlichkeit. Der Begriff muss daher notwendigerweise „offen" bleiben hinsichtlich möglicher Subsumtionen, da der Prozess des kulturellen Gedächtnisses seinerseits wieder Entwicklungen und Entfaltungen, einer stets neu an- und einsetzenden Konsensbildung unterliegt, der immer wieder von neuem, bislang weniger oder überhaupt nicht beachtete Objekte erfasst und einschließt.

Als grundlegend für den Begriff „Kulturgut" muss angesehen werden, dass Gegenstände menschlicher Produktion als „Semiophoren" verstanden werden. Im Unterschied zu den nützlichen Dingen sind „Semiophoren" nach Krysztof Pomian „Gegenstände ohne Nützlichkeit", solche, „die das Unsichtbare repräsentieren, das heißt mit einer Bedeutung versehen sind"[6] und damit zu Trägern von Inhalten menschlicher Kommunikation werden, die Auskünfte über Mentalitäten, Einstellungen in der Deutung von Welt und Lebenswirklichkeit des Menschen beinhalten. Diese spezifische, den Kunstwerken immanente Kommunikationsfähigkeit wiederum setzt eine ihnen innewohnende Intentionalität voraus und zwar eine solche, die gerade nicht allein den Urhebern solcher Hervorbringungen zugänglich war und ist, also rein individueller Natur wäre, sondern allgemeine Züge besitzt, so dass andere Individuen in den Prozess der durch sie initiierten Kommunikation einbezogen und zu Teilnehmern, ja sogar Teilhabern dieses Kommunikationsprozesses werden.

Es ist die immaterielle[7], nicht die materielle Seite, durch welche Objekte zu Kulturgütern werden. Illustriert sei dies an einem einfachen Exempel. Ein kleiner, etwa Fingernagel großer Goldklumpen, „Elektron" genannt, wie er in Flüssen Anatoliens gefunden wurde und noch gefunden werden kann, mag zunächst nur als ein Gegenstand der Geologie gelten, als bestimmte Art von natürlichem Goldvorkommen; dadurch aber, dass phrygische Herrscher solche in der Natur auffindbaren Edelmetallerscheinungen im 7. Jahrhundert mit Stempeln ihres Hoheitszeichens, beispielsweise einem Löwenkopf, versahen, wurde aus diesen Formen natürlicher Goldlegierungen ein allgemeines, staatlich approbiertes Zahlungsmittel, besitzen wir in ihnen Frühformen der Münze. Dadurch ist aus einem Elektron ein Zeugnis menschlicher Kultur, ein Dokument historischer und ökonomischer Entwicklungen geworden, dokumentiert ein Elektron Aufkommen, Verbreitung und beginnende Ausformung der Münze als Zahlungsmittel. Das Elektron als Ding erfährt durch die Prägung einen Wandel seiner Substanz. Es hört auf, ein nur geologisch zu betrachtender „Findling" zu sein und wird ein vielschichtiges, vielsagendes Objekt der Kulturgeschichte, dessen Wert weniger von seiner materiellen, sondern nun durch seine immaterielle Substanz bestimmt ist.

---

6 Krysztof Pomian, Der Ursprung des Museums. Vom Sammeln, Berlin 1998, 50.

7 Zur Beachtung der immateriellen Seite als den Denkmalswert begründend vgl. Felix Hammer, Die geschichtliche Entwicklung des Denkmalrechts in Deutschland (Jus ecclesiasticum, Bd. 51), Tübingen 1995, 17 ff.

Auf dieser immateriellen Substanz, zu Tage tretend dadurch, dass ein Objekt Ausdruck des Genius einer Epoche oder einer Person zu sein vermag, eine historische geistige Einstellung oder eine Epoche machende Stilentwicklung, um abkürzend nur einige Stationen anzuführen, kennzeichnen kann, basiert letztlich die Anerkennung eines Objektes als Kulturgut. Die „Erkenntnis des geistigen Charakters", „der geistig-körperlichen Doppelnatur des Kunstwerkes"[8] mit eminenten Auswirkungen auf die nachfolgende Kulturgeschichte und Kunsttheorie – man denke nur an ihren Niederschlag in der philosophischen Kunsttheorie Georg Wilhelm Hegels – verdankt die Kunstbetrachtung Ausschlag gebend dem katholischen Priester Johann Joachim Winckelmann (1717-1768).[9]

Die Kunstgeschichte seit ihren Anfängen bei Giorgio Vasari (1511-1574) im 16. Jahrhundert hat das Kunstwerk im Hinblick auf den Genius, der es hervorbrachte, als Kulturgut gewürdigt, weniger von den Inhalten, den Aussagen eines Werkes her. Joachim von Sandrart führt in seiner 1675 erschienenen „Teutschen Academie" diesen Ansatz fort. Dabei begründen nicht allein epochencharakteristische und damit kulturelle Entwicklungen dokumentierende Merkmale ein Objekt als Kulturgut, wird ein solches nicht nur durch die Künstler-Werk-Relation geadelt, sondern – und darauf soll das Augenmerk gelegt werden – durch die ihnen eigentümliche Semiotik und Semantik, ihren Zeichencharakter mit seinen inhaltlichen Bezügen, was wir verquast als „Bedeutungsfülle" vorläufig zu benennen wagen. Es ist die Ikonographie, eine Disziplin, die höchst unzureichend mit „Bildbeschreibung" umrissen wird, welche die Bedeutungen von Bildern zu erfassen sucht.

Die Ikonographie präsupponiert eine Bildsprache, die ihren Wortschatz aus Mythologien, Historien, aus Religion und Theologie oder verwandten Weltsicht bestimmenden Ansätzen schöpft. Wenn also die „Predigt der Bilder" in den Blick genommen wird, wird von christlicher Ikonographie zu handeln sein. Zu zeigen ist, wie Inspiration durch christliche Überlieferung, deren Transformation in Bilder und Bildwelten, Kulturgut hervorgebracht hat und hervorbringt. Ohne weitere Erläuterungen der Kürze halber machen zu können, sei dahingestellt, dass die christliche Bildsprache ein Vokabular, eine Grammatik, eine Syntax besitzt. Wie bei allen Sprachen sind diese Veränderungen, Bedeutungsverschiebungen, Wandlungen unterworfen, gibt es „kompetente Sprecher" dieser Sprache. Und wie bei allen Sprachen kann mit Vokabular, Grammatik und Syntax innerhalb des Rahmens kompetenten Sprechens schöpferisch umgegangen werden, wie es die Dichtung in den gesprochenen und geschriebenen Sprachen vermag. So gibt es eine Poesie dieser Bildsprache. In ihr tritt das Kulturgut schlechthin, das Moment des Schöpferischen zu Tage.

---

8 Ebd., 44 ff.
9 Vgl. ebd.

Bereits in den ersten Jahrhunderten entwickelte die christliche Kultur ihre eigene Bildsprache. Die im Unterschied zur Schrift allgemeinere Rezeptionsfähigkeit des Bildes wird für die Glaubenslehre in Anspruch genommen. Unverkennbar wird das Bild als didaktisches Medium im Dienst der Verkündigung und der Propagierung des Glaubens aufgegriffen, werden dessen kerygmatische und homiletische Möglichkeiten erkannt und akzeptiert. Stellvertretend sei die berühmte, die nachfolgende Tradition bestimmende Stellungnahme des Kirchenvaters Gregors des Großen († 604), der seinerseits schon wieder den Endpunkt einer Entwicklung markiert, zitiert. Sie enthält zugleich eine scharfe Abgrenzung zur vorchristlichen Bildpraxis.

> „Etwas anderes ist es ein Bild anzubeten", führt Gregor aus, „und etwas anderes aus der Geschichte, welche ein Bild zu Gesicht bringt (picturae historia), zu lernen (addiscere), was anzubeten sei. Denn was den des Lesens Kundigen die Schrift, das bietet den Ungebildeten (idiotis) das Bild, denn in ihm sehen die (noch) Unwissenden (ignorantes), auf was es ankommt, in ihm lesen auch die Analphabeten."[10]

Um die entstandene „Bedeutungsfülle", von der das Mittelalter ausging, nahe zu bringen, deren Sicht der „Predigt der Dinge", machen wir kurz Halt bei Guillelmus Duranti von Mende († 1296) und seinem Handbuch zum Verständnis der Liturgie, dem „Rationale divinorum officiorum". In den ersten Sätzen des Prologs schreibt er, was jeder Betrachter mittelalterlicher Kunst tunlichst zu berücksichtigen hat, und womit auch unsere Aufgabenstellung skizziert ist:

> „Alles, was es in den kirchlichen Gottesdiensten, den (in kultischer Funktion stehenden) Objekten (res) und die ihn ausschmückenden Bereiche (ornamenta) gibt, ist voll von göttlichen Zeichen und Geheimnissen (signa atque misteria), und jedes einzelne strömt über von himmlischer Süßigkeit, wenn sie bei alledem nur einen liebend sorgfältigen Betrachter (diligens inspector) haben, der Honig aus dem Felsen und Öl aus dem härtesten Stein zu saugen vermag."[11]

Aufschlussreich beschreibt der Philosoph Hans Georg Gadamer († 2002) die Möglichkeit der christlichen Botschaft zur Neuartikulation und aktuellen Ausformulierung aus ihrer inneren Anlage auf Predigt hin:

> „Wenn die christliche Botschaft eine solche Art freien Angebots ist – ein freies Versprechen –, auf das kein Mensch irgendeinen Anspruch hat, dann ist sie an jedermann gerichtet, dann liegt darin für den, der selbst diese Botschaft angenommen hat, zugleich der Auftrag, diese Botschaft anderen auszurichten. Das Wort ‚ausrichten' ist ein sehr interessantes Wort. Eine Botschaft ausrichten heißt nicht, sie wiederholen.

---

10 Gregorius Magnus, Epist. 11, 10; vgl. hierzu Hans Georg Thümmel, Bild und Wort in der Spätantike, in: Alex Stock (Hg.), Wozu Bilder im Christentum? Beiträge zur theologischen Kunsttheorie, St. Ottilien 1990, 1 ff.

11 Die Übersetzung orientiert sich an Kirstin Faupel-Drevs, Vom rechten Gebrauch der Bilder im liturgischen Raum. Mittelalterliche Funktionsbestimmungen bildender Kunst im Rationale Divinorum Officiorum des Durandus von Mende (1230/1-1296), Leiden u. a. 2000, 373.

> Wer sozusagen eine Botschaft so ‚sinnlos', d. h. bezugslos-wörtlich ausrichtet, dass sie in der konkreten Situation einen falschen Sinn bekommt, richtet sie eben nicht wirklich aus. Das ist ein wohlbekanntes Eulenspiegelmotiv. Eine Botschaft ausrichten verlangt, dass man verstanden hat, was die Botschaft sagen will. Darum muss sie weitergesagt werden, aber so, dass sie den anderen richtig erreicht. Zum Ausrichten einer Botschaft gehört also deren Verständnis und verständnisvolle Weitergabe. Das heißt in letzter Konsequenz: Sie verlangt ‚Übersetzung'. Insofern gehört zum Wesen der christlichen Botschaft universale Übersetzbarkeit."[12]

Schließlich ein Blick auf die Gegenwart. Im Rundschreiben der Päpstlichen Kommission für die Kulturgüter der Kirche vom 15. August 2001 wird das historische Kunst- und Kulturerbe als „historisches Gedächtnis" herausgestellt:

> „Die kirchlichen Kulturgüter sind direktes Erbe und Eigentum der christlichen Gemeinschaft. Gleichzeitig gehören sie aber auf Grund der universalen Dimension der christlichen Verkündigung in gewissem Sinn der ganzen Menschheit. Ihr Zweck gilt der Sendung der Kirche im doppelten und sich wirksam ergänzenden Dynamismus menschlicher Förderung und christlicher Glaubensverkündigung (Evangelisierung). In ihrer Bedeutung unterstreichen und veranschaulichen sie das Werk der Inkulturation des Glaubens. Die Kulturgüter, die für uns zum historischen Gedächtnis werden, erlauben uns nämlich, über die Werke der verschiedenen Generationen deren Glaubensweg wiederzuentdecken. ... Durch die kulturellen Inhalte übergeben sie der heutigen Gesellschaft die individuelle und gemeinschaftliche Geschichte menschlicher und christlicher Weisheit in einer bestimmten Region und innerhalb einer bestimmten geschichtlichen Periode."[13]

Im folgenden soll nun die immanente Aussagehaltigkeit von Bildern, ihr Verkündigungscharakter, oder anders ausgedrückt „die Predigt der Bilder", als mitbestimmend für deren immateriellen Kulturwert, wodurch sie letztlich gerade als Kulturgut anzuerkennen sind, exemplarisch, d. h. an ausgewählten Beispielen vor Augen geführt werden. Generell muss bei der Betrachtung von Bildern der Vergangenheit, solchen des Mittelalters bis zur frühen Neuzeit, bis zum ausgehenden Barock im 18. Jahrhundert, von der Prämisse ausgegangen werden, dass letztlich alles in ihnen Träger von Bedeutung ist. In den Attributen, den Gegenständen, Werkzeugen, Tierfiguren, welche der Darstellung von heiligen Männern oder Frauen beigegeben sind und ihre Identifizierung erlauben, bricht sich in Abbreviatur ihre Biographie. Alles, wirklich alles, muss in der Bildwelt und Bildsprache der Vergangenheit als bedeutungsvoll angesehen werden: Tiere, Pflanzen, Mineralien – hier vor allem die Edelsteine –, das gesamte Inventar der Bildräume. Die dominierende Grundhaltung ist die der Allegorese, will sagen, dass hinter allen bildlichen Vergegenwärtigungen das Motiv zu suchen und se-

---

12 Hans Georg Gadamer, Ästhetische und religiöse Erfahrung, in: ders., Kunst als Aussage (Gesammelte Werke, Bd. 8), Tübingen 1993.

13 Francesco Marchisano / Carlo Chenis, Die pastorale Funktion der kirchlichen Museen. Rundschreiben der Päpstlichen Kommission für die Kulturgüter der Kirche, Città del Vaticano 2001, 9.

hen ist, grundsätzlich immer noch etwas anderes – und dies sogar in hochkomplexer, vielschichtiger Mehrdeutigkeit – zu Gesicht gebracht wird.

Abb. 1: Romanisches Kapitell im Kreuzgang des Großmünsters zu Zürich.

Um dies gleich an einem Beispiel zu illustrieren, wählen wir die Hasenhatz, wie sie an einem Kapitell des romanischen Kreuzgangs des Großmünsters in Zürich aus der Zeit um 1200 auf uns gekommen ist. Der Inhalt, die Aussage einer solchen Jagd von zwei Hunden auf Hasen erschließt sich aus dem „Physiologus". Mit dem „Physiologus" – das Wort kann mit „der Naturlehrer" übersetzt werden – ist das erste, später weit verbreitete und rezipierte Werk der Spätantike, das Naturphänomene, Erscheinungen der belebten und der unbelebten Natur – behandelt werden auch der Diamant oder der Feuerstein –, aber auch der Mythologie wie Sirenen, Kentauren, den sagenhaften Vogel Phönix, durchgehend und konsequent in christlichem Sinne interpretiert. Hier finden wir gleich in den ersten Kapiteln Deutungen zu Löwe, Pelikan und Adler.

Der „Physiologus" entstand Ende des 2., Anfang des 3. Jahrhunderts n. Chr.[14] Er ist nach Otto Seel „ein echtes ‚Volksbuch', subliterarisch, im Dunkeln ge-

14 Vgl. Nachwort, in: Der Physiologus. Übertragen und erläutert v. Otto Seel, Zürich – Stuttgart ^{2}1967, 55.

wachsen, ein Werk der ‚Gemeinde'".[15] Kennzeichnend für die Struktur und Anlage des „Physiologus" ist „der Appell an den ‚Menschen'"[16]. Die Rhetorik der Verkündigung, der Predigtton ist unüberhörbar. Die Kenntnis des „Physiologus" schlägt – soviel nur zu seiner frühen Rezeptionsgeschichte – „an zahllosen Stellen frühchristlicher Patristik und Apologetik"[17] durch von Tertullian über Ambrosius († 397) und Hieronymus († 420) bis hin zu Gregor dem Großen († 604).

In seiner Homiletik der Tierwelt behandelt der „Physiologus", womit wir die Grundlage zur Deutung des angesprochenen Kapitellreliefs gewinnen, auch den Hasen. Der Hase verkörpert für den „Physiologus" die *conditio humana*. Der Hase verfüge über kurze Vorderbeine und lange Hinterbeine, wird seine Konstitution beschrieben, hat also Merkmale des Unausgeglichenen und verweist, mit dem Menschen verglichen, auf eine *imperfectio hominis*. Wenn der Hase nun von Hunden, hinsichtlich des Menschen gedeutet als die „feindlichen Mächte samt dem Jäger, dem Teufel", gejagt wird, beginge er einen fatalen Fehler, wenn er den scheinbar leichteren Fluchtweg in abschüssigem Gelände suchte. Dann nämlich wird ihm sein Körperbau zum Nachteil, weil seine Vorderbeine zu kurz sind: „Im Nu fasst ihn der Hund." Er muss den Vorteil der ungleichen Länge seiner Beine sich zu nutze machen und bergauf sein Heil suchen. Dann hat er gute Chancen, seinen Verfolgern zu entrinnen. Nun die Predigt des „Physiologus":

> „Wenn der Böse sieht, dass der Mensch nach abwärts läuft und auf das Irdische bedacht ist und auf das, was dieses Leben zu bieten hat, dann kommt er ihm um so eifriger nahe mit seinen Schlichen! Wenn er aber sieht, dass der Mensch läuft nach Gottes Willen und aufsucht den wahren Felsen, unseren Herrn Jesus Christus, und dass er die Anstiege der Tugenden hinangeht", findet er Rettung.[18]

Der lange traditionsgeschichtliche Atem dieser anthropologischen Allegorese des Hasen kann bis zu den Hasenmotiven eines Joseph Beuys verfolgt werden. Wir wählen zeitlich eine Zwischenstation, machen damit dennoch einen weiten Sprung in die Anfangsjahre der frühen Neuzeit, wenn wir nun von einer Darstellung aus der Zeit der Romanik zur Auferstehungstafel des „Herrenberger Altars" von 1519 übergehen, wobei auf den „Herrenberger Altar" und seine Bildsprache weiter unten noch etwas ausführlicher eingegangen werden soll. Einem Detail der genannten Auferstehungsszene soll die Aufmerksamkeit gelten, wo am Rande, fast nebensächlich, ein kleiner hochspringender, in Richtung eines Felsens rennender Hasen zu beobachten ist. Der Felsbrocken in der Bildmitte mit dem Christus des Ostermorgens davor, dem sich das Tierchen zuwendet, veranschaulicht nicht nur das Felsengrab Jesu, sondern in der engen optischen

15 Ebd., 58.
16 Ebd.
17 Ebd., 60.
18 Ebd., 47 f.

Konnotation von Auferstandenem und Gesteinsformation Christus selbst als den Fels des Heils.

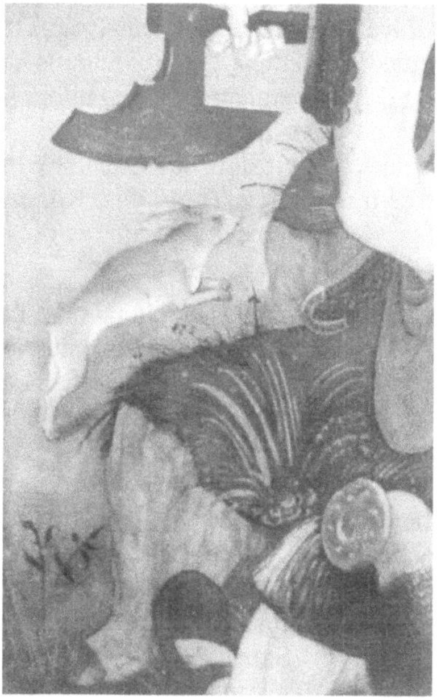

Abb. 2: „Herrenberger Altar", Auferstehungstafel, Detail.

Wie theologisch-dogmatische Aussagen und Inhalte Bildform annehmen, vermag der Bildtyp der „Maria lactans", Bildnisse der ihr Kind stillenden Gottesmutter, zu exemplifizieren. Die ihre Brust weisende oder die Brust reichende Maria veranschaulicht, dass sie Jungfrau und Mutter ist, das „und" betont gesprochen. Das Vermögen zu stillen augenfällig zu machen, war die dem Bild mögliche Vermittlung von Mutterschaft. Die „Maria lactans" fand im Spätmittelalter eine höchst aufschlussreiche Variante. Das Stillvermögen Mariens wurde nun nicht mehr allein auf das Jesuskind bezogen dargestellt, sondern auch hinsichtlich anderer Personen, die nun ihrerseits in den Genuss der Muttermilch Mariens kamen. Hier stellen sich die notwendigen, fürs Verständnis hilfreichen Assoziationen nicht mehr so leicht ein, allein schon deswegen, weil bestimmte, in der Vergangenheit wohl bekannte Verhältnisse wie das Ammenwesen heute fast vergessen sind. Dass Erwachsene an einer Mutterbrust genährt werden, kennt schon die Antike in der „Caritas Romana", der Geschichte des im Kerker schmachtenden Mykon (Kymon, Cimon), den seine Tochter Pero (oder Xanthippe) an die Brust nimmt und mit ihrer Milch vom Hungertod errettet.[19] Da dem Vater jegliche Nahrung verwehrt wurde, besuchte ihn seine eben erst Mutter gewordene Tochter und reichte ihm ihre Brust. Es ist ein Sinnbild, wie dem unter Willkürherrschaft Kerkerhaft Erleidendem Trost, Hilfe und Stärkung zuteil wird. An ein nahe liegendes Exempel der Ausführung dieses Themas sei erinnert, an jenes im Karzer der Universität Tübingen in der Münzgasse. An der Decke des Hauptraums hat dort der Tübinger Stadtmaler Gottlieb Schreiber 1736 die Szene der Tränkung des bärtigen, greisen Cimon (Kymon, Mykon) durch die Brüste seiner Tochter Pero unter dem Titel „Eine Römische Geschicht", da die in der ersten Hälfte des 14. Jahrhunderts zusammengestellten „Gesta Romanorum" die literarische Grundlage boten, ausgeführt.[20]

Seit dem 14. Jahrhundert gibt es die Darstellung der „Lactatio Sancti Bernhardi", der Milchspeisung des hl. Bernhard von Clairvaux († 1153) durch die Gottesmutter Maria. Anschaulich gemacht sei das Motiv an einer Version von Melchior Binder[21] († 1615) aus der Zeit um 1608, heute auf einem Seitenaltar des ehemaligen Zisterzienserinnenkloster Heiligkreuztal. Bernhard kniet vor Maria mit Kind und die Gottesmutter bietet ihm ihre entblößte Brust. Den Hintergrund dafür liefert die Bernhard-Legende. Der Heilige habe die marianische Antiphon „Ave maris stella" (sei gegrüßt, Stern des Meeres) gebetet und sei zum Vers gelangt: „monstra te esse matrem" – „zeige, dass du Mutter bist". Das „monstrare" kann hier nicht nur mit „zeigen" übersetzt werden, sondern auch mit „beweisen" und „erweisen". Dann erhält der Satz den pointierten Sinn: „Beweise" oder „erweise" dich als Mutter. Maria habe daraufhin ihre Brust freigemacht und die Lippen Bernhards mit ihrer Muttermilch benetzt. In barocken Darstellungen trifft oft ein weitbogiger Milchstrahl, wobei auch andere Heilige, z. B. der hl. Augustinus[22] und der hl. Benedikt, in den Genuss der Liebfrauenmilch kommen können, den Mund des „Doctor mellifluus", des „honigsüß redenden Gelehrten", wie Bernhard mit seinem scholastischen Ehrentitel genannt wird. Die tiefere Bedeutung des Vorgangs der Milchspeisung liegt in der Demonstration der allge-

---

19 Vgl. Artikel „Pero", in: Bernhard Kytzler, Mythologische Frauen der Antike, Darmstadt 1999, 180 (Quellenangaben); Heinrich Krauss / Eva Uthemann, Was Bilder erzählen. Die klassischen Geschichten aus Antike und Christentum in der abendländischen Malerei, München [4]1998, 49; vgl. C. Plinii Secundi Naturalis historiae, lib. VII, 36.

20 Vgl. Wilfried Setzler, Der alte Karzer der Universität Tübingen (Kulturdenkmale in Baden-Württemberg, Kleine Führer 36), Stuttgart 1977; Carsten Kohlmann, Karzer: Deckengemälde „Eine römische Geschicht", in: Ulrich Köpf u. a. (Hg.), Brunnen des Lebens – Orte der Wissenschaft. Ein Rundgang durch 525 Jahre Universität Tübingen, Tübingen 2002, 56.

21 Vgl. Hellmut Hell, Melchior Binder. Ein Ehinger Bildhauer der Zeit der Gegenreformation (Tübinger Forschungen zur Kunstgeschichte, Bd. 1), Tübingen 1952, 20 ff.

22 Vgl. Peter Morsbach, Artikel „Lactatio", in: Remigius Bäumer / Leo Scheffczyk (Hg.), Marienlexikon, Bd. 3, St. Ottilien 1991, 702 f.

meinen, der universellen Mutterschaft Mariens: Maria als Mutter aller Christgläubigen.

Als solche ist ihre Muttermilch sogar Labsal der Armen Seelen im Fegefeuer. In Kampanien entstand unter dem Einfluss der Franziskaner der Bildtypus der „Madonna della Grazie". In den über 200 Votivbildern dieser Art aus der Zeit von 1470 bis 1620, die dort und in angrenzenden Gebieten noch zu finden sind[23], lindern unzählige Strahlen aus den Brüsten Mariens die Qual der Seelen am Ort der Reinigung.

Der entscheidende Aspekt beim Bildmotiv der „Lactatio Bernhardi" jedoch liegt nicht im Beweis und im Erweis von Mutterschaft und Mütterlichkeit der Jungfrau Maria, sondern in der christologischen Konnotation. Dadurch, dass Bernhard in den Genuss der Muttermilch Mariens gelangt, wird er zum Milchbruder Christi. Er gelangt durch die Milchspeisung in ein geradezu intim verwandtschaftliches Verhältnis zu Jesus; denn das Mittelalter mit dem damals weit verbreiteten Ammenwesen kannte nicht nur die Blutsbruderschaft, sondern auch die Milchbruderschaft. Zwei nicht blutsverwandte Kinder, die von derselben Brust genährt wurden, kamen in eine verwandtschaftsähnliche Beziehung.

Die Auswahl zur weiteren Demonstration von Bildsprache und Bildpredigt wird sich – ohne Beschränkung der angestrebten Allgemeinheit in den Intentionen der Ausführungen – nun zunächst auf einige Objekte der Region Tübingen-Rottenburg beschränken.

Theologische Aussagen, in der bisherigen Forschung ungedeutet, werden, um einen nicht-trivialen Fall heranzuziehen, mit zwei Ritzzeichnungen an der Nordwand des Kreuzgangs des ehemaligen Zisterzienserklosters Bebenhausen gemacht. Dort finden sich „meßlattenartige Längenmaße"[24] für Längen, Breiten und Tiefen, die als die räumlichen Dimensionen des Grabes Christi und des Grabes der Gottesmutter Maria inschriftlich gekennzeichnet sind. Zu lesen ist: „Sepulcri longitudo hic est sculpta certa in quo tumulata fuit gratie die referta maria" – „hier ist die genaue Ausdehnung des Grabes eingemeißelt, in das die von Gott begnadete Maria bestattet gewesen ist". Der zweite Text lautet: „Haec longitudo vera est verbigere sarcophagi in quo triduum requievit micro cosmus Christi. 1492" – „das ist die wahre Länge des Sarkophags, in dem der Mikro-

---

23 Vgl. Susan Marti / Daniela Mondini, „Ich manen dich der brüsten min / Das du dem Sünder wellest milte sin!". Marienbrüste und Marienmilch im Heilsgeschehen, in: Peter Jezler (Hg.), Himmel, Hölle, Fegfeuer. Das Jenseits im Mittelalter, Zürich 1994, 87; zum Themenkreis vgl. Leopold Kretzenbacher, Schutz- und Bittgebärden der Gottesmutter (Bayerische Akademie der Wissenschaften, Sitzungsberichte Phil.-Hist. Klasse 1981, Bd. 3), München 1981, 83 ff.

24 Matthias Köhler, Die Bau- und Kunstgeschichte des ehemaligen Zisterzienserklosters Bebenhausen bei Tübingen, Stuttgart 1995, 330.

kosmos Christi drei Tage lang geruht hat"[25]. Was es mit diesen Maßangaben auf sich hat, erschließt sich aus Funktion und Bedeutung von klösterlichen Kreuzgängen.

Der Kreuzgang ist sowohl der Ort des „conventus" wie auch des „adventus". „Conventus" heißt Zusammenkunft, bezeichnet den Ort der Sammlung und Versammlung. Er bezeichnet die vier Enden der Welt, von denen die Mönche zum Gottesdienst zusammenkommen, und ist daher homonym für die Klostergemeinschaft als ganzer. Zugleich ist er ein adventlicher Ort, ein Ort des Wartens und der Erwartung, des „adventus". Im Kreuzgang liegen, wie die Grabplatten und Epitaphien zeigen, die Äbte und Mönche begraben. Wie die Lebenden unter den Mönchen hier vor dem Einzug in das Gotteshaus und den Gottesdienst, sich innerlich und äußerlich vorbereitend, auf den Einzug in das sinnbildliche „Himmlische Jerusalem", das der Kirchenraum repräsentiert, warten, erwarten die Verstorbenen hier die Aufnahme in das Haus Gottes in der Ewigkeit.[26] Die eingeritzten Maße des Grabes Christi und Mariens sind Angaben für den Erdaushub einer Bestattungsstelle. In konkret handgreiflichem Sinne beziehen sie sich auf die Auferstehungshoffnung: mit oder wie Christus begraben zu werden, um mit ihm aufzuerstehen. Die ausgeführten, etwas geringeren Größen für das Grab Mariens, eines Frauengrabes, dienten wohl als Angaben für Personen von kleinerem Wuchs.

Wie Rechtssymbolik mit Bildwerken des Mittelalters verbunden sein kann, belegen insbesondere Darstellungen der Susanna-Geschichte (vgl. Dan 13, 1-64), die schon seit dem späten 3., frühen 4. Jahrhundert Aufnahme in die christliche Bildwelt fand.[27] Z. B. als Fresko am Gewölbe der Krypta St. Servatius in Quedlinburg, um 1200, oder am Rathaus von Basel, gemalt von Hans Bock d. Ä. 1608/09. Die Erzählung von Susanna, die von zwei hoch angesehenen Ältesten, die als Richter des jüdischen Volkes amtierten, heimlich im Bad beobachtet und verleumderisch der ehebrecherischen Unzucht bezichtigt wurde, weshalb sie für die Frau die Todesstrafe forderten, ist ein Lehrbeispiel der Prozessführung und der Wahrheitsfindung in einem gerichtlichen Verfahren. Der Richter und Prophet Daniel rettete Susanna vor der Todesstrafe dadurch, dass er im getrennten Verhör der beiden Ältesten als angeblich einzige Zeugen diese der Falschaussage überführt. Der Susanna-Prozess lehrt, bei gerichtlichen Aussagen vom gesellschaftlichen Ansehen von Zeugen abzusehen und allein der Wahrheit zum Recht zu verhelfen. Er demonstrierte überdies, dass Zeugen getrennt von einander zu befragen seien, um dem tatsächlichen Sachverhalt zu ermitteln.

---

25 Ebd.

26 Vgl. meine Ausführungen in: Hans Siwik / Wolfgang Urban, Orte der Stille. Klöster in Baden-Württemberg, Stuttgart 1998, 61.

27 Vgl. Engelbert Kirschbaum (Hg.), Lexikon der christlichen Ikonographie, Bd. 4, Rom u. a. 1994, 226.

Von der Ikonographie bislang nicht beachtet wurde die Rechtssymbolik, die mit der Mantelteilung des hl. Martin von Tours verbunden ist. Wenn Martin den Bettler am Stadttor von Amiens mit seinem Mantel bekleidet, vollzieht er den Akt der Investitur. Die Amtseinsetzung war ein Bekleidungsvorgang, was heute noch in der Formulierung, „ein Amt bekleiden" lebendig ist. Dadurch, dass der hl. Martin den Bettler mit seinem Mantel bekleidet, hat er für zeitgenössische Betrachter der Person des Bettlers eine neue, eine höhere Würde verliehen. Da er ihm zumeist einen roten Mantel zukommen lässt und die Farbe Rot für den Purpur des Herrschers steht – Martin „den Rock des Kaisers trägt" –, hat er in ihm sogar die Würde des Höchsten, hat er in ihm Christus selbst gesehen.

Abb. 3: Marktbrunnen zu Rottenburg am Neckar.

Rechtssymbolik vergegenwärtigt auch die spätgotische Brunnensäule vor St. Martin auf dem Marktplatz von Rottenburg am Neckar. Sie gibt sich als Hoheitszeichen zu erkennen und spiegelt zugleich den Marktplatz als öffentlichen Gerichtsort. Die Rottenburger Brunnensäule aus der Zeit um 1480, die kunsthistorisch als eine der bedeutendsten der spätgotischen Epoche angesehen wird[28], weist eine dreistufige Gliederung in drei klar differenzierten Ebenen auf.

[28] Vgl. Dieter Manz, Der Rottenburger Marktbrunnen, in: ders., Rottenburger Miniaturen, Rottenburg am Neckar 1991, 98 ff. (hier auch die Hinweise auf die Würdigung dieses spätgotischen Kunstwerkes in der Literatur des 19. und 20. Jahrhunderts). Vermerkt sei

Auf der untersten sind Repräsentanten der weltlichen Ordnung und Gerichtsbarkeit angesiedelt. Im äußeren Erscheinungsbild ihrer Kleidung sind sie als König mit den ihm zukommenden Attributen von Krone und Szepter, zugleich der Repräsentant der obersten richterlichen Gewalt, dann als Herzog, identifizierbar am Herzogshut, und schließlich im Harnisch als Graf zu unterscheiden. Die Gestalt des Königs oder Kaisers wird schon physiognomisch durch Hakennase und schwere Unterlippe als Vertreter des habsburgischen Herrscherhauses charakterisiert. In ihr kann Kaiser Friedrich III. († 1493) gemeint sein, in der nächsten Herzog Sigismund der Münzreiche von Tirol († 1496), zur Zeit der Errichtung der Brunnensäule Stadtherr von Rottenburg; im Geharnischten könnte, abweichend von bisherigen Benennungen mit Herzog Friedrich IV. von Tirol († 1439), Vater von Sigismund dem Münzreichen († 1496)[29], aus meiner Sicht in Graf Eberhard im Bart († 1496) von Württemberg das Vorbild zu suchen sein.[30] Eberhard war der Sohn der in Rottenburg residierenden Mechthild von der Pfalz († 1482), verwitwete Gräfin von Württemberg, wiederverheiratete Erzherzogin von Österreich. Einer der Wahlsprüche Eberhards nach der Formulierung im Freiheitsbrief für die Universität Tübingen vom 9. Oktober 1477 lautete – bestens mit dem Objekt zu vereinbaren: „helffen zuograben den brunen des lebens“[31]. Stilistisch, in ihrer sich von den übrigen abhebenden Qualität, steht die Grafenskulptur singulär innerhalb der übrigen Plastiken der Brunnensäule. Ihre

---

zur stilgeschichtlichen Einordnung, wobei ein Bildhauer aus der Nachfolge des bedeutenden Ulmer Meisters Hans Multscher (ca. 1400-1467) als Urheber betrachtet wird, dass augenscheinlich mehrere Hände am Werke waren. Die Gestalt des Grafen in ritterlicher Rüstung stammt offenbar von einer anderen Hand als derjenigen, der die Skulpturen des Königs oder Kaisers und des Herzogs zu verdanken sind. Im Unterschied zu diesen beiden Plastiken, welche jeweils aus einem Bauelement der Brunnensäule herausgehauen sind, ist die Ritterfigur separat gearbeitet und wurde, wie noch die heutige Aufstellung zeigt, mittels einer Eisenkette befestigt. In der künstlerischen Ausarbeitung, in ihrer Qualität überragt sie die beiden anderen Vertreter der weltlichen Obrigkeit. Möglicherweise begegnen wir in ihr einem Frühwerk Michel Erharts († um 1522), als Bildhauer seit 1469 nachweisbar.

29 Zur personifizierenden Deutung der Gestalten vgl. Berent Schwineköper, Der Marktbrunnen in Rottenburg am Neckar. Spätmittelalterliche Brunnen südwestdeutscher Städte als staatliche und städtische Hoheitszeichen, in: Landesgeschichte und Geistesgeschichte. Festschrift für Otto Herding, Stuttgart 1977, 131 ff.; Dieter Manz, St. Moriz in Rottenburg-Ehingen, Rottenburg am Neckar 1989, 28.

30 Zu beachten ist, dass diese, im Unterschied zu den anderen vollbärtige Gestalt in der Hand einen Stab hält, der mit einem diagonal verlaufenden Band umwickelt ist. Es könnte sich dabei um ein von anderen Darstellungen Eberhards bekanntes Schriftband mit dessen Devise „Attempto“ (ich wag's, ich versuch's) handeln. Der Stab wäre dann nur ein Fragment der für Eberhard charakteristischen Attempto-Palme. Zur Attempto-Palme vgl. Ingrid Gamer-Wallert, Graf Eberhards Palme. Vom persönlichen Zeichen zum Universitätslogo, Tübingen 2003, 32 ff.

31 Rudolf Roth (Hg.), Urkunden zur Geschichte der Universität Tübingen, Tübingen 1877, 30; vgl. Waldemar Teufel, Universitas Studii Tuwingensis. Die Tübinger Universitätsverfassung in vorreformatorischer Zeit (1477-1534), Tübingen 1977, 41 f.

Singularität ist schon daran feststellbar, dass sie nicht wie die übrigen aus den Bausteinen herausgemeißelt wurde, sondern als Einzelanfertigung erst nachträglich auf den vorbereiteten Sockel gestellt und mittels einer Kette am Säulenschaft befestigt ist.

Abb. 4: Marktbrunnen zu Rottenburg am Neckar, Detail.

Auf der zweiten darüber liegenden Ebene befinden sich drei Heilige: Maria mit Kind, Martin und Georg. An der Spitze schließlich, die dritte Ebene, beherrscht Christus als Schmerzensmann, die Hand an seiner Seitenwunde, flankiert von Maria als Schmerzensmutter (mater dolorosa) und Johannes dem Evangelisten, dem Lieblingsjünger, wie von Kreuzigungsdarstellungen her geläufig.

In der Figuration und im Aufbau der Brunnensäule wird, genau betrachtet, eine doppelte Gerichtsbarkeit vorgestellt, die irdische und über ihr stehend die göttliche. Als letztlich entscheidend gilt das Gericht Christi. Die Heiligen bilden hierbei nicht nur optisch die Verbindungsebene. Heilige werden bekanntlich als Fürsprecher angerufen. Der Fürsprecher ist der Anwalt, wie noch im Schweizerdeutschen die Bezeichnung „Fürsprech" für den Rechtsanwalt, denjenigen, der vor(für-)sprechend die Sache eines Mandanten vor Höherstehenden vertritt, in der Gegenwartssprache existiert. Der Heilige ist Fürsprecher, weil er näher bei Gott steht. Die heiligen Fürsprecher, die hier gewählt worden sind, besitzen über mögliche lokale Bezüge wie dem Martinspatrozinium der Stadtkirche von Rottenburg am Neckar, einer noch existierenden Georgskirche im benachbarten abgegangenen Ort Kalkweil und der Marienkapelle auf der so genannten „Altstadt" noch allgemeinere Aussagekraft.

Georg, der Drachentöter, steht für den Kampf und den Sieg über das Böse, Martin für die Wohltätigkeit gegenüber Armen und Bedürftigen. Kampf gegen das Böse und Mildtätigkeit – man erinnere sich nur an die visionäre Schilderung der Wiederkunft Christi und des dann beginnenden Weltgerichtes im Matthäus-Evangelium (Mt 25, 31-46) – sind die Voraussetzungen, um vor dem göttlichen Gericht, dem „Jüngsten Gericht" bestehen zu können. Maria ist dabei die Anwältin schlechthin nach der Hermann von Reichenau († 1054) zugeschriebenen marianischen Antiphon „Salve regina, mater misericordiae". In diesem Hymnus wird Maria als „advocata nostra", als unsere Anwältin – und zwar jene der letzten Stunde, angerufen. Darum auch, ebenfalls ein Motiv des „Salve regina" aufgreifend, eine Madonna mit Kind. Denn Maria, die Fürsprecherin, so die weitere Bitte dieser Antiphon, zu der wir seufzen „trauernd und weinend in diesem Tal der Tränen", soll nach diesem Elend uns Jesus zeigen, die „gebenedeite Frucht" ihres „Leibes".

Die durch Handgeste betonte Seitenwunde rückt zum einen die heilsame und erlösende Kraft der Sakramente und die Kirche als Ort des Heils ins Bewusstsein. Blut und Wasser, die aus der Seitenwunde Christi flossen (vgl. Joh 19, 34), stehen für die Grundsakramente Taufe und Eucharistie. In einer langen Tradition, zurückgehend bis auf Augustinus, wird die Seitenwunde als Geburtsstätte der Kirche und Quelle der Barmherzigkeit betrachtet. Zum anderen veranschaulicht die Seitenwunde den „Brunnen des Lebens" (Offb 22, 1). Und noch einmal, anders gewendet, wird das Erlösungswerk Christi, der für die Sünden der Menschen den Kreuzestod erlitt, als der wahre Quell des Lebens vergegenwärtigt. Vom Gesichtspunkt der an diesem öffentlichen Ort vollzogenen Rechtssprechung aus erinnert das Bildprogramm der Rottenburger Brunnensäule Angeklagte, Kläger und Richter, dass über aller irdischen Rechtssprechung ein oberster Gerichtsherr steht, Christus selbst, dessen Rechtsprinzip Barmherzigkeit ist, eine Barmherzigkeit, der alle verpflichtet sind, mahnt, diese walten zu lassen, eine Barmherzigkeit überdies, auf welche alle selbst bauen und hoffen können.

Das Stichwort „Brunnen des Lebens", in der Vulgata-Übersetzung „fons vitae", eröffnet endlich – wie bereits der Verweis aufs Endgericht – einen apokalyptischen, eschatologischen Horizont, erfasst damit Zeit und Ewigkeit. Es bedarf nur, wie auch sonst in der Betrachtung und Analyse der Bildsprache der Vergangenheit, der Beachtung des zugehörigen Kontexts. Im Zusammenhang von „fons vitae", Brunnen, Wasser des Lebens, erhalten wir dann über den Rottenburger Stadt- und Marktbrunnen einen Fingerzeig, einen Wegweiser auf die Stadt Gottes:

> „Und er zeigte mir einen Strom, das Wasser des Lebens. ... Der Thron Gottes und des Lammes wird in der Stadt stehen, und seine Knechte werden ihm dienen. Sie werden

> sein Angesicht schauen, und sein Name ist auf ihre Stirn geschrieben. ... der Herr, ihr Gott, wird über ihnen leuchten“ (Offb 22, 1-5).

Unabhängig von der kunsthistorischen Bewertung dieser Brunnensäule, die sich in erster Linie an ihrer stilgeschichtlichen, d. h. an künstlerisch-formalen Kriterien und deren Ein- und Zuordnung orientiert, kann dieses spätgotische Werk in seinem Wert als Kulturgut wesentlich von seinen mentalitätshistorischen, seinen stadt- und rechtsgeschichtlichen Implikationen her bestimmt werden.

Ein kurzer Schwenk zur Gestalt des auf seine Seitenwunde deutenden Schmerzensmannes von Hans Multscher (ca. 1400-1467) von 1427 am Hauptportal des Ulmer Münsters[32], der Vorbildfunktion für den Schmerzensmann des Rottenburger Marktbrunnens und auch des um 1480, also etwa zur selben Zeit, geschaffenen der Stiftskirche in Tübingen zukommt, sei vorgenommen. In der Tradition existierte ein enger sinnbildlicher Zusammenhang zwischen Christus und den Portalen von Kirchen und Kathedralen. Den Konnex stiftete die Aussage Christi:

> „Ich bin die Tür“. Und dann noch einmal: „Ich bin die Tür; wer durch mich hineingeht, wird gerettet werden“ (Joh 10, 7.9).

Schon die Tympana der Romanik zeigten daher häufig in handgreiflicher Übertragung Christus über dem Türsturz und verdeutlichten auf diese Weise das „durch ihn Hineingehen“. An den französischen Kathedralen des 13. Jahrhunderts, in Chartres, Amiens, Reims wird im so genannten „Beau-Dieu“ Christus als der erhabene, über Löwen und Drachen (Basilisken) hinwegschreitende Herr vor Augen gestellt. Er ist hier „im anschaulichen Sinn der Erhöhte“[33]. Zugrunde liegt Psalm 91 (90), 13:

> „... du schreitest über Löwen und Nattern, trittst auf Löwen und Drachen.“ Oder in der damals maßgeblichen Vulgata-Übersetzung: „... super aspidem et basiliscum ambulabis et conculcabis leonem et draconem.“

Im Spätmittelalter vollzieht sich unter dem Einfluss der Leidensmystik eines Bernhard von Clairvaux im 12. Jahrhundert und der franziskanischen Bewegung des 13. Jahrhunderts der Wandel des Christusbildes von der Darstellung des erhabenen Herrn und Königs hin zum Gottesknecht, zum leidenden Heiland. Multschers Ulmer Portalfigur nimmt dabei in der süddeutschen Kunst eine Schlüsselposition ein. Sein leicht nach vorn geneigter, nur mit einem Lendentuch bekleideter, halbnackter, lebensgroßer Christus – wohlgemerkt: nicht mehr königlich gewandet wie in Chartres, Amiens oder Reims – richtet den Zeigefin-

---

32 Vgl. Ulrich Söding, Die Bildwerke Hans Multschers. Ein Beitrag zur europäischen Kunst des 15. Jahrhunderts, in: Brigitte Reinhardt / Michael Roth (Hg.), Hans Multscher. Bildhauer der Spätgotik in Ulm. Eine Ausstellung des Ulmer Museums und des Württembergischen Landesmuseums, Stuttgart – Ulm 1997, 35 ff.

33 Wilhelm Schlink, Der Beau-Dieu von Amiens. Das Christusbild der gotischen Kathedrale, Frankfurt am Main 1991, 14.

ger demonstrativ auf die Seitenwunde. Der linke Unterarm ist in Hüfthöhe erhoben und die Handfläche mit der Nagelwunde ist zum Betrachter hin gerichtet. Der Blick erscheint in angestrengt rhetorischer Forderung auf den Vorplatz gerichtet, als wollte er sagen: „Seht doch auf mich!“

Einem Redegestus gleicht auch die Wendung der Rechten zur Seite. Unter den fünf Wunden besitzt die Seitenwunde – zurückgehend schon auf die Schilderung der Öffnung der Seite Christi im Passionsbericht des Johannes (Joh 19, 33-37) – besonderen Rang. Mittelalterliche Quelle für die Deutung der Wunden Jesu war der Hoheliedkommentar des Kirchenvaters Gregors des Großen. In seiner Interpretation der Stelle „meine Taube im Felsennest, versteckt in der Steilwand“ (Hld 2, 14) werden die Felslöcher, die Nist- und Ruheplätze der Taube, als die Wunden Christi gesehen und die Taube als die Seele des Gläubigen. In aller Deutlichkeit wird dies bei Beda Venerabilis († 735) ausgesprochen.[34] Die Wunden Christi und die betrachtende Versenkung in sie galten daher als Zufluchtsort der Seele.

Vor allem sollte die Seele ihre Zuflucht in der Seitenwunde suchen. Deren Sonderstellung betonte schon Augustinus († 430), der durch das Wasser und das Blut, welche aus ihr geflossen waren, den Zeichen für die Grundsakramente Taufe (Wasser) und Eucharistie (Blut), die Erbauungsstätte der Kirche sah.[35] Petrus Lombardus formuliert im 12. Jahrhundert im Anschluss an Augustin, wie Eva aus der Seite Adams gebildet worden sei, sei die Kirche aus den Sakramenten, die aus der Seite Christi flossen, hervorgegangen. Sie seien es, durch welche der Mensch von seiner Schuld freigekauft werde und welche die Sünde von ihm abwaschen.[36] Im Zeigegestus des Ulmer Portalschmerzensmanns begegnet mithin ein geradezu demonstrativer Hinweis, eine Bildpredigt nach außen in das Profane, in den außerhalb des Sakralen liegenden Bereich, hinein gerichtet auf die Sakramente der Kirche als den Heilsmitteln für den in Schuld und Sünde verstrickten Menschen. Der Fingerzeig verweist zugleich auf den Ort, wo die Seele, wie die Taube in den Felslöchern, Ruhe und Sicherheit vor Nachstellungen und Verfolgung zu finden vermag, verweist auf die Kirche als Zuflucht der Seele.

---

34 Vgl. Gregorius Magnus, Super Canticum 2, 14 (PL 79, 499D); Beda Expositio in Canticum 3 (PL 91, 1111D): „... quae sunt foramina petrae, nisi vulnera quae pro nostra salute suscepit Christus? In quibus profeto foraminibus columba residet et nidificat, vel cum anima quaeque mitis, vel ecclesia omnis, in passione dominica spem suae salutis unicam ponit ...“.

35 Vgl. Augustinus, De civitate Dei 22, 17 (PL 41, 778 f.): „... latus lancea perforatum est atque inde sanguis et aqua defluxit; quae sacramenta esse novimus, quibus aedificatur ecclesia ...“.

36 Petrus Lombardus, 2 Sententiarum dist. 18 cap. 3, 2: „... sicut mulier de latere viri dormientis formata est, ita ecclesia ex sacramentis, quae de latere Christi in cruce dormientis profluxerunt, scilicet sanguine et aqua; quibus redimimur a poenis atque abluimur a culpis ...“.

Wie selbst oberflächlich nur als beiläufig betrachtete Sujets und Accessoires in mittelalterlichen Tafelbilder theologischen Gehalt und Aussagekraft besitzen, sei nun am Außenflügel eines aus Kilchberg bei Tübingen stammenden Flügelalters aus der Zeit um 1480, heute im Diözesanmuseum Rottenburg[37], mit der Darstellung einer „Verkündigung an Maria" demonstriert. Auf der Tafel, die Maria beim Eintritt des Engels in das Haus von Nazaret am Gebetbuch zeigt, ist im Vordergrund ein Blumentopf mit einem kleinen Bäumchen zu sehen. Das Bäumchen verweist im Kontext der Verkündigung auf „die Wurzel Jesse" der Prophetie des Jesaja, aus der ein neues Reis empor sprossen wird: Doch aus dem Baumstumpf Isais wächst ein Reis hervor, ein junger Trieb aus seinen Wurzeln bringt Frucht (Jes 11, 1). Seitlich von Maria steht eine Majolikavase mit einem Lilienstängel, der sich in drei Blüten entfaltet. Das Sinnbild der Lilie als Ausdruck für die Schönheit, die Reinheit, die Erlesenheit der Jungfrau Maria wurzelt im Lobpreis der Braut durch ihren Bräutigam im Hohelied des Alten Testaments: „Eine Lilie unter den Disteln ist meine Freundin unter den Mädchen" (Hld 2, 2). Die abgebildete Lilie besteht aus einem Stängel mit drei Blüten, eine Bildfindung zur Veranschaulichung des Mysteriums der Trinität: Eins in Drei entfaltet und doch Eines. Jede einzelne der Lilienblüten kann dezidiert auf eine der drei Personen des dreifaltigen Gottes bezogen werden. Die Blüte, die sich Maria zuneigt, meint den Heiligen Geist – „der Heilige Geist wird über dich kommen" (Lk 1, 35) –, die noch geschlossene Blüte am Rande weist auf Christus, dessen Leiblichkeit erst noch am aufgehen und erblühen ist, und schließlich die strahlend offene, über den beiden anderen stehende, auf Gottvater, die erste Person der Dreieinigkeit. Die Vase wiederum symbolisiert Maria als „vas electum"[38], als das auserwählte Gefäß, das die Gottheit (deitas) Christi aufnahm und die Leiblichkeit, die Menschlichkeit (humanitas) Christi erblühen ließ.

Ebenso sind alle übrigen Gegenstände des Interieurs eines Privatgemaches, in dem hier die Verkündigung dargestellt wird, gehaltvoll. Auf einer Ablage an der

---

37 Vgl. Carl G. Herzog zu Mecklenburg, Das Diözesanmuseum in Rottenburg am Neckar. Gemälde und Plastiken. Katalog und stilkundlicher Führer, Ostfildern 1978, 97 ff. mit Abb. 23b, S. 103 (hier allerdings ohne eingehende ikonographische Erläuterung). Aus Kilchberg sind zwei Altarretabel überliefert. Das etwas jüngere, gleichwohl kunsthistorisch bedeutendere Werk, eine Gemeinschaftsarbeit der beiden Ulmer Künstler Bartholomäus Zeitblom (Malerei) und Niklaus Weckmann (Skulptur), neuerdings um 1494 datiert, war für die Schlosskapelle geschaffen worden. Das ältere darf wohl als das ehemalige, nun zum Bestand des Diözesanmuseums Rottenburg gehörende Retabel der Dorfkirche angesehen werden; vgl. Daniela Gräfin von Pfeil, Notizen zu Leben und Werk des Bartholomäus Zeitblom, in: Meisterwerke massenhaft. Die Bildhauerwerkstatt des Niklaus Weckmann und die Malerei in Ulm um 1500, Stuttgart 1993, 171, 450 f. Zur Bestimmung der Provenienz des hier besprochenen älteren Kilchberger Altars vgl. Volker Himmelein, Eberhard, der mit dem Barte. Bilder und Stationen aus seinem Leben. Eine biographische Studie, Tübingen 1977, 39 f.

38 Artikel „Gefäß", in: Anselm Salzer, Die Sinnbilder und Beiworte Mariens in der deutschen Literatur und lateinischen Hymnenpoesie des Mittelalters, Linz 1893, 17.

rückseitigen Wand über dem Haupt der Jungfrau Maria stehen drei Objekte des Alltags: ein mit Pfropfen versehenes Glasgefäß, ein Kerzenleuchter mit zwei Kerzenhalterungen, eine Dose. Im Glasgefäß ist ein Medizinfläschchen, ein Apothekengefäß des 15. Jahrhunderts zu sehen, womit gesagt werden soll, dass Christus als Arzt für die Menschheit kam, wie die zwischen 1263 und 1273 entstandene „Legenda aurea" des Dominikaner Jacobus a Voragine († 1298) gleich in ihrem ersten Kapitel mit Referenz auf den hl. Augustinus († 430) ausführt[39], dass durch die Menschwerdung Christi die Medizin, die Arznei, das Heilmittel für die durch die Erbsünde kranke Menschheit gekommen ist. Beim Kerzenleuchter bedeuten die beiden Halterungen den Alten und den Neuen Bund. Die unbesetzte Halterung drückt aus, dass der Alte Bund zu Ende ist, während die mit einer Kerze bestückte andere auf den durch die Menschwerdung nun beginnenden Neuen Bund weist. Die angeführte Dose wiederum ähnelt, verglichen mit spätmittelalterlichen Grab-Christi-Darstellungen, der Form nach den Gefäßen, mit welchen die Frauen am Ostermorgen zum Grab Christi eilen, um die Einbalsamierung des Leichnams Jesu nachzuholen.

Im Sachobjekt wird so die Passion und der spätere Kreuzestod Christi antizipiert. Im Thema der Verkündigung wird somit schon der ganze Bogen der Heilsgeschichte vom ersten Moment der Menschwerdung bis zur Vollendung des Erlösungswerkes Christi ausgezogen.

In einer zweiten Verkündigungsdarstellung des Diözesanmuseums Rottenburg[40], nun aus der Zeit von etwa 1490, wenn ein Seitenblick gestattet ist, sehen wir das Jesuskind in einem Lichtstrahl aus der Ewigkeit des Vaters auf Maria herunterkommend und schon das Kreuz auf dem Rücken tragend. Der Lebensweg Jesu, soll verdeutlicht werden, war von Anbeginn die Annahme des Ratschlusses Gottes, war von Anfang an ein Kreuzweg, seine Menschwerdung heißt Annahme von Passion, Kreuz und Tod. Eine Art Handtuch hängt an der Wand herab. Es handelt sich um einen Tallit, einen jüdischen Gebetsschal, der Maria aufgrund ihrer Ausbildung als Tempeljungfrau, die sie nach dem apokryphen Protoevangelium des Jakobus erfahren hat[41], als Schriftgelehrte vorstellt.

Gelegentlich können wir sogar erleben, wie sie im 15. Jahrhundert – so in einem Kupferstich des Meisters E. S. von 1467 – wie eine Gelehrte, von Büchern (!) umgeben, gezeigt wird.[42] Die Gelehrsamkeit Mariens veranschaulicht weiter-

---

39 Jakobus a Voragine, Legenda aurea, übersetzt v. Ernst Benz, Gerlingen [11]1993, 4: „Christ kam ... für die große Wunde und Krankheit des Menschengeschlechts. Denn die Krankheit des Menschen war so groß, dass ihm eines großen Arztes notdürftig war. Davon spricht Augustinus: ‚Der große Arzt kam, da die Welt ein großer Kranker war'."

40 Vgl. Herzog zu Mecklenburg, Diözesanmuseum (Fn. 37), 104.

41 Protoevangelium des Jakobus 7-8, in: Wilhelm Schneemelcher (Hg.), Neutestamentliche Apokryphen in deutscher Übersetzung, Bd. 1: Evangelien, Tübingen [5]1987, 341 f.

42 Vgl. Horst Appuhn, Meister E. S. Alle 320 Kupferstiche, Dortmund 1989, 82 (L. 61).

hin das Buch und die enge Beziehung zwischen dem Symbol des Buches und Maria.[43] Sie nimmt ihren Ausgang von der anschaulichen Vorstellung des Buches als Träger, als Behältnis und Bewahrer des Wortes und korrespondiert mit der biblischen Aussage: „Maria aber bewahrte alles, was geschehen war, in ihrem Herzen und dachte darüber nach“ (Lk 2, 19). Maria ist Träger und Behältnis für das „Wort“, „das Fleisch geworden“ ist (Joh 1, 14). Sie hat den Logos getragen und in ihrer Mutterschaft „ausgetragen“.

Da es „das Wort“, der ewige Logos ist, der Fleisch wird, ist der Ort der Aufnahme des Wortes das Ohr. Die jungfräuliche Empfängnis des Wortes vollzieht sich über das Ohr.[44] Von daher rührt, um dies anzuzeigen, die Freilegung des Ohres in unserer Darstellung der „Verkündigung an Maria“. Maria ist „ganz Ohr“ für den Logos, möchte man formulieren. Walther von der Vogelweide dichtet:

> „Durch ir ôre enpfienc si [Maria] den vil süezen, / der ie ân anegenge was und muoz âan ende sîn.“[45]

Im Tympanon des Nordportals der Marienkapelle von Würzburg, sei ergänzend und bestätigend angeführt, führt ein das Kind tragender Strahl vom Munde Gottvaters zum Ohr der Jungfrau Maria, an dessen Ende die den Heiligen Geist bezeichnende Taube sitzt, der Maria den Logos gewissermaßen ins Ohr flüstert.

Der durchschnittliche Betrachter wird der Fensterverglasung des Hauses von Nazaret, den Butzenscheiben, kaum tiefere Bedeutung zumessen wollen, sieht darin einfach einen realistisch gedachten Abschluss eines Wohnraumes zur Außenwelt. Fensterverglasung von Privathäusern war im 15. Jahrhundert jedoch modernster Wohnkomfort, ein Luxus, den sich nur Reiche leisten konnten, und steht damit im Gegensatz zur Schilderung von Maria als „niedrige Magd“ (Lk 1, 48.52), als einfache und arme Tochter des Volkes Israel. Da alles theologisch bestimmt ist, muss es auch mit dem Glas, den aufleuchtenden Butzenscheiben eine besondere Bewandtnis haben. Birgitta von Schweden († 1373) lehrt in ihren „Offenbarungen“ über die jungfräuliche Menschwerdung Christi – und damit haben wir den Schlüssel –, so wie das Licht das Glas durchdringe, ohne es zu zerbrechen, so sei Christus in Maria Mensch geworden.[46]

---

43 Vgl. Klaus Schreiner, Maria – Mutter – Herrscherin, München 1994, 157 ff.; ders., „... wie Maria geleicht einem puch“. Beiträge zur Buchmetaphorik des hohen und späten Mittelalters, in: Archiv für Geschichte des Buchwesens 11 (1971) 1437-1464.

44 Vgl. Horst Wenzel, Die Empfängnis durch das Ohr. Zur multisensorischen Wahrnehmung im Mittelalter, in: Über das Hören. Einem Phänomen auf der Spur, Tübingen 1996, 170 ff.

45 Zitiert ebd., 172.

46 Vgl. Elias Wessén (Hg.), Birgitta von Schweden, Revelationes. Sermo angelicus, Kopenhagen 1952; Lottlisa Behling, Ergänzungen zu Form und Symbolik von Verkündi-

An dieser Stelle sei ein Blick auf die Verkündigungsszene des „Rohrdorfer Altars und des nach ihm benannten Meisters geworfen. Der „Meister des Rohrdorfer Altars“ betrieb in der zweiten Hälfte des 15. Jahrhunderts übrigens seine Werkstatt in Rottenburg am Neckar.[47] In der Bildmitte dieser Altartafel trennt eine Kristallsäule den Erzengel Gabriel von Maria. Selbstverständlich will der Maler in der Wiedergabe luzid transparenten Kristalls sein ganzes Können demonstrieren. Doch auch hier geht es inhaltlich – und darum die zentrale Positionierung – um die Veranschaulichung der immerwährenden Jungfräulichkeit Mariens, die auch durch die Menschwerdung Christi in Maria keine Verletzung erfahren hat.

Geradezu ein Lehrbeispiel aus der Vergangenheit, wie große Kunstwerke als Kulturgut verkannt werden, weil die Predigt der Bilder nicht mehr gesehen und verstanden wird, kann der „Herrenberger Altar“ des Jerg Ratgeb von 1519 sein, heute in der Staatsgalerie Stuttgart.[48] Auf den „Herrenberger Altar“ hatte schon 1883 Otto Donner von Richter und 1888 der späterer Rottenburger Bischof Paul Wilhelm von Keppler († 1926) aufmerksam gemacht.[49] Im „Stiftungsrats-Protokoll“ der Oberamtsstadt Herrenberg, in dem am 25. Juli 1890 über den Verkauf dieses letzten großen Altarwerkes der Spätgotik verhandelt wurde und dessen Veräußerung für 5.000 Mark an die Königliche Kunst- und Alterthümersammlung in Stuttgart beschlossen wurde, war für die Abgabe des Kunstwerkes die Einschätzung und Beurteilung durch den evangelischen Prälaten Merz ausschlaggebend, dessen Stellungnahme in genanntem Protokoll ausführlich wiedergegeben wird. Der Verlust des „Herrenberger Altars“ schmerzt die Stadt in den letzten Jahrzehnten mehr denn je, bedeutet er doch unter heutigen ökonomischen Aspekten fast einen Totalschaden im Hinblick auf mögliche touristische Attraktivität.

Der Protokollant von 1890 hielt folgendes fest:

> „In der hiesigen Stadtkirche steht noch ein Hochaltar aus katholischer Zeit. Er besteht aus 2 Altarbildern mit 2 Flügeln. Altarbilder und Flügel sind auf beiden Seiten gemalt, so dass das ganze Werk 8 Bilder aus der neutestamentlichen Geschichte enthält. Die Bilder wurden Anfang des 16. Jahrhunderts von Jörg Ratgeb aus Schwäbisch Gmünd gemalt. In einem von Prälat Merz im Christlichen Kunstblatt veröffentlichten

---

gung und Goldtempel des Isenheimer Altars, in: Zeitschrift für Kunstwissenschaft 16 (1962) 51 ff.

47 Vgl. Staatsgalerie Stuttgart, Alte Meister. Katalog, Stuttgart 1992, 252 f.

48 Vgl. Wilhelm Fraenger, Jerg Ratgeb. Ein Maler und Märtyrer aus dem Bauernkrieg, München 1981, 98 ff.; Staatsgalerie Stuttgart, Alte Meister (Fn. 47), 52 f; Roman Janssen, Damit die Schrift erfüllt wird. Die Aussage des Ratgeb-Altars, in: ders. / Harald Müller-Baur (Hg.), Die Stiftskirche in Herrenberg 1293-1993, Herrenberg 1993, 509 ff.

49 Otto Donner von Richter, Jerg Ratgeb, in: Kunstchronik 18 (1883) 482; ders., Jerg Ratgeb von Schwäbisch Gmünd, in: Archiv für christliche Kunst 1 (1883) 22 f.; Paul W. von Keppler, Württemberg's kirchliche Kunstalterthümer, Rottenburg 1888, 163.

Aufsatz über das hiesige Altarwerk heißt es: Man geht mit gemischten Gefühlen von diesem Altarwerk fort, einerseits könne nicht verkannt werden, dass ein gewisser Reichtum an Phantasie und eine achtbare Kraft des Wollens und Könnens darin stecke, andererseits müsse man bedauern, dass diese Kraft nicht besser angewandt worden sei. Der Maler habe Talent, aber es fehle ihm der Ernst des Studiums und der Antrieb, die Tiefe des Gemüts und die zartere Empfindung, seine Hand wie seine Phantasie sei ohne Zucht."[50]

Abb. 5: „Herrenberger Altar", Abendmahlstafel.

Nach dieser herablassenden Beurteilung des Künstlers und seiner Fähigkeiten folgt nun die entscheidende und wohl ausschlaggebende Passage. Sie legt eine völlige Verkennung der Intentionen des Meisters an den Tag. Zum Stein des Anstoßes wird Ratgebs Darstellung der Szene des Letzten Abendmahls, in der eine offensichtlich unzumutbare degoutante Herabwürdigung des erhabenen Geschehens ausgemacht wird. Das Protokoll fährt fort:

„Die Darstellung des ersten Abendmahls sei abstoßend hässlich, ja unwürdig. Christus sitze unedel gezeichnet, steif am Tisch. Johannes in kindisch kleiner Gestalt liege schlafend an seiner Brust, links schnäuze sich ein Jünger mit dem Finger die Nase, rechts lege sich der gelbe Judas unflätig über den Tisch hinein, um den Bissen zu

[50] Zitiert nach Ute-Nortrud Kaiser, Jerg Ratgeb. Spurensicherung, Frankfurt am Main 1985, 287.

> empfangen, indem er von einem umfallenden Stuhl sich erhebt, die übrigen Jünger seien abschreckende Gestalten von gemeiner Auffassung."[51]

Erwähnt wird nun das vorliegende Angebot „der Direktion der Staatssammlung vaterländischer Altertümer in Stuttgart", die „Lust" habe, „das Werk zu erwerben", und als Kaufpreis 5.000 Mark biete.

> „Nach längerer Beratung kommen die Kollegien mit Rücksicht auf die teilweise unschönen Bilder, die vielfach ans Profane grenzen und gegen christliche Pietät verstoßen, und im Hinblick darauf, dass der Hochaltar die Anbringung eines Glasgemälde im Mittelfenster des Chores hinderlich im Wege steht",

zur Beschlussfassung, das Kaufangebot in der gebotenen Höhe zu akzeptieren.[52]

Welche fatale Verkennung eines Hauptwerkes der Kunst des ausgehenden Mittelalters und der frühen Neuzeit in Deutschland, dessen dichte, durchdachte Bildsprache nicht mehr gelesen werden konnte und verstanden wurde, wenn beispielsweise dem sich schnäuzenden Jünger am Abendmahlstisch mangelnde Tischmanieren vorgeworfen werden! Der gute Prälat Merz hat dabei völlig übersehen, dass die Erfindung und die Benutzung eines Taschentuches, wie er es vielleicht erwartet hätte, Anfang des 16. Jahrhunderts noch völlig unbekannt war und erst in der Barockzeit möglich gewesen wäre. Außerdem hat er übersehen – womit wir vom Sachkundlichen zum Inhaltlichen übergehen – dass dieser Akt des Schnäuzens einen Vorgang der Reinigung meint, dass mit ihm der Gedanke der Katharsis verbunden sein könnte.

Jerg Ratgeb, der 1526 auf dem Marktplatz von Pforzheim seines Engagements im Bauernkrieg wegen gevierteilt wurde, muss, wie seine Umsetzung und Sicht der Auferstehungsszene nahe legt, den nur wenige Jahre zuvor fertig gestellten „Isenheimer Altar" des Matthias Grünewald gekannt haben. Die acht erhaltenen Tafeln dieses wahrhaft monumentalen Altarwerkes sind von praller Bedeutungsfülle. Allein die ikonographische Erörterung der Vogelwelt bedürfte einer eigenen Monographie.[53] Zwei Tafeln des Flügelaltars zeigen die Aussendung der Apostel nach Matthäus 10. Zwei weitere behandeln die „Verlobung Mariens" und die „Beschneidung Christi". Vier Tafeln widmen sich Passion und Auferstehung Christi mit „Abendmahl", „Geißelung", „Kreuzigung" und dem Osterereignis.[54] In eigenwillig kreativem Umgang mit der überkommenen Bildsprache hat Jerg Ratgeb ein Bildepos geschaffen, in dem Grundstimmungen seiner Zeit wie die verbreitete Endzeiterwartung und Weltuntergangsstimmung, zeitgenössische politische Aspekte und lokalhistorische Vorgänge miteinander aufs engste verwoben sind.

---

51 Ebd.

52 Ebd.

53 Vgl. Gertrud Roth-Bojadzhiev, Studien zur Bedeutung der Vögel in der mittelalterlichen Tafelmalerei, Köln – Wien 1985, 69 ff.

54 Vgl. Staatsgalerie Stuttgart, Alte Meister (Fn. 47), 321 ff.

Um dies zu illustrieren, sei darauf hingewiesen, dass Ratgeb Pilatus in der „Burg“ des römischen Statthalters gleich zweimal wieder erkennbar in der Physiognomie Kaiser Maximilians († 1519) und mit der Reichsfahne mit Doppeladler auftreten lässt. Die die zeitgenössische politische Konstellation interpretierende Lage der offengelegten Spielkarten der Wächter am Grabe Jesu in der Auferstehungsszene hat Rudolf Veit aufgedeckt.[55] Die Stimmung der Endzeiterwartung, ein ganz bedeutsamer Horizont zum Verständnis der Ikonographie des „Herrenberger Altars“, wird schon in den beiden Tafeln der Jüngeraussendung angeschlagen. Mit den Worten „geht und verkündet: Das Himmelreich ist nahe“ (Mt 10, 7) entsendet Jesus im zugehörigen biblischen Kontext seine Schüler. Der damals weltberühmte Tübinger Astronom Johannes Stöffler († 1511) hat für das Jahr 1524, weil er für dieses Jahr eine geballte Konjunktion von Gestirnen mit der Bedeutung von Wasser errechnet hatte, eine Sintflut vorausgesagt. Der Altar wurde in der Endphase der Niederlassung der „Brüder vom gemeinsamen Leben“ in Herrenberg in Auftrag gegeben. Herzog Ulrich von Württemberg († 1550) hat die Kommunitäten der „Brüder von gemeinsamen Leben“, Repräsentanten der „Devotio moderna“ im Spätmittelalter, in seinem Land aufgehoben. Als der Altar ausgeführt und vollendet wurde, hing die drohende Aufhebung schon als Damoklesschwert über dem Herrenberger Konvent.

Doch blicken wir etwas genauer auf die Ende des 19. Jahrhunderts besonders gescholtene Abendmahlsszene des „Herrenberger Altars“. In der Tat treffen wir eine ungewöhnliche Tischgesellschaft an. Alles Vornehme und Edle geht ihr ab. Ein zusammengewürfelter Haufen und Männer, als seien sie eben von der Gasse geholt worden. Das Karikaturhafte und Groteske erscheint unverkennbar.[56] Tatsächlich ist die Abendmahlsszene des „Herrenberger Altars“ nicht nur ungewöhnlich, mehr, sie entbehrt nicht der Ungeheuerlichkeit. Das Ungeheuerliche liegt in der Positionierung und der Gestalt des Judas Iskariot, des Verräters unter den Jüngern. Ihm gegenüber tritt sogar Christus in den Hintergrund. Gleichwohl stehen sie in Beziehung einer starken Polarität und interpretieren sich in der Polarisierung gegenseitig. Um mit der Tür ins Haus zu fallen: Hie Antichrist, da Christus. Der Antichrist, der „falsche Prophet“ (vgl. Mt 24, 11-24; Offb 16, 13; 19, 20; 20, 10) ist der Vorbote der Endzeit. Wie Christus auf der anderen Seite des Tisches die Verkörperung alles Tugendhaften darstellt, ist die Judas-Gestalt Ratgebs, sprich der Antichrist, die Verkörperung, die Inkarnation aller Laster.

In ein gelbes Gewand gehüllt, springt er abrupt, jäh auf – Zeichen des Hauptlasters der „ira“, des Jähzorns – und stößt damit nicht nur den Stuhl um, sondern rempelt auch den Diener an, so dass dieser den Wein verschüttet. Die Weinlache am Boden ist Vorzeichen für das durch den Verrat des Judas möglich gewordene

55 Rudolf Veit, Heilsgeschichte und Zeitgeschichte im Werk Ratgebs, in: Kritische Berichte. Zeitschrift für Kunst- und Kulturwissenschaft 19 (1991) 10 ff.; vgl. Fraenger, Jerg Ratgeb (Fn. 47), 278 f.

56 Vgl. ebd., 111.

Blutvergießen Christi. Die Farbe Gelb steht in der Farbsymbolik für die verstockte Synagoge.[57] Zugleich ist sie die Farbe des Goldes und damit Geldes, des Mammons, daher auch die Farbe der „avaritia“, der Habgier, und des Neides, der „invidia“. Das erhobene Haupt des Judas signalisiert Hybris, „superbia“, Hochmut. Zudem zeigt er das Merkmal der „concupiscentia“, der unersättlichen Begierde. Ratgeb hat es gewagt, Judas mit deutlich erigiertem *membrum virile* vor Augen zu führen.

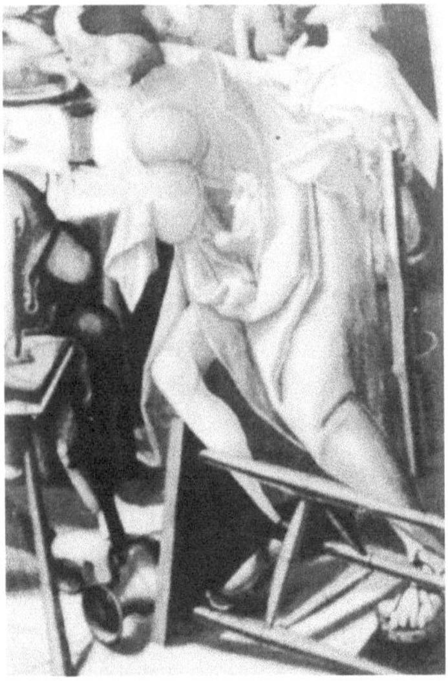

Abb. 6 (links): „Herrenberger Altar“, Abendmahlstafel, Ausschnitt.

Abb. 7 (rechts): Detail aus Abb. 6.

Der Judas hat rotes Haar. Rothaarige galten im Aberglauben des Mittelalters als falsch, nicht vertrauenswürdig, teuflisch.[58] Aus seiner Tasche rutschen Spielkarten heraus. Spielkarten hatten den Ruf des Gebetbuches des Teufels. Die Schellenkarte ist zu sehen. Schellen wiederum sind Kennzeichen der Narren. Der Narr, der Tor muss aber in eins gesehen werden mit dem Gottesleugner nach den Psalmworten 14, 1 und 53, 2: „Dixit insipiens in corde suo: non est deus.“ – „Die Toren sagen in ihrem Herzen: ‚Es gibt keinen Gott.‘“ Außerdem fallen drei Würfel aus dem Gewand. Sie zeigen drei Mal die Augen sechs. 666 ist die Satanszahl der Apokalypse.

[57] Zur Farbe „gelb“ vgl. Dorothea Forstner, Die Welt der christlichen Symbole, Innsbruck – Wien [5]1986, 117 f.

[58] Vgl. Hanns Bächtold-Stäubli (Hg.), Handbuch des deutschen Aberglaubens, Bd. 3, Berlin 1931 (Nachdr. Berlin – New York 1987), 1250 ff.

Abb. 8: Detail aus Abb. 6.

Schließlich reißt dieser Judas weit den Mund auf, Zeichen des Lasters der „gula“, der Gefräßigkeit. Eine dicke, eklige Schmeißfliege ist im Begriff, in den geöffneten Mund hineinzufliegen. Das Hebräische „Belzebub“ heißt „Vater der Fliegen“. Während alle übrigen Jünger Anteil haben am Leib Christi, kommuniziert der Verräter Judas mit dem Satan.

Wer ist dieser Judas? In ihn hinein, in seine Gesichtszüge und die äußere Erscheinung mit rotem Haar hat Ratgeb Herzog Ulrich von Württemberg projiziert, denjenigen, der der „vita communis“, dem Leben nach dem Vorbild der Apostel, in Württemberg ein Ende bereitete.

Diese Identifikation vermag ein Blick auf die Kreuzigungstafel des „Herrenberger Altars“ zu bestätigen. Unter dem Kreuz ist in Bedeutungsperspektive verkleinert eine Reitergestalt mit Herzogshut zu erkennen. Es handelt sich hier keinesfalls, wie oft interpretiert, um den Centurio, der schließlich den Gekreuzigten als den Sohn Gottes identifiziert (vgl. Lk 23, 47). Es fehlt der Fingerzeig, die Geste des Verweisens. Bei genauerem Hinsehen empfindet man die Gesichtszüge erhaltenen Porträts von Herzog Ulrich nahestehend. Den entscheidenden Hinweis aber gibt der unter dem Reiter angebrachte große Hirschkäfer. Das Haus Württemberg trägt die Hirschstangen im Wappen. Der Hirschkäfer, ein Wesen, das sich im Staub und Dreck bewegt, ist Ratgebs Persiflage auf den stolzen, edlen Hirsch als Wappentier Herzog Ulrichs. Den Hirschkäfer nennt der

Volksmund im Spätmittelalter „des Teufels Ross".[59] Ein negatives Stifterbild – weil Herzog Ulrich die Stiftung seines Vorgängers, des Grafen Eberhard im Bart, aufgehoben hat – hat Ratgeb daher mit Person und Wappen, wie bei einem Stifterbilde üblich, auf der zentralen Kreuzigungstafel angebracht.

Abb. 9 (links): „Herrenberger Altar", Kreuzigungstafel, Ausschnitt.

Abb. 10 (rechts): Detail aus Abb. 9.

Zum Abschluss unseres Exkurses zu Details und Gesamtanlage des „Herrenberger Altars" sei kurz noch die dem „Isenheimer Altar" Grünewalds verpflichtete Auferstehung betrachtet. Die entscheidende Abwandlung, die Ratgeb bringt, liegt darin, dass der Auferstehende ambivalent als der zugleich wiederkommende Christus gemalt ist. In seiner Hand, ikonographisch eine Innovation, hält dieser Christus eine Kristallkugel, Sinnbild der erwarteten und erhofften neuen Erde und des neuen Himmels (vgl. Offb 21, 1). Der Altar von Herrenberg bietet uns die chiliastische Perspektive eines Künstlers an der Wende vom Mittelalter zur Neuzeit.

Wie Verkündigung und Predigt nicht nur Sache von Kunstwerken des ausgehenden Mittelalters sind, sondern auch den Kulturgutcharakter von Werken der zweiten Hälfte des 20. Jahrhunderts wesentlich bestimmen, sei abschließend an der „Kreuzigung" von Joseph Beuys in der Staatsgalerie Stuttgart illustriert.[60]

---

59 Ebd., Bd. 4 (1932), 114.

60 Vgl. Staatsgalerie Stuttgart, Contemporary Art, Bd. 5, Stuttgart 1999, 14 f. Zu den Beziehungen des Joseph Beuys zur christlichen Tradition siehe Heiner Stachelhaus, Joseph

Abb. 11: Joseph Beuys, „Kreuzigung" (© VG BILD-KUNST, Bonn 2004).

Dieses Objekt entsprang einer autonomen, keinem Postulat und Diktat von außen unterworfenen künstlerischen Auseinandersetzung mit dem heilsgeschichtlichen „Stoff" der Kreuzigung Christi. Ein besonderer materieller Wert, der das Objekt adeln könnte und durch den es Aufmerksamkeit auf sich zöge und Beachtung verdiente, kann hier gerade nicht festgestellt werden. Im Gegenteil: Das Kunstwerk besteht aus Abfall, aus weiter vielleicht nicht mehr verwendbaren Holzstücken, wie sie in einem Schuppen gefunden werden können, und aus denen Kinder unbeholfen genug sich ein Spielzeug zusammenzimmern, aus weggeworfenen, schon benutzten und daher nicht mehr verwendbaren Blutspende-

Beuys, München 1989, 40 f: „Der im Katholizismus des Niederrheins wurzelnde Joseph Beuys beschäftigte sich ... zwischen 1947 und 1960 noch verhältnismäßig unmittelbar mit der christlichen Symbolik, wenn er dabei auch spürbar Verwandlungen anstrebte. Im Bereich der angewandten Sakralkunst entwarf er Leuchter, Taufbecken, ein Weihwasserbecken mit Relief ‚Schweißtuch der Veronika', eine Serie von Kreuzen, mit denen er Symbole der Erlösung, des Opfers, der Auferstehung darstellt, dazu Vortragekreuz, Pflockkreuz, Handkreuz, Sonnenkreuz und immer wieder die ‚Pietà'. Es ist deutlich zu spüren, wie Beuys bei allen diesen Arbeiten bestrebt war, die Fesseln der Tradition abzuschütteln, die Thematik in eine neue Bewusstseinsstufe zu heben." Zu den christologischen Dimensionen im Œuvre von Joseph Beuys vgl. Friedhelm Mennekes, Christus Denken – Thinking Christ, Stuttgart 1996.

flaschen der fünfziger Jahre des 20. Jahrhunderts, aus Zeitungsfetzen, einem krummen, dünnen Elektrokabelstück und einer Nadel.

Auf den ersten Blick vermittelt die Stuttgarter „Kreuzigung“ den Eindruck eines in kindlicher Weise aus Holzresten von einem Jungen zusammengebastelten Floß. Auf flachen Brettchen sind zwei dickere Kantholzreste, die ein hochragendes längliches Holzscheit stabilisieren, befestigt. Die Anschnitte der genannten Kanthölzer zeigen Jahresringe, führen damit zu Vorstellungen von Wachsen und damit von Zeit, aber auch zu Gefällt- und Abgeschnittenwerden. Eine Kreuzform ist nicht zu erkennen. Seitlich des senkrechten Holzscheites sind die beiden weißen Blutspendeflaschen mit Schraubverschluss angebracht.

Diese Anordnung vermag nun Assoziationen an Kreuzigungsdarstellungen der Vergangenheit zu wecken, an sehr frühe sogar mit Maria und Johannes als Assistenzfiguren und Zeugen der Hinrichtung Jesu. Immer noch bleibt der Eindruck des Floßes unabweislich. Die Vorstellung des Floßes verweist auf Rettung bei Schiffbruch. Im Kreuzhymnus des Venantius Fortunatus († nach 600) „Pange lingua gloriosi proelium certaminis“ wird das Kreuzesholz in der zehnten Strophe als Rettung im „Schiffbruch dieser Welt“ (mundo naufrago) besungen.[61] Mit dem Begriff „Rettung“ haben wir das erste Hauptwort, unter dem die Kreuzigung von Joseph Beuys zu betrachten ist.

Die Bedeutung der Rettung von Menschenleben legen unweigerlich auch die Blutspendeflaschen nahe. Wer sein Blut spendet, „opfert“, anbietet im Sinne des lateinischen „offerre“, rettet Leben. Blut vergießen für andere, so wie Christus am Kreuz sein Blut vergossen hat, verhilft zum Leben, zum Weiter- und Fortleben – auch nach dem Tode, möchte man unwillkürlich anfügen.

Der Gedanke von Rettung verbindet sich außerdem mit dem aufgemalten roten Kreuz auf einem annähernd quadratischen Zeitungsfetzen – Ausriss wagt man es kaum zu nennen –, der im oberen Viertel des senkrecht stehenden Holzscheites angeklebt ist. Das rote Kreuz ist geläufig von Erste-Hilfe-Kästen. Das Kreuz bedeutet – und nun stoßen wir zur Bildpredigt des Joseph Beuys vor – Erste Hilfe für die schiffbrüchige Menschheit.

Der Zeitungsfetzen stammt aus dem Wirtschaftsteil, dem Kommerzteil einer Gazette. Von Pfandbriefen, Pfandobligationen ist da fragmentarisch die Rede, ohne dass ein größerer Textzusammenhang erfassbar wäre. Allein das Angebot von Pfandobligationen macht aufmerksam auf den Kolosserbrief 2, 14, wo es heißt:

> „Er [Christus] hat den Schuldschein, der gegen uns sprach, durchgestrichen und seine Forderungen, die uns anklagten, aufgehoben. Er hat ihn dadurch getilgt, dass er ihn ans Kreuz geheftet hat.“

---

61 Zu „Schiffbruch“, „Planke des Heils“ vgl. Hugo Rahner, Symbole der Kirche. Die Ekklesiologie der Väter, Salzburg 1964, 432 ff., 450 ff.

Dass Beuys hier auf den Kommerzteil der Tagespresse zurückgreift, erinnert zugleich daran, dass die Patristiker hinsichtlich des Kreuzesopfers Christi vom „commercium“, vom Handelsgeschäft, gesprochen haben. Die Bildsprache der Vätertheologie wird hier aufgegriffen, die noch bei Martin Luther lebendig ist, wenn er vom „fröhlichen Wechsel“, will sagen von froh machendem Tausch- oder Handelsgeschäft, spricht.

Abb. 12: Joseph Beuys, „Kreuzigung“, Ausschnitt (© VG BILD-KUNST, Bonn 2004).

Zeitungsausrisse sind gleichfalls auf den Deckeln der beiden Blutspendeflaschen appliziert. Hier handelt es sich um Fetzen einer Verlobungsanzeige. Durch eine Verlobung wird eine neue Beziehung bekannt gemacht. Die Anzeige erinnert mithin an die neuen Beziehungen der Menschen untereinander, die Christus durch seinen Kreuzestod gestiftet hat. Zunächst durch die Worte an seine unter dem Kreuz stehende Mutter und an seinen Lieblingsjünger Johannes:

> „Als Jesus seine Mutter sah und bei ihr den Jünger, den er liebte, sagte er zu seiner Mutter: Frau, siehe, dein Sohn! Dann sagte er zu dem Jünger: Siehe, deine Mutter! Und von jener Stunde an nahm sie der Jünger zu sich“ (Joh 19, 26 f.).

Dann aber – und nun gelangen wir zu einer weiteren möglichen Interpretation der Blutspendeflaschen – hat Christus durch sein Blutvergießen, sprich seine Blutspende, die allen gegolten hat und gilt und alle einbezieht, eine neue Blutsverwandtschaft, durch sich eine neue Beziehung der Menschen untereinander gestiftet. Nur am Rande sei die Bewunderung für den genialen „Kunstgriff“ von

Beuys ausgedrückt, für das unverständlich, unbegreiflich gewordene Wort vom Blutvergießen Christi eine so eingängige Vergegenständlichung wie in den Blutspendeflaschen gefunden zu haben.

Wer sein Blut spendet, wehrt dem Tod. Und damit gewinnen wir ein neues Interpretament, das uns zur Deutung des senkrechten, nicht als Kreuz erkennbaren Holzstückes führt. Wiederum muss der Kreuzhymnus „Pange lingua gloriosi" des Venantius Fortunatus herangezogen werden. In der maßgeblichen Passage wird dort auf das Alte Testament und das Paschamahl der Israeliten vor ihrem Auszug aus Ägypten zurückgegriffen und das Kreuzesholz mit dem vom Blut des Lammes bestrichenen Türpfosten verglichen (vgl. Ex 12, 7): „Quam sacer cruor perunxit". In neueren deutschen Übersetzungen heißt es: „Du gesalbt vom Blut des Lammes, Pfosten, der den Tod abhält."[62]

Vom senkrechten Holzstück hängt ein vielfach gekrümmtes Stück Draht oder kleines Kabelstück herab. Jeder weiß aus hinreichender Erfahrung, dass ein solches Drahtstück niemals wieder vollständig zu glätten ist, dauernd krumm bleiben wird. Als Elektrokabel diente es der Energieübertragung, womit wiederum eine Assoziationsebene hergestellt ist. Dieser krumme Draht geht in eine gerade, ebenmäßige Nähnadel über. Eine Zäsur wird deutlich, eine Veränderung, ein Übergang vom Krummen zum völlig Geraden und Festen (vgl. Jes 40, 4; Lk 3, 5). Dieser Übergang in eine neue ebenmäßige Seinsform des vordem krummen Metallischen muss wiederum als Veranschaulichung des von Christus vollbrachten Erlösungswerkes betrachtet werden.

Eine Nadel heißt griechisch „kentron", der Stachel, woraus lateinisch „centrum", das Fremdwort „Zentrum" im Deutschen, wird. Das Erlösungswerk Christi, fahren wir in unserer Interpretation der Stuttgarter „Kreuzigung" fort, ist das zentrale Ereignis schlechthin. Gleich wo und wie diese Beuyssche Materialcollage aufgestellt wird, die Nadelspitze wird immer auf die Mitte des Universums zeigen. Der Kreuzestod und das Erlösungswerk Christi verweist immer auf das Zentrum und die Mitte des Seins.

Aus wertlosen Materialresten, aus Abfall setzt sich das Kunstobjekt zusammen. Und wiederum spricht dies für sich. Die Sprache des Mülls ist keineswegs zu verachten, schon gar nicht abschätzig zu beurteilen, vielmehr zu beachten! Denn mit „Abfall" haben wir erneut ein „Hauptwort" für einen weiteren hermeneutischen Diskurs. Dem Kreuzestod Christi ging der Abfall des Menschen voraus. Das am Kreuz vollendete Erlösungswerk ist mithin – ein Abfallprodukt. Um zu verstehen, höre man hin, was lateinisch „producere" besagt, nämlich „vorwärts führen", „emporbringen", etwas Neues „erzeugen", „erschaffen". Der

62 Ausgaben des so genannten „Schott" (Das vollständige Römische Messbuch lateinisch-deutsch ... im Anschluss an Anselm Schott), die in den 50er Jahren Beuys zugänglich waren, verwenden in ihrer Übertragung schon das Wort „Pfosten".

von Gott abgefallene Mensch ist durch Christi Kreuz neu geschaffen worden. Aus Abfall wurde eine neue Schöpfung.

Quod erat demonstrandum: Bilder haben's nicht nur an sich und aus sich, sondern vor allem in sich. Sie bieten uns in ihrer Weise formvollendete Träger menschlichen Ausdrucks, seines Geistes, wenn der Gebrauch dieses alteuropäischen Wortes gestattet ist, seiner Innovationskraft und Kreativität. Um dies wahrzunehmen, bedarf es der Einsicht, Einsicht im vollen Wortsinn, d. h., dass sie nicht zuletzt als durchdacht erkannt sein wollen, weshalb immer neue Anläufe des Durchdenkens gefordert sind und unternommen werden müssen, um sie angemessen würdigen zu können. Dieses Durchdenken von bildlich Dargestelltem, das einbezogen ist in eine immer schon vorgängige, aber auch vorläufige Tradition von Hermeneutik und Interpretation, erhält es und achtet es zuallererst als Kulturgut, initiiert geradezu, weil es im Auge behalten und damit im Blick bewahrt wird, seinen Erhalt und seine Bewahrung, legitimiert ihren rechtlichen Schutz.

Einen Zug, eine Seite vergangenen Geisteslebens andererseits aus dem Auge zu verlieren, birgt immer die Gefahr, ein bisheriges Gut dem allmählichen Vergessen anheim zu geben und damit dem Untergang zu weihen. Wenn über Jahrhunderte Kunst unumstritten im Dienst der Verkündigung der christlichen Botschaft stand, dann war der den Kunstwillen begleitende, mit ihm einhergehende Verkündigungswille der jeweiligen Gesellschaft und des Künstlers selbst eine der entscheidenden produktiven und kreativen Kräfte. Die Verkündigung sollte selbst als Kunst und in der Kunst sich vollziehen. Darin beruht die Predigt der Bilder.

Ganz gezielt wurden in den vorausgegangenen Ausführungen, von Jerg Ratgeb und Joseph Beuys einmal abgesehen, nicht spektakuläre Werke herausragender Bildschöpfer wie Jan van Eyck, Roger van der Weyden, Leonardo da Vinci, Michelangelo, Matthias Grünewald für den zu führenden Diskurs herangezogen. Wahre Achtung von Kulturgut beweist sich nicht am Vielbewunderten und schlechthin Anerkannten. Gerade wenn es um die Predigt der Bilder geht, muss auch das künstlerisch Bescheidenere zur Geltung gebracht werden und Beachtung finden. Die Botschaft zu entschlüsseln, zu explizieren, bedurfte eines narrativen Vorgehens. Die Wahl der Narrativität als Methode geschah gleichwohl nicht ohne Reflexion, zumal die Rhetorik der Bildsprache vermittelt werden sollte, die Art und Weise, wie die Botschaft „ausgerichtet" wird, um nochmals das Wort von Gadamer anklingen zu lassen.

Durch Narration sollte zum Hinsehen und zum Hineindenken verleitet werden, um so zum Sehen und Verstehen und umgekehrt vom Verstehen zum Sehen zu führen. Solch verständiges Sehen ist konstitutiv für die Einschätzung menschlicher Hervorbringungen als Kulturgüter. Dieses allein öffnet die Augen und lässt wachsam sein. Es öffnet aber auch die Ohren für die Predigt der Bilder, die als eigene, nicht austauschbare und ersetzbare Kostbarkeit innerhalb der Güter der Kultur betrachtet werden muss.

Staatlicher Denkmalschutz und Kirchenautonomie

Zum Konfliktpotential zwischen denkmalpflegerischen und gottesdienstlichen Interessen bei Sakralbauten

Andreas Weiß

Das Spannungsverhältnis zwischen den konservatorischen Interessen der staatlichen Denkmalschutzbehörden und den gottesdienstlichen oder religiösen Belangen der Kirchen ist sehr unterschiedlich ausgeprägt je nachdem, wie die Ausnahmebestimmungen für kirchliche Denkmale in den Denkmalschutzgesetzen der Bundesländer lauten.[1] Die Bandbreite reicht von einer völligen Ignorierung der Kirchen in Bremen und Hamburg bis zur Überlassung des Denkmalrechts und -schutzes für kirchliche Bauten in der Regie der jeweiligen Kirche – so in Niedersachsen.

Neuere Gesetze lassen das Bestreben erkennen, einen Ausgleich zwischen staatlicher Verantwortung für die Kunst- und Denkmalpflege und kirchlichem Selbstbestimmungsrecht zu finden. So z. B. § 11 Gesetz zum Schutz der Kulturdenkmale (Denkmalschutzgesetz – DSchG)[2] von Baden-Württemberg (B-W): In Erfüllung des Verfassungsauftrages nimmt das Land seine Verantwortung für den Denkmalschutz wahr, indem es durch die eigene Gesetzgebung die Grundsatzentscheidungen selbst trifft, durch Berücksichtigung der gottesdienstlichen Gesichtspunkte aber das ebenso verfassungsmäßig garantierte Selbstbestimmungsrecht der Kirchen zur Regelung ihres eigenen Bereiches mit Leben füllt. Letzteres geschieht dadurch, dass die staatlichen Denkmalschutzbehörden in gottesdienstlichen Belangen die Entscheidungen der zuständigen kirchlichen Instanzen nach § 11 Abs. 1 DSchG B-W „vorrangig ... beachten".

Hinsichtlich des § 11 DSchG B-W ist Hammer zuzustimmen, dass diese Norm

---

1 Nachweise bei Hans M. Bregger, Kirchliche Denkmalpflege im Spannungsfeld zwischen staatlicher und kirchlicher Normsetzung, in: Ansgar Hense (Hg.), Denkmalrecht unter Denkmalschutz? Aktuelle rechtspolitische, verfassungs- und verwaltungsrechtliche Probleme von Denkmalschutz und Denkmalpflege, Frankfurt am Main 2003, 66 ff.

2 Gesetz v. 25.05.1971 in der Fassung v. 06.12.1983, zuletzt geändert am 14.03.2001, in: Gesetzblatt 189. Baden-Württemberg wurde als Beispiel ausgewählt, weil im badischen Teil dieses Bundeslandes am 12.07.1949 das erste moderne Denkmalschutzgesetz in der BRD verabschiedet wurde.

„recht genaue Anhaltspunkte (liefert), die sich mit den herkömmlichen Mitteln juristischer Auslegungstechnik in einigermaßen klare und unkomplizierte Entscheidungen umsetzen lassen."[3]

Im Konfliktfall zweier Werte von unmittelbarem Verfassungsrang – Glaubens- und Religionsfreiheit nach Art. 4 GG und kirchliches Selbstbestimmungsrecht in den eigenen Angelegenheiten nach Art. 140 GG i. V. m. Art. 137 Abs. 3 WRV einerseits, staatliche Denkmalverantwortung in Art. 5 Abs. 3 GG und Art. 3c der Verfassung des Landes Baden-Württemberg als Beispiel andererseits – ist nämlich unter der Beachtung des Grundsatzes der Verhältnismäßigkeit eine ausgewogene Relation zwischen beiden gleichermaßen geschützten Werten herzustellen[4], wie das Bundesverfassungsgericht[5] betont hat. Doch man wird auch konstatieren müssen:

- Die Formulierung, dass gottesdienstliche Belange nach § 11 Abs. 1 DSchG B-W „vorrangig zu beachten" sind, ist offen und nicht gleichbedeutend mit „ausschließlich zu beachten" oder „den Vorrang einzuräumen". Den Kirchen wird zwar die Definitionshoheit zugestanden, was gottesdienstliche Belange sind, die res sacrae bleiben aber dem staatlichen Denkmalschutzrecht einverleibt. Es besteht nach dem Wortlaut des Gesetzes auch die Pflicht zur Beachtung der von den Kirchen vorgebrachten gottesdienstlichen Belange („haben"). Doch wie hat deren Berücksichtigung zu erfolgen? Reicht es, dass die relevanten Belange der Kirchen in die Entscheidung der staatlichen Denkmalschutzbehörden als ein Aspekt einfließen, vielleicht als ein primärer? Oder ist das „vorrangig zu beachten" dahingehend zu interpretieren, dass geltend gemachte gottesdienstliche Belange eine Entscheidungsvorgabe sind und gar nicht erst mit anderen Gesichtspunkten abgewogen werden dürfen?[6] Dass sie von den staatlichen Denkmalschutzbehörden ungeprüft anzuerkennen und zu übernehmen sind? Letzteres gilt aber nur für die theologische

---

3 Felix Hammer, Kirche und Denkmalpflege. Rechts- und Verfassungsfragen, in: Denkmalpflege in Baden-Württemberg 32 (2003), H. 1, 47; Gesetzestext ebd., 52. Verfänglich ist jedoch seine Aussage, dass die Frage nach dem Vorrang von denkmalpflegerischen oder gottesdienstlichen Gesichtspunkten bei Kulturdenkmalen, die dem Gottesdienst dienen, auf dem Hintergrund der seit Generationen gepflegten vertrauensvollen Zusammenarbeit von staatlichen Denkmalschutzbehörden und Kirchen dahingestellt bleiben kann (ebd., 50 f.).

4 Dazu allgemein Felix Hammer, Kulturgutschutz und religiöse Freiheit in den Verfassungen Europas, in diesem Band (Ende 2.2., bes. 3.).

5 BVerfGE 100, 226 ff. (240 ff.).

6 So Bregger, Kirchliche Denkmalpflege (Fn. 1), 69, der den staatlichen Denkmalschutzbehörden eine Abwägung nur zugesteht, wo die Beachtung gottesdienstlicher oder kirchlicher Belange oder solcher der Religionsausübung nicht vorrangig zu geschehen hat, wobei nach ihm diesen spezifischen Belangen umso größeres Gewicht zugemessen werden soll, je unmittelbarer sie den Gottesdienstvollzug bzw. den Kern der Religionsausübung tangieren.

Richtigkeit der Ausführungen, deren Schlüssigkeit hingegen ist sehr wohl nachprüfbar.

Die Frage nach dem Vorrang von denkmalpflegerischen oder gottesdienstlichen Gesichtspunkten lässt sich somit nicht simplifizierend im Sinne einer der beiden genannten Alternativen beantworten, sondern muss – hier ist Hammer beizupflichten – „unter Berücksichtigung aller Umstände des Einzelfalls"[7] und unter Beachtung des Grundsatzes der Verhältnismäßigkeit angegangen werden. Mögliche

> „Kriterienkataloge und Abwägungsabläufe ... sind jeweils aus der konkreten Situation heraus und ihr angemessen zu entwickeln."[8] Hier ist z. B. in Anschlag zu bringen, „welcher historische Zeugnis- und Seltenheitswert einem Denkmal zukommt, welche kunsthistorische Bedeutung es besitzt, ... wie weit eine Denkmalveränderung überhaupt die bislang festgestellten Werte beeinträchtigen kann, ... ob eine Denkmalveränderung liturgisch oder religiös tatsächlich geboten ist"[9],

ob es weniger den Denkmalwert beeinträchtigende Alternativen gibt, die den berechtigten gottesdienstlichen Belangen genauso oder wenigstens weitgehend entsprechen usw. Hammer bringt als Beispiel ein unbequemes Gestühl mit sehr hohem Kunstwert, „das die Feier des Gottesdienstes zum Martyrium werden lässt und die Aufmerksamkeit der Gottesdienstbesucher zerstört."[10] Hier geben bei annähernd gleichem Gewicht die gottesdienstlichen Belange den Ausschlag, sie führen aufgrund der nach dem Gesetz vorrangigen Beachtung zur Erneuerung der bisherigen Bänke. Eine relativ schwache gottesdienstliche Argumentation hingegen, der man vielleicht sogar noch anderweitig begegnen kann, wird ein hohes denkmalpflegerisch-kulturelles Interesse nicht aus dem Weg schlagen können.[11]

- Nach Campenhausen ist § 11 Abs. 1 DSchG B-W positiv zu bewerten, weil

> „die res sacrae als eine Einheit behandelt werden und entsprechend der engen Verbundenheit von künstlerischen und sakralen Momenten einer einheitlichen Betrachtung und Bewertung unterliegen."[12]

Dieser Interpretation kann man zustimmen, muss jedoch hinzufügen, dass der Gesetzestext auf das vertrauensvolle Miteinander von staatlichen und kirchlichen Denkmalschutzbehörden setzt, um zu sachgerechten Lösungen in einem

---

7 Hammer, Kirche und Denkmalpflege (Fn. 3), 50.

8 Ebd.

9 Ebd.

10 Ebd.

11 Wenn eine Kirchengemeinde z. B. ihr seit Jahrhunderten aus sechs Glocken bestehendes Geläut um eine siebte gesponserte Glocke erweitern will, was nur nach einem Umbau des historisch einmaligen Glockenstuhls möglich wäre, den man sowieso gerade renovieren muss. Die Veränderung würde den Denkmalwert des Glockenstuhls erheblich beeinträchtigen. Hier ist der gottesdienstliche Bereich nicht unmittelbar betroffen, auch sechs Glocken erfüllen wohl ihren gottesdienstlichen Zweck.

12 Axel Frhr. v. Campenhausen, Staatskirchenrecht, München [3]1996, 217.

Konfliktfall zwischen denkmalschutzrechtlichen und gottesdienstlichen Interessen zu kommen. Dass ohne gefestigte Zusammenarbeit zwischen staatlichen und kirchlichen Behörden eine befriedigende Abwägung und Entscheidung der beiden Interessensbereiche nicht möglich ist, bedarf wohl keiner näheren Begründung. Insofern ist die Auslegung Campenhausens als Forderung zu unterstreichen: Ein Sakralraum, dem als ganzer Verkündigungsfunktion zukommt, darf nicht in seinen Kult- und Kulturwert auseinander dividiert werden.

> „Die Reduzierung des Selbstbestimmungsrechts auf gottesdienstliche bzw. kultische Belange sprengt die Einheit von Kulturwert und Kultgebäude und wird der fundamentalen Bedeutung des Gotteshauses für das gottesdienstliche Leben in seiner das ganze Gebäude umfassenden Sinneinheit nicht gerecht."[13]

Kenner registrieren immer noch Handlungsbedarf, „sich über das Spannungsfeld zwischen konservatorischen und gottesdienstlichen Belangen intensiv auszutauschen"[14], um „eine noch bessere Abstimmung von staatlicher und kirchlicher Denkmalverantwortung"[15] zu erreichen.

Auf Autonomie Bedachte schlagen zur Lösung dieser Grundspannung eine Exemtion der Kirchen von den denkmalschutzrechtlichen Landesbestimmungen vor. Der Staat würde so

> „aufgrund des Selbstbestimmungsrechtes der Kirchen deren Autonomie im Umgang mit ihrem sakralen Erbe garantieren" und nicht nur dafür Sorge tragen, dass „die Wahrnehmung der staatlichen Denkmalpflege die liturgische Funktionalität eines Kirchenraumes"[16]

nicht beeinträchtigt. § 11 Abs. 2 DSchG B-W z. B. eröffnet den Kirchen die Möglichkeit, im Einvernehmen mit der obersten staatlichen Denkmalschutzbehörde eigene Vorschriften zum Schutz der Denkmale zu erlassen, die dem Gottesdienst dienen, und so die sonst geltenden Genehmigungsvorbehalte der staatlichen Stellen zu ersetzen.[17] Verfassungsrechtlich ist eine Exemtion bedenkenlos, demonstriert der demokratische Rechtsstaat doch auf diese Weise seine

---

13 Bernd M. Kremer, Denkmalschutz und Denkmalpflege im Bereich der Kirchen, in: Joseph Listl / Dietrich Pirson (Hg.), Handbuch des Staatskirchenrechts der Bundesrepublik Deutschland II, Berlin ²1995, 90.

14 Michael Goer, Denkmalpflege und Kirche. Sakralbauten als denkmalpflegerische Aufgabe, in: Denkmalpflege in Baden-Württemberg 32 (2003), H. 1, 37.

15 Sekretariat der Deutschen Bischofskonferenz, Die Katholische Kirche in Deutschland und die Denkmalpflege. Hintergründe, Fakten, Perspektiven. Grundinformation, Bonn 2003, 2.

16 Bernd M. Kremer, Denkmalpflege, in: Axel Frhr. v. Campenhausen / Ilona Riedel-Spangenberger / Reinhold Sebott unter Mitarbeit v. Heribert Hallermann (Hg.), Lexikon für Kirchen- und Staatskirchenrecht, I, Paderborn 2000, 400.

17 Bislang hat keine Kirche davon Gebrauch gemacht, was für das gute Einvernehmen zwischen staatlichen und kirchlichen Denkmalschutzbehörden spricht.

Neutralitätspflicht in religiösen und weltanschaulichen Fragen durch besondere Rücksichtnahme und Zurückhaltung. Richtig verstandene Neutralität kann nicht als Indifferenz oder Gleichgültigkeit gedeutet werden, sondern ist

> „eine freiheitliche Art und Weise der Hereinnahme des Kulturellen in das Staatsverständnis zum Zwecke der Förderung nach dessen eigenen pluralen Maßstäben und Selbstverständnissen."[18]

Neutralität ist ein Akt staatlicher Selbstbescheidung, wie Schlaich zutreffend darlegt. Im übrigen überlässt der Staat den Kirchen in diesem Fall den Schutz bestimmter res sacrae nicht ohne weiteres, sondern nach einer vorherigen Vergewisserung, ob ausreichende und dem staatlichen Recht im wesentlichen gleichwertige Schutzbestimmungen bestehen. Erst und nur dann dürfte das Einvernehmen der staatlichen Instanzen zu kircheneigenem Denkmalschutzrecht zu erlangen sein. Aber selbst wenn der Staat den Schutz der für den Gottesdienst benötigten Kulturdenkmale den Kirchen in eigener Regie überlässt, bleibt ihm weiterhin die Einflussmöglichkeit auf kirchliche Entscheidungen über den sog. Benehmensvorbehalt, d. h.

> „dass die kirchliche Stelle keine denkmalrelevanten Maßnahmen trifft, ohne die zuständigen staatlichen Denkmalschutzbehörden vorher zu unterrichten und ihnen Gelegenheit zur Erörterung der beabsichtigten Maßnahmen zu geben."[19]

Der Vorteil für die Kirche läge darin, dass sie ihre Maßnahmen auch gegen staatliche Einwendungen durchführen könnte, was bei einem Genehmigungsvorbehalt nicht möglich ist.

So verlockend diese Alternative auf den ersten Blick erscheint, so unrealistisch ist sie bei näherem Hinsehen. Eine Exemtion würde die katholische Kirche einerseits vor kaum lösbare praktische Herausforderungen[20] stellen. Da andererseits die strittigen Fragen nach Aussage der deutschen Bischöfe in der Vergangenheit aufgrund der zwischen staatlichen und kirchlichen Denkmalbehörden freundschaftlichen und fachlich bewährten Kooperation „überwiegend konstruktiv bewältigt"[21] wurden, ist mit Hammer zu hoffen[22], dass das auch weiterhin so bleibt. Kooperation ist die realistischere Lösung als Exemtion.

---

18 Klaus Schlaich, Neutralität als verfassungsrechtliches Prinzip – vornehmlich im Kulturverfassungs- und Staatskirchenrecht, Tübingen 1972, 259.

19 Campenhausen, Staatskirchenrecht (Fn. 12), 218.

20 Es müssten nicht nur spezifische Normen über den eigenen Denkmalschutz mit allen erforderlichen organisations- und verfahrensrechtlichen Bestimmungen erlassen werden, sondern mancherorts zusätzliche Einrichtungen zur Bau- und Denkmalverwaltung mit entsprechender personeller und materieller Sachkompetenz geschaffen werden, die hinsichtlich der Qualität den staatlichen Standards entsprechen. Hierzu fehlt derzeit nicht nur das Geld.

21 Sekretariat der Deutschen Bischofskonferenz, Die Katholische Kirche in Deutschland und die Denkmalpflege (Fn. 15), 2.

22 Hammer, Kirche und Denkmalpflege (Fn. 3), 51.

Begrüßung und Eröffnung

Andreas Weiß

Exzellenzen,
Hochwürdigster Herr Bischof Dr. Gebhard Fürst,
verehrte Herren Weihbischöfe Dr. Johannes Kreidler und Lic. theol. Thomas Maria Renz,
Magnifizenz, sehr geehrter Herr Prorektor Prof. Dr. Teut Risler,
Spectabilis, verehrter Herr Dekan Prof. Dr. Ottmar Fuchs,
sehr geehrter Herr Domdekan Prälat Georg Kopp,
lieber Herr Offizial Msgr. Reinhold Melber,
sehr geehrter Herr Landrat a. D. Dr. Albrecht Kroymann,
verehrte Herren Professoren aus nah und fern,
liebe Familie Puza,
hohe festliche Versammlung,
meine sehr geehrten Damen und Herren!

Mit großer Freude heiße ich Sie alle zum Festakt anlässlich des 60. Geburtstages von Prof. Dr. Richard Puza willkommen. Ich freue mich sehr, dass Sie so überaus zahlreich der Einladung zu diesem Ereignis gefolgt sind und dadurch Ihre Zuneigung und Verbundenheit mit dem Jubilar zum Ausdruck bringen. Die beiden Anlässe, der 60. Geburtstag von Richard Puza, und die 25 Jahre, die er als Lehrer und Wissenschaftler an der Alma Mater Tubingensis tätig ist, sind wahrlich Grund genug zum Innehalten, dankbaren Zurückschauen und Feiern.

Mein erster Gruß gilt Dir, lieber Richard, gilt Ihnen, liebe Frau Puza und Euch, den beiden Söhnen unseres Jubilars. Ohne Ihre Einwilligung gäbe es dieses Fest heute nicht. Mit Ihnen grüße ich herzlich die Angehörigen Ihrer Familie, die den weiten Weg von Kärnten und der Steiermark, ja sogar aus den USA nach Tübingen nicht gescheut haben. Herzlich willkommen in Tübingen!

Eine besondere Ehre ist die Anwesenheit aller drei amtierenden Rottenburger Bischöfe bei diesem Festakt. Wann gelingt es schon, alle drei als trio episcopale zu einem Ereignis an die Universität zu locken? Verehrter Herr Bischof, liebe Herren Weihbischöfe, ich bin überzeugt, für ihre Teilnahme an diesem Fest ist nicht nur die Tatsache ins Feld zu führen, dass die Familie Puza im Rottenburger Wohngebiet Schelmen wohnt und auf dem so genannten Bischofshügel fast Ihr Nachbar ist; Sie bringen vielmehr durch Ihr Dasein auch Ihre Wertschätzung dem Jubilar gegenüber zum Ausdruck, den sie oft genug als profunden Kenner des kirchlichen Rechts und liebenswerten Ratgeber in diözesanen Gremien und Kommissionen erlebt haben. Seien Sie sehr herzlich willkommen geheißen!

Prof. Dr. Richard Puza ist seit 25 Jahren Inhaber des Lehrstuhls für Kirchenrecht und Kirchliche Rechtsgeschichte an der Katholisch-Theologischen Fakultät der Universität Tübingen. Neben seiner Tätigkeit als Lehrer und Forscher hat er sich in überdurchschnittlichem Maße im Dekanat und in Gremien der universitären Selbstverwaltung eingebracht. Es ist mir eine Freude, in diesem Zusammenhang den Prorektor der Universität, Herrn Prof. Dr. Teut Risler, und den jetzigen Dekan der Katholisch-Theologischen Fakultät, Herrn Prof. Dr. Ottmar Fuchs, sowie die Mitglieder des Professorenkollegiums dieser Fakultät unter uns willkommen heißen zu können.

Zu einem akademischen Festakt gehört in der Regel eine Festschrift und unumgänglich eine Festrede. Ich begrüße hierzu sehr herzlich Prof. Dr. Jean Werckmeister aus Strasbourg; er ist ein eng verbundener Freund unseres Jubilars und wird ein in Tübingen mit seiner großen exegetischen Tradition besonders interessierendes Thema in seinem Festvortrag anpacken. Lieber Jean, wir erwarten gespannt Deine Ausführungen.

Als Mitherausgeber der Festschrift „Flexibilitas Iuris Canonici“ zu Ehren unseres Jubilars hat sich Stefan Ihli J.C.L. große Verdienste erworben, dem ich dankbar und herzlich meinen Gruß entbiete. Gleiches gilt für die Beiträger in der Festschrift, von denen wenigstens achtzehn heute unter uns weilen. Mit meinem freundlichen Gruß an Sie verbinde ich den aufrichtigen Dank für Ihr Mitmachen in der Festgabe. In den Gruß und Dank schließe ich ebenso herzlich die Referenten am vorausgegangenen Symposion ein.

Doch was wäre dieser Festakt ohne den Liebreiz der Musik und ohne Gaumenfreuden? Ich bin sehr froh, dass das Duo Sereno die musikalische Gestaltung dieser Feier übernehmen konnte, und begrüße Sie beide in Tübingen. Nach dem gelungenen Auftakt freuen wir uns auf weitere verheißungsvolle Darbietungen. Mein Gruß und Dank gilt auch den Personen, die an diesem Fest für unser leibliches Wohl Sorge tragen.

Last but not least begrüße ich Sie, die vielen Freunde und Bekannten von Richard Puza und die Studenten. Seien Sie alle, so wie Sie hier sind, aufs herzlichste willkommen geheißen. Ich hoffe mit Ihnen auf ein gelingendes Fest, auf gute Begegnungen und ein paar schöne Stunden heute Abend.

Die Ehre von Grußworten schenken uns nun Spectabilis, Magnifizenz und Exzellenz.

Grußwort des Dekans der Katholisch-Theologischen Fakultät

Ottmar Fuchs

Liebe Studentinnen und Studenten, verehrte Kolleginnen und Kollegen, verehrte Gäste, sehr geehrter Herr Bischof Dr. Fürst, sehr verehrte Weihbischöfe Dr. Kreidler und Renz, verehrte Damen und Herren der Bistumsleitung, sehr geehrter Herr Prorektor unserer Universität Prof. Dr. Risler, sehr geehrter Herr Prof. Dr. Werckmeister aus Strasbourg, meine Damen und Herren und vor allem lieber Herr Kollege Richard Puza mit Ihrer Gattin und Ihrer Familie!

In Johannisburg treffe ich in der Katholischen Universität St. Augustin eine Kollegin, die mir eröffnet: „Oh, Sie kommen aus Tübingen. Da haben Sie ja bald einen großen Festtag!“ – „Ja?“, frage ich etwas unsicher. Da fährt sie fort: „Aber ja, den 60. Geburtstag von Herrn Prof. Puza!“ Ich war baff, hatte spontan eher an das Drey-Jubiläum gedacht, doch ist Richard Puza jedenfalls in Südafrika ungleich bekannter als Johann Sebastian Drey. Sie erklärte mir, woher sie das wisse. Doch diese Geschichte ist zu lang; sie zeigt aber höchst signifikant: Mit Prof. Puzas Ruhm ist überall zu rechnen. Und unsere Fakultät bekommt gehörig Anteil daran. Und es ist auch kein Wunder: Verantwortlich für Erasmus und Sokrates und andere Austausch- und internationale Beziehungsprogramme sowie engagiert in der Gestaltung namhafter internationaler Symposien und heftig gefragt mit seiner wissenschaftlichen Kompetenz in Bologna genauso wie in Strasbourg, um nur einige zu nennen, ist er gewissermaßen unser Außenminister.

Aber er ist zugleich, was selten in einer Regierungsbildung in einem Posten unterzubringen ist, unser Justizminister. Ohne unseren Prodekan Professor Puza wäre ich, wäre der Fakultätsvorstand und die ganze Fakultät oft arm dran. Nicht nur in kirchenrechtlichen Fragen, sondern weit darüber hinaus, wenn das rechtliche Verhältnis zwischen Fakultät und Universität bzw. zwischen Fakultät und staatlichen Organen zur Debatte steht. Kollege Puza war immer nicht nur bereit, sondern heftig engagiert, wenn es um die genauere juristische Prüfung von Sachverhalten ging, mit kleinen präzisen Expertisen bis hin zu sehr ausführlichen Gutachten, wenn es nötig war. Und oft musste alles noch dazu ganz schnell gehen.

Zu dieser Solidarität mit der Fakultät kommt aber noch ein anderer, sehr wichtiger Punkt. Kollege Puza vertritt sein Fach in einer besonderen Weise, und diese ist für alle und in allem spürbar. Der Begriff der rechtlichen Ordnung ist für ihn deswegen so wichtig, weil ihm die Menschen wichtig sind, ihre Rechte und ihre Pflichten zu Gunsten der Rechte der anderen. Und der Begriff der kirchenrechtlichen Ordnung ist für ihn deswegen so wichtig, weil und insofern sie die sakramentale Struktur und damit die Gegebenheitsbasis der Kirche entfaltet (wie etwa in seiner Betonung des Grundrechtskataloges aller Gläubigen aus dem Sakrament der Taufe heraus, wie dies in den cann. 96, 204 und 208-223 zum Vorschein kommt). Der entscheidende Schlüssel zum Verständnis und zur Interpretation des Kirchenrechts ist für ihn die Orientierung an der Basis der Bibel und der Theologie, insbesondere der Communio-Ekklesiologie des Zweiten Vaticanums. Und nicht ohne Augenzwinkern verschweigt er nicht die im Codex in can. 24 § 2 aufgenommene Selbstrelativierung, wie er dies am Montag vor acht Tagen im Theologischen Seminar für die Hauptamtlichen in der Diözese Rottenburg-Stuttgart in der Akademie Stuttgart-Hohenheim in unübertreffbar verschmitzter Weise formuliert hat: „Ein bisschen Ungehorsam ist selbst nach dem Codex zulässig!“ Und Herr Kollege Puza scheut sich nicht, den Codex auch gegen Rom ins Feld zu bringen, wenn erfolgte oder künftig drohende Instruktionen in ihrer Rechtsform dem Recht widersprechen.

Niemals käme Professor Puza darauf, das Kirchenrecht fatalistisch zu interpretieren. Vielmehr sieht er es immer im Horizont des ersten Kapitels der Pastoralkonstitution, das von den Bedrängnissen und Hoffnungen, Leiden und Freuden der Menschen ausgeht. Um ihretwillen legt er die Paragraphen aus. So sehr er das kodifizierte Recht kennt und gebraucht, so sehr steht er ihm – nicht zuletzt auf dem Hintergrund seiner rechtshistorischen Studien – auch mit einer eigenen prüfenden Kompetenz gegenüber und beansprucht es in der Dynamik je gerechterer Intentionen und menschlicherer Konkretionen. Im Kontext seiner Intentionen erschließt sich das Recht als helfend, unterstützend und befreiend. Man spürt und merkt: Hier verbindet sich eine sensible Erfassung der Situation und Tatbestände mit ebenso vorsichtigen Überlegungen und glasklaren Entscheidungen. Ohne die Hermeneutik der Legitimität gibt es für Herrn Kollegen Puza keine akzeptable Legalität. Wir können uns glücklich schätzen, dass wir einen solchen Kirchenrechtler in unserer Fakultät haben.

Lieber Richard, im Namen unserer Fakultät danke ich Dir herzlich für alles und vieles Außerordentliche, was Du an Lehre und Forschung in unserer Fakultät und weit darüber hinaus geleistet hast. Ich danke Dir für Dein großes Engagement in unserer Selbstverwaltung, in Deinen vielen Diensten, die Du übernommen hast, nicht nur als Dekan und Prodekan, sondern auch als Professorensprecher, für Deine internationale Verbindungsarbeit zwischen unserer Fakultät und anderen Fakultäten und vor allem auch für Deine Sorge um die entsprechenden Austauschprogramme mit Fakultäten in anderen Ländern. Wir wünschen Dir von Herzen eine gute Gesundheit, wir wünschen Dir, dass Du viel Schaffensfreude hast, um weiter in dieser Weise in unserer Fakultät präsent zu sein, und viel Spannkraft für Deine künftigen Forschungs- und internationalen Begegnungsprojekte.

Dieser Geburtstag ist für mich zugleich eine ausgezeichnete, längst fällige Gelegenheit, auch Ihnen, liebe Frau Puza, in dieser Öffentlichkeit sehr herzlich zu danken: Nicht nur für die Sorge und Unterstützung an der Seite Ihres Gatten, was ja immer auch seiner Lehr- und Forschungstätigkeit und damit unserer Fakultät zugute kommt, sondern für Ihre treue Präsenz in unserer Fakultät, bei besonderen Anlässen genauso wie darin, dass man Sie immer wieder „einfach so" im Haus oder auf dem Weg hierher trifft. So darf ich Ihnen beiden alles Gute und Gottes Segen wünschen.

Lieber Richard, obwohl Du bereits Deine ganze Wohnung voll Bücher hast, bekommst Du heute noch eines geschenkt, allerdings ein ganz besonderes. Es ist 1876 erschienen, also vor 127 Jahren. Es handelt sich um eine sehr schöne, rot gebundene und mit Goldschnitt versehene Ausgabe der Gedichte von Friedrich Rückert, in der Auswahl des Verfassers. Fast alle Gedichte haben darin überhaupt nichts mit Deinem Metier zu tun, es ist also für Deine Freizeit gedacht. Doch findet sich ein Gedicht, das mich überhaupt bewogen hat, dieses Büchlein als Geschenk auszusuchen, damit Du es in dieser schönen Form schwarz auf weiß hast, ein Gedicht, das mit Recht und Unrecht in den menschlichen Beziehungen zu tun hat. Ich finde es deswegen so spannend, weil darin so etwas wie die „flexibilitas iuris" ausdrücklich zum Vorschein kommt:

„Eins hat Unrecht von uns Beiden;
Wer es hat, wer kann's entscheiden?
Oft in stillen Mitternächten,
Wenn ich mit mir selbst will rechten,
Scheint mir, dass nicht du es hast,
Sondern ich, das würgt mich fast.
Aber komm' ich dann geschritten,
Dir das Unrecht abzubitten,
Scherzest du so frank und frei,
Als ob nichts geschehen sei.
Wer hat Unrecht? Darf ich fragen?
Hättest Du's von mir erlitten,
Würd' es dir am Herzen nagen;
Doch mich hat's in's Herz geschnitten,
So wirst du die Schuld wohl tragen."[1]

Dir, lieber Richard, meine und unsere herzliche Gratulation!

---

1 Gedichte von Friedrich Rückert. Auswahl des Verfassers, 1. Teil, 4. Buch („Amarilis" Nr. 18), Frankfurt am Main [19]1876, 266.

Grußwort des Prorektors der Eberhard-Karls-Universität Tübingen

Teut Risler

Hoch verehrter Herr Kollege Puza, sehr geehrter Herr Bischof Fürst, sehr geehrter Herr Kollege Werckmeister, sehr geehrter Herr Dekan Fuchs, sehr geehrte Kolleginnen und Kollegen, meine sehr verehrten Damen und Herren!

Ich darf Sie heute als Prorektor der Eberhard-Karls-Universität herzlich zum Festakt anlässlich der Übergabe der Festschrift zum 60. Geburtstag von Herrn Professor Dr. Puza willkommen heißen. An dieser Stelle möchte ich Ihnen auch die Grüße von Herrn Rektor Prof. Dr. Eberhard Schaich übermitteln, dem eine Teilnahme an diesem Festakt aufgrund anderweitiger Verpflichtungen leider nicht möglich ist. Sechzig, lieber Herr Puza, ist kein Alter, sondern eher ein Kennzeichen eines erreichten Reifezustandes.

Ihre Universität gratuliert noch einmal von Herzen zu Ihrem Ehrentag, der genau heute vor zwei Monaten war, wünscht Ihnen weiterhin viele Jahre wissenschaftlicher Produktivität und persönlicher Lebenserfüllung und ist sehr erfreut, Sie in ihren Reihen zu haben. 25 Jahre haben Sie nunmehr schon als Hochschullehrer und Forscher an der Eberhard-Karls-Universität in Tübingen verbracht und in dieser Zeit weit über unsere Grenzen hinaus Ansehen erworben. Sie haben mit Ihren mit Engagement und persönlichem Einsatz betriebenen Aktivitäten wesentlich zur Struktur und zum Erscheinungsbild der Universität Tübingen beigetragen.

Ein Wissenschaftler, der sich, wie bei Ihnen nach mehrjähriger Anwaltstätigkeit, für eine Universitätskarriere entscheidet, sieht sich drei großen Aufgabengebieten gegenüber:

- Als Wissenschaftler soll er die Forschung vorantreiben,
- als Hochschullehrer soll er den wissenschaftlichen Nachwuchs ausbilden und dazu beitragen, dass ein Wissenstransfer von der Hochschule in die Gesellschaft stattfindet,
- als Mitglied der Professorenschaft an einer Universität sollte er sich zudem auch in der akademischen Selbstverwaltung engagieren.

Als Prorektor der Universität möchte ich im Folgenden von Ihrem beeindruckenden Werdegang vor allem Ihre Verdienste in der akademischen Selbstverwaltung und für den Studentenaustausch in den Vordergrund meiner Betrachtung stellen, also in einem Bereich, der über die Fakultät hinaus in der Universität Wirkung entfaltet.

Sie haben der Universität nicht nur durch Ihre Tätigkeit im Fakultätsrat, sondern auch als langjähriger Prodekan und als mehrfacher Dekan der Katholisch-Theologischen Fakultät gedient. Dekan waren Sie in den Jahren 1981 auf 1982, 1990 auf 1991 und 1998 auf 2000. Prodekan waren Sie jeweils im Anschluss an diese Zeiten von 1982 bis 1983, von 1991 bis 1992 und von 2000 bis heute. Ferner waren Sie als Dekan Mitglied des Senats und Sie haben sich in Berufungskommissionen für die Katholisch-Theologische und die Juristische Fakultät engagiert. Auch als mehrfacher Senatsberichterstatter bei Berufungen waren Sie tätig. Die Universitätsleitung kennt Sie als einen sehr kompetenten und überzeugenden Gutacher und Verhandlungsführer für die Katholisch-Theologische Fakultät in gemeinsamen Gesprächen und Verhandlungen. Zu guter letzt möchte ich noch Ihr Engagement als SOKRATES- / ERASMUS-Koordinator der Katholisch-Theologischen Fakultät bzw. als Initiator der Teilnahme der Katholisch-Theologischen Fakultät an diesem Austauschprogramm nennen. So sind zahlreiche Austauschkontakte, die die Katholisch-Theologische Fakultät heute pflegt, nur durch Ihre Initiative zustande gekommen.

Lieber Herr Kollege Puza, Sie sehen, wir schätzen und brauchen Sie nachhaltig in Tübingen. Wir möchten Ihnen danken für Ihr langjähriges erfolgreiches Wirken in Forschung, Lehre und akademischer Selbstverwaltung und für Ihre weit über unsere Universität hinaus gehenden vielfältigen Aktivitäten. Machen Sie weiter so.

Grußwort des Bischofs von Rottenburg-Stuttgart

Gebhard Fürst

Meine sehr geehrten Damen und Herren, vor allem natürlich: verehrter, lieber Prof. Dr. Puza!

> „... prae oculis habita salute animarum, quae in Ecclesia suprema semper lex esse debet."

Mit diesen Worten endet der Schlusssatz des Codex von 1983 und fast könnte man meinen, dass bis dahin doch wohl das Wesentliche gesagt und bis ins Kleinste geregelt und geklärt sei. Aber keineswegs. Vielmehr dürfen und müssen wir davon ausgehen, dass durch diesen Schlussakzent die gesamte Symphonie des kirchlichen Gesetzeswerkes für ihre Aufführung, d. h. Auslegung und Anwendung, ihren eigenen hermeneutischen Schlüssel erhält und also auch auf die Menschen und vor allem für die Menschen anders wirkt. Der Satz lautet in der Übersetzung „das Heil der Seelen vor Augen, das in der Kirche immer das oberste Gesetz sein muss", und er zeigt, aus welchem Geist und auf welcher Grundlage die Kirche ihr erstes und letztes Gesetz empfängt. Kirche ist nicht aus sich selbst und sie ist nicht für sich selbst, sie ist zuerst und zuletzt eine Gemeinschaft des Dienens, die sich auf dem Weg bemüht, Gott und den Menschen nahe zu sein, wenn Sie mir gestatten, das Motto unseres diesjährigen Diözesanjubiläums zu zitieren.

> „... prae oculis habita salute animarum, quae in Ecclesia suprema semper lex esse debet."

Meine Damen und Herren, der Satz scheint mir gleich in mehrerer Hinsicht maßgebend für das Werk und Schaffen Richard Puzas zu sein. Richard Puza selbst hat sich im Rahmen seiner Tätigkeit als Hochschullehrer, aber auch weit darüber hinaus als Berater, Gutachter, Richter und auf unzähligen Tagungen, Sitzungen und in vielen Gremien stets bemüht, diesen maßgeblichen Akzent des Kirchenrechts, der wie eine Klammer aus konziliarem Geist das gesamte Recht umfasst, in die konkrete Rechtspraxis und -interpretation einfließen zu lassen. Wenn ich auf der Homepage seines Universitätsinstituts nachlese, wie er dort sein Fach zu bestimmen versucht, dann schreibt er dort:

> „Die Reform des universalen Rechtes der Katholischen Kirche sollte im Geiste des 2. Vatikanischen Konzils erfolgen und den Rechtsbegriff des Kirchenrechts dem heutigen Rechtsbewusstsein anpassen."[1]

---

1 Forschungsbericht des Lehrstuhles Prof. Dr. Richard Puza, in: http://www.uni-tuebingen.de/kirchenrecht/forsch3.htm.

Hiermit ist klar, dass dieser Grundansatz Richard Puzas nicht nur seine eigene Arbeit und nicht nur die Gestalt und Praxis eines Kirchenrechts, wie es an der Zeit ist, betrifft. Nein, weit darüber hinaus geht es um die Frage, wie sich Theologie und Kirche insgesamt verstehen und in der Welt für die Menschen handeln. Reformfähige Zeitgenossenschaft und Dialogbereitschaft mit den Nöten und Fragen der Gegenwart sind dabei notwendige Zeichen einer Kirche, die in der Tat „Licht für die Welt" (Mt 5, 14) sein will.

Ich bin froh und dankbar, in Prof. Dr. Richard Puza einen solch profunden wie sensiblen Fachmann des kirchlichen Rechts zu kennen, der zudem stets und in einer liebenswürdigen und bereitwilligen Weise mit seinem Rat zur Seite steht und diesen seinen geschätzten Rat auch auf vielfältige Weise in Gremien und Kommissionen der Diözese einzubringen bereit ist.

Zu seinem 60. Geburtstag übermittle ich – auch im Namen der gesamten Diözese – meinen besten Dank, alle guten Wünsche für Sie, Ihre Frau Gemahlin und die gesamte Familie, noch lange Jahre gesunder Schaffens- und Lebenskraft und zu alldem Gottes reichen Segen!

Ad multos annos!

„Kirchenrecht gestern und heute"[1]

Laudatio zum 60. Geburtstag von Richard Puza

Andreas Weiß

Hohe Festversammlung!

Es sind genau 25 Jahre, auf die Richard Puza als Lehrer und Wissenschaftler an der Alma Mater Tubingensis zurückschauen kann. Wenn man die Zeit als Universitätsdozent und Außerordentlicher Professor für Kirchenrecht an der Rechtswissenschaftlichen Fakultät der Universität Graz noch hinzunimmt, sind es gar schon über 30 Jahre, die unser Jubilar hinterm Katheder steht. Am 17. August 2003 hat Richard Puza seinen 60. Geburtstag gefeiert. Wahrlich Grund genug für ein Innehalten, wie ich meine, um diese gefüllte Zeit nicht nur Revue passieren zu lassen, sondern einige markante Punkte an Person und Werk des Jubilars etwas näher zu beleuchten. Eine umfassende fachwissenschaftliche Würdigung des beruflichen Schaffens dieses Gelehrten – das sei gleich vorab eingeräumt – ist hier nicht möglich, dieses Gelehrten, der in der kirchenrechtlichen Diskussion der letzten zweieinhalb Jahrzehnte profiliert präsent war und ist. Das verwehrt nicht nur der Umfang seines bisherigen Œvres, sondern vor allem dessen thematische Vielgestaltigkeit und breite Fächerung. Richard Puza hatte bis zum 15. März 2003 drei Monographien, 126 Aufsätze, 112 Lexikonartikel und 114 Rezensionen publiziert[2], wobei sein Lehrbuch in zweiter Auflage eine vollständige Überarbeitung erfuhr.[3] Bei weiteren 16 Editionen war Puza als Herausgeber oder Mitherausgeber tätig.[4] Dies alles im Rahmen einer Laudatio adäquat würdigen zu wollen, fehlt Raum und Zeit und mir auch die Gewandtheit, dass ich Ihnen ein so charmantes Portrait des Jubilars malen könnte, wie dies seinem Freund und Kollegen Joachim Köhler auf 24 Seiten in der Festschrift für den Jubilar gelungen ist.[5] Ich muss mich damit begnügen, aus der Per-

---

1 So hat der Jubilar selbst 2002 einen 22-seitigen Artikel in der Theologischen Quartalschrift überschrieben.

2 Vgl. Schriftenverzeichnis Prof. Dr. Richard Puza, in: Andreas Weiß / Stefan Ihli (Hg.), Flexibilitas Iuris Canonici. Festschrift für Richard Puza zum 60. Geburtstag, Frankfurt am Main 2003, 861 ff.

3 Richard Puza, Katholisches Kirchenrecht, Heidelberg ^{1}1986; ^{2}1993.

4 Daneben ist er u. a. Herausgeber der (Staats)Kirchenrechtszeitschrift „NomoK@non" im Internet, Mitherausgeber der Theologischen Quartalschrift und Mitglied im Redaktions-Komitee der Revue de droit canonique.

5 Joachim Köhler, Richard Puza. Eine Biographie im Zeichen und im Dienste des Konzils, in: Weiß / Ihli (Hg.), Flexibilitas Iuris Canonici (Fn. 2), 17 ff.

spektive des Fachkollegen und Schülers ein paar Spots auf Person und Werk des Jubilars zu werfen, und bin schon zufrieden, wenn es mir gelingt, Richard Puza so zu präsentieren, dass er Ihnen einigermaßen realistisch vor Augen steht und dass er sich selbst in den Federstrichen wiedererkennt.

Spot 1

Richard Puza ist alles andere als der Prototyp des geborenen Kanonisten, er ist „ins Kirchenrecht gekommen worden"[6], wie er selbst formulierte. Wie sein Vater, der eine Anwaltskanzlei in Klagenfurt hatte, wollte er Rechtsanwalt werden. Dazu studierte Puza Jura an der Universität Graz, wo er 1965 auch zum Dr. iur. promoviert wurde. Viel gelernt hat er aber auch bei seinem Vater in dessen Kanzlei. Noch während seines Studiums hat der Jubilar eine Tätigkeit am Institut für Kirchenrecht an der Juristischen Fakultät in Graz aufgenommen, zunächst als wissenschaftliche Hilfskraft, dann als Vertrags- und schließlich als Universitätsassistent. Die Leitung des Instituts lag damals in den Händen von Prof. Dr. Helmut Schnizer. Die Tätigkeit an dessen Institut hatte eine konsequente Ausrichtung Puzas auf das Kirchenrecht zur Folge, das ihn mehr und mehr in seinen Bann zog. Den Einstieg bildete die Rechtsgeschichte, hier lagen auch die ersten Forschungsschwerpunkte des Jubilars. Die Habilitationsschrift „Res iudicata. Rechtskraft und fehlerhaftes Urteil in den Decisionen der Römischen Rota", 1973 in Graz erschienen, ist sprechender Beleg dafür. Mit ihr hatte Richard Puza 1972 das Habilitationsstudium an der Juristischen Fakultät der Universität Graz abgeschlossen und die venia legendi für Kirchenrecht erhalten. Weitere Schwerpunkte seiner Forschungen noch in der Zeit in Graz waren neben der kirchlichen Rechtsgeschichte[7] insbesondere das kirchliche Vermögensrecht (Fragen des kirchlichen Patronatswesens), Ordensrecht, Normbegriff und Gewohnheitsrecht sowie erste Fragen des Verhältnisses von Staat und Kirche. Ab Wintersemester 1978/79 hat der Jubilar den Lehrstuhl Kirchenrecht an der Katholisch-Theologischen Fakultät der hiesigen Universität vertreten, konnte aber aufgrund eines schwierigen Nihil obstat-Verfahrens erst am 27. November 1980 zum ordentlichen Professor ernannt werden. Die kirchliche Obrigkeit ließ sich nur mühsam davon überzeugen, dass man auch als Laie im kirchenrechtlichen Sinn ohne theologischen Studienabschluss ein guter Kanonist an einer Theologischen Fakultät sein kann. Gewiss ist das Fach Kirchenrecht nicht ohne Berücksichtigung der theologischen Grundlagen zu betreiben; bemerkenswert erscheint mir aber doch, dass die hiesige Fakultät dem österreichischen Juristen mit seiner fundierten kanonistischen Ausbildung zutraute, die Disziplin Kirchenrecht auch

[6] Gespräch am 20.05.2003 im Bischöflichen Offizialat Rottenburg zwischen Richard Puza, Stefan Ihli und mir.

[7] Hier interessierten ihn besonders römische Institutionen wie die dortige Rota, die Apostolische Signatur und die Konzilskongregation, später dann ausgeprägt die Entwicklungsgeschichte des CIC / 1917.

ohne formalen Abschluss in Theologie sachgerecht zu vertreten. Die Hartnäckigkeit der Fakultät im Ringen um das Nihil obstat hat sich ausbezahlt, Richard Puza hat sich nicht nur als ein Mann „ruhiger und ausgewogener Sachlichkeit“[8] erwiesen, sondern den Bezug zur Theologie in vielen seiner Veröffentlichungen eingelöst. Die 25 Jahre in Tübingen haben sich in Puzas Biographie tief eingeprägt, ja wohl erst hier hat sich unser Jubilar als Kirchenrechtler richtig entwickelt, wozu nicht zuletzt das gute Fakultätsklima beigetragen haben dürfte. „Ins Kirchenrecht gekommen worden“ – da sieht man manches eben noch mit einer zusätzlichen Brille, aus einer externen Perspektive, stellt andere Fragen und denkt mitunter quer[9] ... – keinesfalls ein malum!

Spot 2

Richard Puza will ein am Leben der Kirche orientiertes dynamisches Kirchenrecht. Wenn unser Jubilar rechtshistorische Forschungen anstellt, verbleibt sein Interesse nicht im wissenschaftlichen Elfenbeinturm; das Ganze geschieht vielmehr vor einem zeitgeschichtlichen Horizont und hat „konkrete rechtliche Probleme kirchlicher Existenz in der pluralistischen Gesellschaft“[10] von heute im Auge. Immer geht es ihm darum, den Wandel in der Kirche mit seinem Fachwissen zu begleiten.[11] Puza legt die historischen Fundamente der Rechtsmaterien frei, um daraus Lehren für die Gegenwart und Zukunft zu ziehen. Selbstgenügsames kanonistisches Theoretisieren liegt ihm fern. Für den Gelehrten ist klar, „dass das kanonische Recht vom kirchlichen Leben nicht getrennt werden darf.“[12] Neben seiner akademischen Tätigkeit arbeitet Richard Puza daher in vielen Gremien mit. Er ist z. B. bis heute Mitglied der Kirchlichen Rechtsstelle in Kirchenbeitragsangelegenheiten der Diözese Graz-Seckau, im Oktober 1987 fungierte er als Adiutor Secretarii Specialis bei der Römischen Bischofssynode „Berufung und Sendung der Laien in Kirche und Welt“. Seit 16 Jahren ist er Diözesanrichter am Offizialat der Diözese Rottenburg-Stuttgart und seit 2002 berufenes Mitglied im hiesigen Diözesanrat. Bischof Dr. Gebhard Fürst hat unseren Jubilar 2003 auch in die „Kommission sexueller Missbrauch durch Geistliche“ berufen, weil er ihn als „profunden wie sensiblen Kenner des kirchlichen Rechts“[13] schätzen gelernt hatte. Sprechendes Beispiel für die Pra-

---

8 Köhler, Biographie Puza (Fn. 5), 25.

9 Als Beispiel sei Puzas wiederholt gestellte Frage nach dem Spender des Ehesakramentes angeführt (vgl. Schriftenverzeichnis [Fn. 2], 3. Aufsätze, Nrn. 31 [1989] und 43 [1993] sowie Puza, Kirchenrecht [Fn. 3], ^{2}1993, 304 ff.).

10 Karl-Hermann Kästner, Klaus Schlaich zum 65. Geburtstag, in: ZevKR 47 (2002) 328.

11 Köhler, Biographie Puza (Fn. 5), 31.

12 Angelo Sodano, Vortrag v. 24. Januar 2003 am Akademischen Tag zum 20. Jahrestag der Promulgation des neuen Codex des kanonischen Rechtes, in: L’Osservatore Romano (dt.) Nr. 9 v. 28.02.2003, 9.

13 Gebhard Fürst, Grußwort, in: Weiß / Ihli (Hg.), Flexibilitas Iuris Canonici (Fn. 2), 3.

xisorientierung Puzas sind nicht zuletzt seine in Kooperation mit der Katholischen Akademie der Diözese Rottenburg-Stuttgart seit 1989 jährlich veranstalteten kirchenrechtlichen Tagungen, auf denen Wissenschaftler und Praktiker Themen diskutieren, die Kirche, Staat und Gesellschaft bei uns und in den benachbarten europäischen Staaten bewegen. Die Tagungen[14] sind interdisziplinär und international ausgerichtete Foren des Austausches, die im jeweiligen Tagungsband ihren publizistischen Niederschlag finden.

Spot 3

Richard Puza vertritt eine evolutive Interpretation der Rechtsnormen. Dies stellt keine Selbstverständlichkeit dar, ist er doch an der Juristischen Fakultät in Graz als Rechtspositivist aufgewachsen. Aber „das Leben ist vielfältiger, als ich damals gedacht habe; ich habe mich gewandelt und bin heute für eine anständige Interpretationstheorie".[15] Kirchenrecht ist für unseren Jubilar Recht wie seine weltliche Schwester, aber mit zwei Besonderheiten: Zum einen stellt es eine Funktion des Kirchenbegriffs dar, zum zweiten hat es die Aufgabe, „zum Seelenheil des Menschen ([als einzelnem] in der Gemeinschaft) beizutragen."[16] Normen sind für Puza zwar aus der menschlichen Vernunft gewonnen, aber als Entwurf für die Zukunft konzipiert. Sie müssen offen und dynamisch ausgelegt werden, wobei besonders die Stichworte theologische Kontextualität und Ministerialität zu berücksichtigen sind. Obgleich für Puza die in can. 1752 CIC verankerte *salus animarum* „Zweck des Kirchenrechts"[17] ist, redet er keineswegs einer „dem individualistischen Subjektivismus frönenden Interpretation"[18] von Normen das Wort. Er schreibt in seinem bei Studenten sehr geschätzten Lehrbuch, liebevoll von diesen oft nur als „das kleine Rote" bezeichnet:

> „Das neue Kirchenrecht steht nicht mehr primär im Dienste der Lehre und des Amtes, es steht auch und gerade im Dienste der einzelnen Christgläubigen, deren Rechte es schützen soll."[19]

Der einzelne Christ mit seinen Rechten und Pflichten ist im neuen Recht deutlicher in den Vordergrund gerückt als früher, bleibt aber stets eingebettet in die communio mit allen anderen Gläubigen. Puza hat die Gewichtsverlagerung zwischen Individuum und Gemeinschaft erkannt, wobei ihm wohl die josephinische

---

14 Vgl. Abraham P. Kustermann, Kirchenrecht – Staatskirchenrecht – Staatliches Religionsrecht. Ein Themenschwerpunkt der Akademie der Diözese Rottenburg-Stuttgart, in: Weiß / Ihli (Hg.), Flexibilitas Iuris Canonici (Fn. 2), 843 ff.

15 Puza, Gespräch (Fn. 6).

16 Puza, Kirchenrecht (Fn. 3), ^{1}1986, 24; ^{2}1993, 29.

17 Ebd., ^{1}1986, 44; ^{2}1993, 52.

18 Sodano, Vortrag (Fn. 12), 9.

19 Puza, Kirchenrecht (Fn. 3), ^{1}1986, 63; ^{2}1993, 76.

Tradition seines Herkunftslandes zu Passe kam, „die den konkreten Menschen immer gegen Dogmen und reine Theorien verteidigt“[20] hat.

Spot 4

Ein besonderes Anliegen Puzas ist die „diakonische Funktion des Kirchenrechts“[21]. Richard Puza beschäftigt die Frage, ob sich im neuen CIC ein gewandeltes Rechtsverständnis verbirgt. Er sucht das „freundliche Antlitz“[22] des Kirchenrechts. Entdeckte der Jubilar schon in der Rechtsgeschichte viele Institute[23], welche die Geschmeidigkeit des Kirchenrechts zum Ausdruck bringen, macht er im neuen CIC für die „Elastizität des Kirchenrechts“[24] eine pro-episkopale, pro-laikale und pro-liberale Tendenz aus.[25] Eines seiner Lieblingsthemen im Verfassungsrecht ist das Miteinander von Klerikern und Laien und die Suche nach synodalen Strukturen in der Kirche, wo immer das nur möglich ist. Mag der Jubilar hier das eine oder andere vielleicht zu optimistisch sehen, ist es doch für Puza sonnenklar, dass es im Kirchenrecht nicht primär

> „auf die Erfüllung des Buchstabens des Gesetzes“ ankommt, sondern „eine gerechte und richtige Lösung im Einzelfall gefunden werden“[26] muss. Fallgerechtigkeit geht vor Rechtssicherheit![27] Letztere „kann im Kirchenrecht nie Normenklarheit, sondern nur Realisationsgewissheit bedeuten.“[28]

Die theologische Basis dafür sieht Puza eben in der diakonischen Funktion des Kirchenrechts. Mir persönlich als Diakon ist diese Sicht des Kirchenrechts ausgesprochen sympathisch; ich bin auch dankbar, dass ich diesen lebensnahen und menschenfreundlichen Ansatz, den ich schon bei meinen Lehrern in Straßburg kennen lernen durfte, in der Zeit des Habilitationsstudiums in Tübingen vertiefen konnte.

---

20 Köhler, Biographie Puza (Fn. 5), 19.

21 Puza selbst hat einen Artikel im Archiv für katholisches Kirchenrecht 1982 so überschrieben. Andere Wendungen sind „neues pastorales Kirchenrecht“ (Puza, Kirchenrecht [Fn. 3], ^{1}1986, 57) oder „hilfreich-pastorales Kirchenrecht“ (^{1}1986, 58). Sieben Jahre danach formuliert Puza z. B.: „Das Recht dient der Seelsorge“ (^{2}1993, 59). Später hat er dieses Thema nochmals aufgegriffen (vgl. Schriftenverzeichnis [Fn. 2], 3. Aufsätze, Nr. 78).

22 Puza, Gespräch (Fn. 6).

23 Dispensatio, dissimulatio, oikonomia, tolerantia, licentia, excusatio, epieikeia und aequitas canonica (Puza, Kirchenrecht [Fn. 3], ^{1}1986, 64; ^{2}1993, 77 f.).

24 Ebd., ^{1}1986, 63; ^{2}1993, 76 f.

25 Ebd., ^{1}1986, 72; ^{2}1993, 85 f.

26 Ebd., ^{1}1986, 64; ^{2}1993, 77.

27 Ebd., ^{1}1986, 44; ^{2}1993, 52.

28 Ebd., ^{1}1986, 70; ^{2}1993, 83.

Spot 5

Wenn die Rechtsgeschichte auch bis heute das Steckenpferd Puzas geblieben ist, so hat der Jubilar in seiner Tübinger Zeit doch die Befassung mit Fragen der Beziehung von Staat, Kirche und Gesellschaft zum Forschungsschwerpunkt ausgebaut. Der Gelehrte befasst sich dabei nicht nur mit dem klassischen Staatskirchenrecht, also mit jenen Normen, die staatliche Autoritäten für Kirchen und Religionsgemeinschaften erlassen haben, sondern als Professor an einer Theologischen Fakultät selbstverständlich auch mit den kirchlichen Aussagen zum Verhältnis von Staat und Kirche. In zweifacher Hinsicht stellt er dabei die hiesigen Verhältnisse in einen größeren Horizont der Rechtsvergleichung: Zum einen nimmt er die Rechtsverhältnisse der anderen europäischen Staaten und der EU als ganzer in den Blick. Neben deutschen Themen und solchen aus seinem Heimatland[29] finden sich in der umfangreichen Veröffentlichungsliste ebenso Länder wie Frankreich, Italien oder Polen. Im auch rechtlich immer stärker zusammenwachsenden Europa ist es unumgänglich, die Fragen um Recht und Religion auf die europäische Ebene hin auszuweiten. Dieser Aufgabe hat sich Puza schon früh gestellt, er bewegt sich in souveräner, für ihn selbstverständlicher Weise publizistisch und in personam auf internationalem Parkett, ja, man kann ohne Übertreibung sagen, dass er heute unter den Kanonisten einer der besten Kenner staatskirchenrechtlicher Themen ist. Nicht von ungefähr wird der Jubilar deshalb auf nationaler und internationaler Ebene immer wieder als Gutachter gerade in diesem Bereich angefragt oder zu Gastvorlesungen an ausländische Universitäten eingeladen. In seinem Arbeitsschwerpunkt nützt Puza geschickt zwei Vorteile aus: Dass er aufgrund seiner österreichischen Herkunft Stärken und Schwächen staatskirchenrechtlicher Regelungen und Diskussionen in Deutschland schärfer sehen kann als mancher Fachkollege, und dass er studierter Jurist ist, in deren Ausbildung dieses Fach bekanntlich noch einen breiteren Raum einnimmt. Es gibt aber, wie angedeutet, noch eine zweite Ebene der Rechtsvergleichung bei Puza. Insbesondere in jüngerer Zeit arbeitet er intensiv über religiöse Rechte nicht nur anderer Konfessionen, sondern auch anderer Religionen wie Judentum oder Islam und versucht, daraus Erkenntnisse für das deutsche Staatskirchenrecht und seine Zukunft im Kontext der europäischen Einigung sowie für das Miteinander der Religionen in rechtlicher Hinsicht zu gewinnen. Eine kleine Frucht davon ist der Einsatz unseres Jubilars, den Begriff „Staatskirchenrecht" zugunsten des Terminus „Religionsrecht" aufzugeben. Das Verhältnis von Staat und Kirche, von Recht und Religion – ein bevorzugter Gegenstand des Nachdenkens von Richard Puza.

---

29 Arbeitet Puza hinsichtlich Deutschland z. B. über Rechtsfragen um das Schulfach LER in Brandenburg oder die Neuordnung des Beziehungsgefüges zwischen Staat und Kirchen in den neuen Bundesländern unserer Republik, interessieren ihn bezüglich Österreich vor allem das dortige Kirchenbeitragssystem und seine Zukunft.

Spot 6

Ein sechster Lichtstrahl soll auf die Aktivitäten unseres Jubilars außerhalb von Lehre und Forschung fallen. Die Biographie seines Freundes Joachim Köhler zählt hier ein ansehnliches Pensum dessen auf, was Richard Puza in der Selbstverwaltung der Universität, an hochschulpolitischen Aktivitäten und an juristischer Beratung der Fakultät geleistet hat. Dreimal hatte er bisher das Amt des Dekans inne, das in den jeweils folgenden Studienjahren als Amt des Prodekans fortgesetzt wurde. Hier war Puza in die Wogen des „Falls Küng" hineingeworfen und in die Schwierigkeiten der Nachfolgeregelung für Prof. Dr. Harald Schweizer (Nihil obstat-Verfahren für Silvia Schroer). Auch ihm als Dekan ist es zu verdanken, dass an der hiesigen Fakultät im Zuge der ministerial verordneten Sparmaßnahmen keine C 4-Stelle gestrichen wurde. Zu nennen sind aber ebenso die langjährige Koordination des Forschungsberichts der Fakultät, deren Vertretung im Fakultätentag sowie insbesondere die aufwändige Tätigkeit als Koordinator des Erasmus-Programms. Als Rechtsberater für die Fakultät ist Puza als Kanonist sowieso im Dauereinsatz.

Spot 7

Was wäre Richard Puza ohne seine liebenswerte Frau Karin! Auch aus dem akademischen und beruflichen Bereich unseres Jubilars ist seine Gattin nicht wegzudenken. Die beiden verbindet nicht nur eine gemeinsame große Liebe zu Italien und heute auch zu Frankreich, sondern ebenso ein starkes kunstgeschichtliches Interesse. Karin Puza kennt fast jede Kirche in Kärnten und der Steiermark, die man natürlich in gemeinsamen Exkursionen vor Ort besichtigen musste. Manche Veröffentlichung des Jubilars zu Patronaten, Inkorporationen und zur Patroziniumsgeschichte hat dort ihre Wurzel. Karin Puza hat ihrem Mann nicht nur siebenmal dessen Habilitation geschrieben (damals gab es noch keinen PC!), bis heute wirft sie auf die literarische Produktion des Jubilars einen letzten kritischen Blick[30] oder tätigt Übersetzungen. Und nicht zuletzt nimmt sie ihrem Mann auf dessen vielen Auslandsreisen, wo sie ihn so oft wie möglich begleitet, als Reisemarschall manch Lästiges ab.

Hohe Festversammlung,

lassen Sie mich zum Schluss die Frage stellen, weshalb Richard Puza soviel persönlichen Einsatz leistet und trotz mancher gegenläufiger Entwicklung in der Kirche, die er kritisch zur Kenntnis nimmt, einen fast unerschütterlichen Optimismus ausstrahlt. Joachim Köhler gibt im Porträt seines Freundes dazu folgende treffliche Antwort, die diese Laudatio abschließen soll:

---

30 Puza, Kirchenrecht (Fn. 3), ^{1}1986, VII; ^{2}1993, VII.

„Da ist zunächst einmal die fachliche Kompetenz als Jurist und Rechtshistoriker zu erwähnen. Wer historisch arbeitet und geschichtliche Analysen durchführt, der gewinnt gegenüber allem, was geworden ist, eine relativierende Distanz, gleichzeitig aber eine gewisse Souveränität gegenüber dem Werden. Auch die Entwicklung des Rechts ist ein Prozess, der seine Zeit braucht. Ängste, so meine ich immer, kennt Richard Puza in diesem Prozessdenken nicht, weil die Interpretamente für seine Arbeit am Kirchenrecht Begriffe sind, die das Zweite Vatikanische Konzil in den Vordergrund geschoben hat: *communio* und *diaconia*. Hier wird der Theologe fassbar. Und dann kommt noch etwas anderes hinzu: Richard Puza nimmt die Erfahrungen der Menschen ernst, seine eigenen und die der anderen. Das ist *communio* und *diaconia* ins Leben übersetzt, in den Begegnungen der Menschen, im freundschaftlichen Kontakt, im Umgang mit Studentinnen und Studenten und auf internationalem Parkett, in der Vermittlung an der Basis und in der Mitarbeit in lokalen und diözesanen Gremien. Richard Puza verkörpert eine Biographie, die geprägt ist vom Kirchenrecht, das eine diakonische Funktion ausübt."[31]

[31] Köhler, Biographie Puza (Fn. 5), 39 f.

„Flexibilitas Iuris Canonici“

Ein Blick in die Festgabe[1] für Prof. Dr. Richard Puza

Stefan Ihli

Meine sehr verehrten Damen und Herren, sehr geehrter Herr Bischof, vor allem: lieber Richard!

Wilhelm von Humboldt sagte einst von Büchergeschenken:

> „Ich finde und habe immer gefunden, dass sich ein Buch gerade vorzugsweise zu einem freundschaftlichen Geschenk eignet. Man liest es oft, man kehrt oft dazu zurück, man naht sich ihm aber nur in ausgewählten Momenten, gebraucht es nicht wie eine Tasse, ein Glas, einen Hausrat in jedem gleichgültigen Augenblick des Lebens und erinnert sich so immer des Freundes im Augenblick eines würdigen Genusses.“[2]

Der Auffassung Humboldts folgend, war es Prof. DDr. Andreas Weiß und mir schnell klar, dass wir Prof. Dr. Richard Puza zu seinem runden Geburtstag ein Buch schenken wollen. Damit nicht nur wir beide als Schenkende auftreten konnten, sondern alle, die sich dem Jubilar verbunden fühlen und dies gerne mit einer Gabe zum Ausdruck bringen wollten, sollte es eine Festschrift sein.

So haben wir vor fast drei Jahren dieses Projekt angestoßen und es unter das Leitmotiv „Flexibilitas Iuris Canonici“ gestellt. Wie Sie den Ausführungen von Prof. Weiß gerade eben entnommen haben, ist die Elastizität des Kirchenrechts ein ganz besonderes Anliegen von Prof. Puza, das deshalb sowohl in Titel wie Inhalt der Festgabe zum Ausdruck kommen sollte. Zur Teilnahme an der Festschrift eingeladen haben wir alle Fachvertreter des Kirchenrechts an den Katholisch-Theologischen und den Juristischen Fakultäten im deutschsprachigen Raum sowie einige weitere Gelehrte, mit denen der Jubilar besonders eng verbunden ist. Eine Überraschung für ihn konnte das Projekt – leider muss man sagen – nicht sein, wurde es doch zumindest in der Anfangszeit von seinem Lehrstuhl aus betreut. Der Inhalt allerdings ist Prof. Puza bis heute ebenso unbekannt wie Ihnen, sehr geehrte Gäste. Erlauben Sie mir deshalb einen kurzen Blick zwischen die Deckel dieses über 900 Seiten umfassenden Werkes.

Unserer Einladung zur Mitarbeit folgten 47 Kollegen, Freunde und Schüler des Jubilars und steuerten Beiträge zu allen wichtigen Teilgebieten des Kirchen-

---

[1] Die bibliographischen Angaben der Festschrift lauten: Andreas Weiß / Stefan Ihli (Hg.), Flexibilitas Iuris Canonici. Festschrift für Richard Puza zum 60. Geburtstag, Frankfurt am Main u. a. 2003.

[2] Wilhelm von Humboldt, Briefe an eine Freundin.

rechtes bei. Die Aufsätze sind in doppeltem Sinne universal: Zum einen fängt die Festgabe mit rechtsgeschichtlichen Arbeiten an, spannt den Bogen über Themen aus allen Büchern des Codex Iuris Canonici von 1983 und setzt dann einen starken Schwerpunkt mit Beiträgen zum Verhältnis von Staat und Kirche. Zum anderen geht der Blick hinaus über Deutschland ins immer enger zusammenwachsende Europa, ausgedrückt einesteils durch die Thematik, anderenteils auch durch die Herkunft der Autoren und die Sprachen, in denen die Artikel abgefasst sind. Neben deutschen gibt es englische, französische, italienische und spanische Aufsätze in diesem Band. Uns als Herausgebern war diese Internationalität wichtig, zeugt sie doch von den intensiven internationalen Kontakten, die Prof. Puza pflegt und die für ihn ganz integral zum Forschen und Lehren dazugehören.

Inhaltlich spiegelt die Festschrift das wissenschaftliche Werk von Prof. Puza, denn neben Rechtsgeschichte und Eherecht ist es insbesondere das Staatskirchenrecht, das einen Schwerpunkt am hiesigen Kirchenrechtslehrstuhl bildet. Gerade in diesem Bereich stellen sich heute mit die drängendsten Fragen für die Zukunft der Kirche in unserer Gesellschaft. So werden z. B. in der Festschrift von mehreren Autoren Fragen der Kirchenfinanzierung behandelt, von anderen solche der Konkordatstheorie. Auch kommen die europäische Einigung und ihre Auswirkungen auf die Kirche in den Blick. Während wir explizit zu solchen staatskirchenrechtlichen Themen eingeladen hatten, kam ganz unerwartet auch an anderer Stelle die Aktualität in die Festgabe hinein, nämlich in Gestalt dreier Abhandlungen zum Themenkreis des sexuellen Missbrauchs durch Kleriker.

Die Festschrift wird Ihnen aber auch darüber hinaus hochinteressanten Lesestoff bieten. Neben quasi klassischen Themen wie Abhandlungen zum Eherecht oder zum Vermögensrecht finden sich darin Aufsätze, die schon von ihrer Fragestellung her ungewöhnlich und spannend sind: Gotteshäuser Roms werden z. B. detailliert als kirchliche Rechtsorte geschildert, die Causa Küng wird staatskirchenrechtlich aufgearbeitet, „Können Presbyter die Bischofsweihe spenden“, wird andernorts gefragt. Die Antwort darauf mögen Sie selber nachlesen, denn ich hoffe, Ihnen ein wenig Lust darauf gemacht zu haben, in dem Band zu blättern, der durch zwei eher persönlich gehaltene, teils biographische Beiträge am Beginn und Ende eingerahmt wird.

Danken will ich im Namen von uns beiden Herausgebern an dieser Stelle zunächst allen Autoren, die an der Festgabe mitgearbeitet und unser Projekt dadurch zum Leben erweckt haben. Einige Autoren sind ja heute unter uns. Zum zweiten schulden wir Dank allen Sponsoren, die erst die finanzielle Grundlage dafür gelegt haben, dass die Festschrift das Licht der Welt erblicken konnte. Daran Anteil haben ebenso diejenigen, die bei der Redaktionsarbeit tatkräftig geholfen haben, und der Verlag Peter Lang, der aus dem Manuskript ein ansehnliches Buch gemacht hat. Prof. DDr. Elmar Güthoff und PD Dr. Karl-Heinz Selge sei für die Aufnahme des Bandes in die von ihnen herausgegebene Reihe

„Adnotationes in Ius Canonicum" gedankt. Die Zusammenarbeit mit ihnen erwies sich ein weiteres Mal als angenehm und unkompliziert.

Dank gebührt jedoch ebenso der Gattin des Jubilars für ihre unermüdlichen Dienste im Hintergrund, die gerade Prof. Weiß geschildert hat. Es ist darum zu einem guten Teil auch Ihr Fest, Frau Puza!

Dank geht aber ebenfalls an den Jubilar selber, denn die Festschrift will nicht nur Zeichen des Glückwunsches sein für viele weitere gute Jahre des Forschens und Lehrens, sondern zudem als Dank stehen für die Art, wie Prof. Puza bis heute Forschung und Lehre betrieben hat, für wissenschaftliche und menschliche Bereicherungen im persönlichen Gespräch, für freundschaftliche Unterstützung und Verbundenheit. Diese Bereicherungen durften und dürfen alle erfahren, die an der Festschrift mitgewirkt haben, ganz besonders aber seine Schüler.

Auch Andreas und ich durften diese freundschaftliche Verbundenheit durch Dich, lieber Richard, erfahren, die die Zusammenarbeit mit Dir so angenehm macht. Ich möchte daher in unser beider Namen schließen mit unserem persönlichen Dank dafür und für alle Förderung. Wenn wir Dir nun die Festschrift überreichen, tun wir dies mit herzlichen Glück- und Segenswünschen für noch viele ertragreiche Jahre als Forscher und Lehrer, als Kollege und Freund, als Ehemann und Vater. Auch die nötige Muße sei Dir vergönnt, die Festgabe in ausgewählten Momenten würdig zu genießen, wie dies Humboldt ausdrückte.

Ad multos felices vigentesque annos!

Die Bibel als normative Quelle des Kirchenrechts

Jean Werckmeister

Herr Bischof, Herr Rektor, Herr Dekan, liebe Kollegen, liebe Studentinnen und Studenten, meine Damen und Herren, lieber Richard!

Ich möchte im Folgenden von der Bibel als normativer Quelle des Kirchenrechts sprechen. Ich habe nicht die Absicht, die tief gehenden Bezüge zwischen Gesetz und Gnade oder die biblischen Grundlagen des Kirchenrechts zu behandeln. Genauer gesagt, ich möchte nur untersuchen, wie weit biblische Argumente bei der Entscheidung von kirchenrechtlichen Fragen gestern quellenmäßig fassbar sind und heute eine Rolle spielen könnten. In einem ersten Teil werde ich an die historischen Aspekte der Frage erinnern und in einem zweiten Teil will ich zu einigen aktuellen Problemen übergehen.

1. Bibel und Kirchenrecht im Laufe der Geschichte

Erst seit dem Konstantinischen Frieden im Jahre 313 hat sich das Kirchenrecht entwickelt. Das Ende der Verfolgungen hat es erlaubt, die ersten großen Konzilien (Arles 314, Nicäa 325 usw.) einzuberufen, auf denen die ersten Kanones verkündet wurden.

Ein Jahrhundert später fingen die Päpste im Abendland damit an, Dekretalen zu veröffentlichen. Die ersten Kanonensammlungen wie die Dionysiana des Dionysius Exiguus aus dem 6. Jahrhundert führen die beiden Rechtsquellen zusammen: die Konzilsbeschlüsse und die päpstlichen Dekretalen.[1] Dasselbe tun dann die folgenden Sammlungen, die Hispana, die Hadriana u. a. Die Bibel zählt als solche nicht zu den ältesten Quellen der Kanones.

1.1. Das Auftreten der Bibel in den Kanonensammlungen: Die Hibernensis (nach 700)

Die erste Kanonensammlung, in welcher zusätzlich zu den Konzilsbeschlüssen und den päpstlichen Dekretalen auch biblische und patristische Texte erscheinen, ist die Collectio Hibernensis.[2] Diese in Irland zusammengestellte Samm-

---

1 Dionysius Exiguus, Codex canonum ecclesiae universae und Collectio decretorum pontificum romanorum (= Patrologia latina, Bd. 67), Paris 1848.

2 Rob Meens, The Uses of the Old Testament in Early Medieval Canon Law. The Collectio Vetus Gallica and the Collectio Hibernensis, in: Yitzhak Hen / Matthew Innes (Hg.),

lung entstand am Anfang des 8. Jahrhunderts.[3] Über die Sammlung abendländischer, gallischer, irischer, und anderer Konzilien hinaus enthält sie – und das ist etwas Neues – um die 500 biblische Zitate. Auf diese Weise wird sie zu einer theologisch-kirchenrechtlichen Mischsammlung, die „eine neue Etappe in der Geschichte des Rechts"[4] bedeutet. Es ist ihr nämlich zu verdanken, dass in das kanonische Recht neue Kapitel aufgenommen worden sind: über das Fasten und die Almosen (Bücher 12-14), das Begräbnis (Buch 18), den Eid (Buch 35), die Reliquien (Bücher 49-50), die Gastfreundschaft (Buch 56) und andere.

Eine weitere wichtige Quelle ist besonders herauszustreichen: Neben der Bibel zitiert die Hibernensis die Kirchenväter – auch an ungefähr 500 Stellen. Sie bedient sich ihrer als Kommentatoren der Bibel. Nach der Auffassung dieser Zeit schreiben die Kirchenväter die Heilige Schrift fort. Die Unterscheidung von biblischen und patristischen Texten erfolgt nur sehr zögernd. In diesem Maße bleibt die Bibel, ob sie direkt oder über die Kirchenväter zitiert wird, immer die Quelle dieser neuen capitula.[5]

Zu zwei Dritteln stammen die biblischen Zitate in der Hibernensis aus dem Alten Testament. Bei den Kirchenvätern wird Hieronymus, dessen erklärende Bibelkommentare zahlreich sind, am meisten zitiert.

Nehmen wir das Beispiel der Ehe: In der Hibernensis werden ihr 38 capitula gewidmet, unter denen man 13 biblische Zitate, 11 Zitate aus Hieronymus, 9 Zitate aus Augustinus und nur 6 Konzilienbeschlüsse sowie 5 päpstliche Dekretalen zählt. Was die letzteren betrifft, wird in der Hibernensis nie der Name des Papstes angegeben, der Autor des Zitats ist, sondern sie werden fälschlicherweise Konzilien oder Synoden zugeschrieben. Anscheinend hat ihnen ihr päpstlicher Ursprung kein besonderes Ansehen in Irland eingebracht, man ist versucht zu sagen: ganz im Gegenteil!

The Uses of the Past in the Early Middle Ages, Cambridge 2000, 67 ff. Die von diesem Autor vertretene These, nach welcher eine neue Interpretation des Judaismus die Aufnahme der biblischen Texte in das Kirchenrecht erklären würde, erscheint erwägenswert.

3 Friedrich W. Wasserschleben (Hg.), Die Irische Kanonensammlung, Leipzig ²1885. Die Hibernensis soll von Cu Chuimne von Iona und Ruben von Dairinis, 747 beziehungsweise 725 verstorben, verfasst und vom Scriptorium von Corbia verbreitet worden sein; siehe Jean-Michel Picard, Pour une réévaluation du rôle et du statut de l'évêque dans l'Irlande du Haut Moyen Âge, in: Médiévales 42 (2002) 131 f.

4 Charles Munier, Les Sources patristiques du droit de l'Église, Mulhouse 1957, 25.

5 Allerdings hat die Hibernensis weder von der Bibel noch von den patristischen Schriften unmittelbaren Gebrauch gemacht. Wahrscheinlich sind ihre Quellen die Excerpta, d. h. die der Moralerziehung dienenden Sammlungen. Diese biblischen und patristischen Excerpta waren schon am Ende des 5. Jahrhunderts im Abendland weit verbreitet; siehe Joseph De Ghellinck, Patristique et Moyen Âge, Bd. 2, Bruxelles – Paris 1947, 289 ff.

Zahlreiche Kanones aus der Hibernensis werden langsam in die Sammlungen des Kontinents übergehen, bei Regino von Prüm[6], Burchard von Worms[7] usw. Im Bereich des Eherechtes wurden zwölf von den 38 capitula direkt oder indirekt bis zum Decretum Gratiani überliefert, also fast ein Drittel. Von diesen zwölf Überlieferungen sind sieben biblischer oder patristischer Herkunft.

In Irland wurde also in den dunklen Zeiten des Hohen Mittelalters die Bibel in das Kirchenrecht eingeführt. Sie wissen sicher, dass dies nicht der einzige Beitrag Irlands zum westlichen Christentum war. Aber dies gehört nicht zu unserem heutigen Thema.

1.2. Die Gregorianische Reform (11.-12. Jh.)

Ab der Gregorianischen Reform im 11. und 12. Jahrhundert wurden die biblischen und patristischen Entlehnungen zahlreicher und präziser. Die reformatorischen Kanonisten kehren wirklich zur Quelle zurück. Sie lesen die Bibel und die großen Autoren wieder und schöpfen direkt aus ihren Werken oder zumindest aus Abschriften und Auszügen, die den Originaltexten ziemlich treu sind. Am meisten werden sie von Augustinus beeinflusst. Seit Anselm von Lucca (um 1083) stellen die Entlehnungen aus Augustinus etwa zwei Drittel der patristischen Zitate dar.[8]

Dieselben Charakteristika gelten für das Decretum Gratiani, die bedeutendste Kanonensammlung des Mittelalters.[9] Es wurde im Laufe der ersten Hälfte des zwölften Jahrhunderts verfasst und bedeutet eine wesentliche Wende im Geist und in der Methode des Kirchenrechts, insbesondere was den Gebrauch der Bibel angeht. Das Decretum Gratiani gehört zur Frühscholastik.[10] Wie sein Zeitgenosse Peter Abaelard benutzt Gratian die Regeln der Dialektik. Anstatt die Konzilienbeschlüsse und die päpstlichen Dekretalen einfach zu zitieren, stellt er sie einander gegenüber und weist auf deren Widersprüche hin. Damit relativiert er sie; denn wenn sich die kirchlichen Autoritäten gegenseitig widersprechen, be-

---

6 Friedrich W. Wasserschleben (Hg.), De Synodalibus causis et disciplinis ecclesiasticis, Leipzig 1840.

7 Das Decretum des Bischofs Burchard von Worms vom Anfang des 11. Jahrhunderts (Patrologia latina, Bd. 140, 537 ff.) enthält etwa zu 14 % patristische Texte (247 von 1785 capitula). Es handelt sich vorwiegend um Augustinus (79 Texte), um Gregor den Großen (77 Texte), um Isidor (31 Texte) und um Hieronymus (19 Texte). Die meisten dieser Texte sind biblische Kommentare; siehe Munier (Fn. 4), 35.

8 Anselm II., Bischof von Lucca (Anselmus Episcopus Lucensis), Collectio Canonum, hg. v. Friedrich Thaner, Innsbruck 1906-1915; Giuseppe Motta, La redazione a „Aucta" della Collectio Anselmi episcopi Lucensis, in: Studia in honorem eminentissimi Cardinalis Alphonsi M. Stickler, hg. v. Rosalius J. Castillo Lara, Roma 1992, 375 ff.

9 Decretum Gratiani, hg. v. Emilius Friedberg, Leipzig 1879.

10 Peter Landau, Gratian und die Sententiae Magistri A., in: Aus Archiven und Bibliotheken. Festschrift für Raymund Kottje zum 65. Geburtstag, hg. v. Hubert Mordek, Frankfurt am Main u. a. 1992, 322.

deutet das, dass sie sich irren können. Um eine Entscheidung zu treffen, muss man sich also an eine höhere Autorität als die der Konzilien und der Päpste wenden. Es ist das Ziel des Decretum Gratiani – dessen genauer Titel „Concordantia discordantium canonum", d. h. „Eintracht der zwieträchtigen Kanones" lautet – die Widersprüche unter den Kanones zu überwinden.

Welche höhere Autorität kann über kirchliche Autoritäten urteilen, wenn diese sich widersprechen? Es gibt deren zwei: einerseits den Verstand, die im Mittelalter so wichtige ratio, von dem wir heute nicht weiter sprechen werden, und selbstverständlich andererseits – und da kommen wir auf unser Thema zurück – die Bibel.

Gratian zitiert die Bibel in seinen Kapiteln vor allem durch Zitate der Kirchenväter, die ihre authentischen Interpreten sind, und, was neu ist, er zitiert die Bibel direkt in seinen dicta, d. h. in den Teilen des Decretum, wo er seine eigene Meinung äußert. Gratian als guter Theologe weiß genau, wie man mit der Bibel, ihren Kommentaren und ihren Auslegungen umgehen kann. Ein solcher Gebrauch mag manchmal schon einen modernen Geist überraschen, da er auf rein allegorische Interpretationen zurückgreift, aber, wie es Charles Munier auch sagt, „es wäre unrecht, seine totale Ehrlichkeit, seine strenge Achtung vor dem Text in Zweifel zu ziehen"[11].

Das Decretum Gratiani beruft sich also auf die Schrift als höhere Autorität. Sie ist jeder anderen Rechtsquelle überlegen. Deshalb greift Gratian sehr oft auf biblische Zitate zurück. Für das gesamte Dekret hat Jean Gaudemet deren 1359 gezählt. Wenn Gratian Fragen untersucht, fängt er meistens mit einem Zitat aus der Bibel an, bevor er die Kanones zitiert. Vielleicht sollten wir uns heute, als Kanonisten, die auch Christen sein sollten, wieder daran gewöhnen, die Bibel vor dem Codex Iuris Canonici zu lesen bzw. zu zitieren!

Als Beispiel kann man die Frage der Heirat der Sklaven anführen. Darf eine freie Frau einen Leibeigenen heiraten? Darauf antwortete Papst Leo der Große, der Römer war, im 5. Jahrhundert, dass die Sklaven kein Recht auf Heirat hätten.[12] In der Panormia, der berühmten Sammlung des Ivo von Chartres, die Gra-

---

11 Charles Munier, La contribution d'Origène au Décret de Gratien, in: Studia Gratiana 20 (1976) 249.

12 Leo der Große, Dekretale an Rusticus von Narbonne (um 458): „Nur die Ehe zwischen freien Menschen ist gesetzlich gültig, sowie zwischen Gleichgestellten; das wurde bereits lange vor dem römischen Recht von Gott verkündet. Deshalb muss zwischen Ehefrau und Konkubine, zwischen Magd und freier Frau unterschieden werden." So „ist es keine Doppelehe, sondern ein Fortschritt der Ehrlichkeit, wenn man eine Sklavin vom Ehebett verjagt, um eine freie Frau zu heiraten" (Philippe Jaffé, Regesta pontificum Romanorum ab condita ecclesia ad annum post Christum natum MCXCVIII, Leipzig ^{2}1885-1888, 544; Patrologia latina 54, 1205: „Nuptiarum autem foedera inter ingenuos sunt legitima et inter aequales; multo prius hoc ipsum Domino constituente quam ini-

tian sehr genau kannte, befand sich Papst Leos Text am Anfang des Abschnitts, der von der Heirat der Sklaven handelt.[13] Gratian aber beginnt die Erörterung der gleichen Frage mit der Untersuchung, was der Apostel Paulus darüber denkt. In seiner Causa 29 quaestio 2 sagt Gratian Folgendes: „In Jesus Christus gibt es weder Juden noch Griechen, weder Sklaven noch freie Menschen" (Zitat aus Gal 3, 28). In seinem darauf folgenden Kommentar ist zu lesen: „Also gibt es auch keine Sklaven in den christlichen Ehen, denn im christlichen Glauben gilt für alle Menschen das gleiche Gesetz." Es folgt ein weiteres Paulus-Zitat: „Die Frau ist frei zu heiraten, wen sie will; nur geschehe es im Herrn" (1 Kor 7, 39). Darauf folgt wieder ein Kommentar: „Es steht nicht geschrieben, eine Freie solle einen Freien heiraten und eine Sklavin einen Sklaven, sondern jede soll heiraten, wen sie möchte, nur soll es im Herrn geschehen."

Die Schlussfolgerung Gratians ist eindeutig. Entgegen der Meinung der Kirche, der Autorität des Papstes Leo des Großen zum Trotz, behauptet er, dass „Sklaven ein Anrecht darauf haben zu heiraten". Peter Landau hat gezeigt, dass dies zum ersten Mal in der Geschichte der Kirche so deutlich behauptet wurde, in vier Worten, die nach einer Freiheitserklärung klingen: „Licet servis matrimonia contrahere! – Die Sklaven haben das Recht zu heiraten!"[14] Indem er sich auf das Neue Testament stützt, hat Gratian das Kirchenrecht weiterentwickelt und, über das Kirchenrecht hinaus, die ganze westliche Kultur. Leider sollte, wie Sie wissen, einige Jahrhunderte später die Sklaverei mit dem Handel von Afrika aus erneut aufblühen, und die wenigsten Christen werden sich an das erinnern, was Gratian gesagt hatte: Die Sklaven haben Rechte!

Man könnte noch viele andere Beispiele anführen. Mehrmals verwendet Gratian die Bibel gegen geltendes Recht. Jacqueline Rambaud betont, Gratian bediene sich des biblischen Arguments, um das Recht weiter zu entwickeln:

> „Wir wären fast versucht, mit Gratian zu sagen, die Bibel befinde sich im Widerspruch zur kirchlichen Autorität. Durch diese Bezugnahme auf die Texte der Heiligen Schrift gelingt es Gratian, die Wandelbarkeit des Rechts zu zeigen und sie zu rechtfertigen. Er kann die universal geltenden Prinzipien des göttlichen Rechts der orts-, zeit-, und personenbezogenen Gesetzgebung gegenüberstellen."[15]

---

tium Romani juris existeret. Itaque aliud est uxor, aliud concubina; sicut aliud ancilla, aliud libera").

13 Panormia 6, 23.

14 Decretum Gratiani, rubrica C. 29 q. 2 c. 1; dazu Peter Landau, Die Eheschließung von Freien mit Unfreien bei Burchard von Worms und Gratian. Ein Beitrag zur Textkritik der Quellen des kanonischen Rechts und zur Geschichte christlicher Umformung des Eherechts, in: Cristianità ed Europa. Miscellanea di studi in onore di Luigi Prosdocimi, hg. v. Cesare Alzati, Bd. 1, Roma u. a. 1994, 453 ff.

15 Jacqueline Rambaud, Le legs de l'ancien droit. Gratien, in: Gabriel Le Bras / Charles Lefebvre / Jacqueline Rambaud (Hg.), L'âge classique (1140-1378). Sources et théorie du droit (= Histoire du droit et des institutions de l'Église en Occident, Bd. 7), Paris 1965, 64 f.

Die Bibel ist also für Gratian ein Mittel, die bestehende Ordnung anzufechten. Wir würden heute sagen, die Bibel befragt uns, bringt uns dazu, unsere Sitten und Gesetze in Frage zu stellen, hindert uns daran, inmitten der Ungerechtigkeiten unserer Welt in Ruhe zu schlafen. Hat Jesus nicht auch so gehandelt, als er zum Beispiel die Ehebrecherin vor der Steinigung gerettet hat, obwohl das jüdische Gesetz sie befahl? Die Bibel, Gottes Wort, hinterfragt unser Kirchenrecht und stellt uns Fragen. Dies ist ihre Rolle nach Gratians Verständnis.

Diese Gedankengänge sind aber fast zu schön. Auch wenn Gratian den von der Bibel aufgeworfenen Fragen nachgeht, ist er sich doch bewusst, dass die Bibel selbst voller Widersprüche steckt. Zum Beispiel erlaubte das Alte Testament die Vielweiberei der Patriarchen (Gen 29, 15-30) oder es duldete die Verstoßung (Dtn 24, 1-4), und doch wird beides im Neuen Testament nicht mehr erlaubt. Solche Widersprüche zwischen Altem und Neuem Testament haben im Mittelalter viele Polemiken entfacht. Manche haben daraus geschlossen, dass der Gott des Alten Testaments nicht derselbe des Neuen Testaments war. Es ist die Häresie der Katharer, die den „guten Gott“ des Neuen Testaments dem „bösen Gott“ des Alten gegenüberstellte. Gratian bemüht sich, diese Widersprüche zu überwinden. Er will zeigen, dass es nur einen einzigen Gott gibt, der sich nicht widerspricht. Er behauptet, die Bibel enthalte unveränderliche Gesetze, die bis in die Ewigkeit gültig bleiben, die er „moralia“ nennt – wie z. B.: „Du sollst nicht töten!“ –, aber sie enthalte auch zeitbedingte Elemente, die dem jüdischen Volk eigen sind, die er „mystica“ nennt und die zum Beispiel das Gesetz des Sabbats oder die Nahrungsvorschriften betreffen. All diese Gesetze stammen zwar von Gott, aber nicht alle göttlichen Gesetze sind für alle Zeiten und für alle Menschen verbindlich.[16]

Also müssen auch innerhalb des biblischen Textes distinctiones (Unterschiede) gemacht werden.[17] Man kann sich nicht damit begnügen, der Bibel kritiklos zu folgen, heute würde man das als Fundamentalismus bezeichnen. Gratian behandelt z. B. die Frage der Unfruchtbarkeit in der Ehe.[18] Dies ist eine auch heute noch sehr aktuelle Frage, vor allem in Afrika, aber auch hier bei uns, wo Kinderlosigkeit oft ein Scheidungsgrund ist. In der traditionellen Auffassung hat die Ehe die Zeugung zum Ziel. Wie hat Abraham auf die Sterilität seiner Frau Sarah reagiert? Er hat mit seiner Magd Hagar Kinder gezeugt (Gen 16, 1-4). Genauso erging es Jakob und Rachel (Gen 30, 1-13). Um zu rechtfertigen, dass die Sitten der jüdischen Patriarchen im christlichen Lebensraum nicht länger geduldet werden sollten, stellt Gratian diese Problematik in einen Zeitbezug: „In unterschiedlichen Epochen erteilt uns der Schöpfer unterschiedliche Vorschriften.“

---

16 Decretum Gratiani, dictum post dist. 6, 3: „Sunt enim in lege quedam moralia, ut: non occides et cetera, quedam mistica, utpote sacrifitiorum precepta, et alia his similia.“

17 Christoph Meyer, Die Distinktionstechnik in der Kanonistik des 12. Jahrhunderts. Ein Beitrag zur Wissenschaftsgeschichte des Hochmittelalters, Leuven 2000.

18 Decretum Gratiani, C. 32 q. 4.

Zur Zeit der Patriarchen war es vordringlich, das demographische Überleben des auserwählten Volkes zu sichern: „Wehe der unfruchtbaren Frau“, meint das Alte Testament.[19] Heute gibt es kein auserwähltes Volk mehr (die christliche Botschaft wendet sich an alle Menschen), also ist es nicht mehr absolut notwendig, seine Nachkommenschaft zu sichern. Das kinderlose Ehepaar ist also nicht mehr fluchbeladen und der Mann kann sich nicht mehr damit entschuldigen, auf Kosten eines Ehebruchs Kinder zeugen zu wollen.

Kurz gesagt, für Gratian gilt die Bibel als die „prima auctoritas“, sie steht über den Konzilien und den Päpsten. Diese Autorität muss man aber, wie die anderen auch, sorgfältig untersuchen, kritisieren, im zeitlichen Zusammenhang sehen. Schließlich bleibt als oberste Autorität nur die ratio, der Verstand des Menschen, der allein es erlaubt, ein unvoreingenommenes Urteil zu fällen.

2. Bibel und Kirchenrecht heute

Nach diesem geschichtlichen Exkurs komme ich nun zum zweiten Teil meines Vortrags, in dem ich mich einigen aktuelleren Überlegungen widmen möchte. Wir haben gerade gesehen, dass die Bibel ab der Hibernensis nach 700 Quelle für das Kirchenrecht wurde, und dass Gratian im 12. Jahrhundert ihr eine zentrale Rolle verleiht.

Nach Gratian verschwindet die Bibel erneut aus den Normen des Kirchenrechts. Im 13. Jahrhundert wird sie in den Dekretalen Gregors IX. kaum mehr zitiert. Die am Konzil von Trient beschlossenen Kanones geben nur disziplinarische Argumente wieder, ohne sich je auf das Evangelium zu berufen, z. B. das Dekret „Tametsi“. Der Codex von 1917 rechtfertigt seine Normen durch kein Argument und zitiert nie die Bibel. Man findet den einen oder anderen Hinweis im CIC von 1983, weil er einige theologische Kanones enthält, wie z. B. can. 840, der behauptet „die Sakramente des Neuen Testaments sind von Christus eingesetzt worden“, oder can. 825, der die Veröffentlichung Heiliger Schriften ohne Zustimmung des Heiligen Stuhls oder der Bischofskonferenz verbietet. Das sind aber Ausnahmen. Untersucht man die Inhaltsverzeichnisse der verschiedenen Ausgaben des CIC, wird man nirgends die Wörter „Bibel“ oder „Neues Testament“ finden. Übrigens findet man sie ebenso wenig – ich erlaube mir, es nebenbei zu bemerken – im Index eines ausgezeichneten roten Taschenbuchs „Katholisches Kirchenrecht“[20], dessen Autor im Mittelpunkt unserer heutigen Zusammenkunft steht.

---

19 Eigentlich findet sich die Formulierung „Maledicta sterilis et quae non fecit semen in Israel“ nicht in der Vulgata, sondern bei vielen Kirchenvätern wie z. B. beim Hl. Hieronymus (Kommentar über Jesaja [= Corpus Christianorum, Series Latina, Bd. 73, Turnhout 1963], Buch 2.4.1). In der Bibel findet sich der Gedanke, die Unfruchtbare sei von Gott verwünscht (z. B. Hos 9, 14, dagegen aber Jes 54, 1).

20 Richard Puza, Katholisches Kirchenrecht, Heidelberg ^{1}1986, ^{2}1993.

Es sieht also so aus, als wäre die Bibel gänzlich aus dem Kirchenrecht verschwunden, zumindest aus dem katholischen, und das seit dem 13. Jahrhundert. Diese Entwicklung wurde von mehreren Autoren, alten und modernen, unterstrichen und heftig bedauert. Der Franziskaner Roger Bacon hat z. B. im 13. Jahrhundert gewünscht, es sollten ins Kirchenrecht nur Texte aus der Heiligen Schrift oder von den Kirchenvätern aufgenommen werden.[21] Der im Jahre 1917 verstorbene bedeutende Historiker und lutherische Kanonist Rudolf Sohm hat dieser Frage ein wichtiges und hochinteressantes Werk gewidmet.[22] In seinen Augen war das Recht der frühen katholischen Kirche (bis Gratian) ein „sakramentales Recht":

> „Das kanonische Recht ist für Gratian Sakramentsrecht. ... Anderes kanonisches Recht als das Recht der Sakramente gibt es nicht. Alles kanonische Recht handelt von Gott, von dem Geheimnis seines Lebens in der Christenheit."[23]

Nach Sohm gehört das kanonische Recht von seinem Wesen her zum theologischen „mysterium", während das „neukatholische Kirchenrecht", das den Dekretalen entstammt, den Katholizismus juristisch vom Papsttum her aufbaut. Das ehemalige „kanonische Recht" ist so zu einem einfachen „Kirchenrecht" geworden.[24] Und es stimmt, dass das katholische Kirchenrecht über Jahrhunderte hinweg verdorrt ist. Wenn man sich heute für die Beziehung zwischen biblischer Offenbarung und Kirchenrecht interessiert, muss man sich meistens an protestantische oder orthodoxe Theologen und Kirchenrechtler wenden.[25]

Trotzdem, bei näherer Betrachtung, kann man feststellen, dass die Bibel bei kirchenrechtlichen Fragen immer noch, sogar in der katholischen Kirche, eine Rolle spielt. Im CIC wird sie zwar niemals zitiert, aber in den Debatten bezieht man sich oft auf sie. So lebt die Polemik um die Zulassung der wieder verheirateten Geschiedenen zur Eucharistie von biblischen Zitaten. Der päpstliche Rat für die Interpretation von Gesetzestexten beruft sich auf folgende Passage aus dem ersten Brief an die Korinther (1 Kor 11, 27-29):

> „Wer also unwürdig von dem Brot isst und aus dem Kelch des Herrn trinkt, macht sich schuldig am Leib und am Blut des Herrn. Jeder soll sich selbst prüfen; erst dann soll er von dem Brot essen und aus dem Kelch trinken. Denn wer davon isst und trinkt, ohne zu bedenken, dass es der Leib des Herrn ist, der zieht sich das Gericht zu, indem er isst und trinkt."

---

21 Roger Bacon, Opus maius, pars secunda, Bd. 3, London 1900, 38; zitiert v. Joseph de Ghellinck, Le Mouvement théologique du 12e siècle, Bruges – Bruxelles – Paris 1948, 17.

22 Rudolf Sohm, Das altkatholische Kirchenrecht und das Dekret Gratians, in: Juristenfakultät der Universität Leipzig (Hg.), Festschrift der Leipziger Juristenfakultät für Dr. Adolf Wach, München – Leipzig 1918, 1 ff.

23 Ebd., 51 ff.

24 Ebd., 95.

25 Auf katholischer Seite sollte man die von Klaus Mörsdorf (1909-1989) gegründete Münchner theologisch-kirchenrechtliche Schule erwähnen.

Die wieder verheirateten Geschiedenen sind nach dem päpstlichen Rat unwürdig, dürfen daher nicht zur Kommunion zugelassen werden.[26] Hierzu möchte ich zwei Bemerkungen machen:

- Erstens benutzt der Päpstliche Rat im Gegensatz zu Gratian, für welchen die Bibel sich im Widerspruch zur bestehenden Ordnung befand – z. B. in der Frage der Sklaverei –, das Neue Testament zugunsten der Institution und versucht dabei, jede Weiterentwicklung des Rechts beim Problem der wieder verheirateten Geschiedenen zu blockieren. Roland Sublon meint zu Recht:

  > „Wir alle sagen, wenn wir zur Kommunion gehen, ‚Herr, ich bin nicht würdig, dass du eingehst unter mein Dach. ...‘ Wenn wir Unwürdigen zur Kommunion gehen dürfen, warum sollen dann andere Unwürdige davon ferngehalten werden?“[27]

- Zweitens meint der Päpstliche Rat, was in der Bibel stehe, sei „göttliches Recht“ und als solches unantastbar. Diese Auffassung scheint mir nicht gerechtfertigt. Nicht alles, was in der Bibel steht, gehört unbedingt zu einem unantastbaren göttlichen Recht. Viel zu oft beruft man sich auf das göttliche Recht, um eine Debatte zu verhindern. Man könnte andere Beispiele anführen wie die Priesterweihe für Frauen. Unter diesem Gesichtspunkt könnte das vor kurzem veröffentlichte Motu proprio „Ad tuendam fidem“ eine Katastrophe sein, da es diejenigen bestraft, die die Diskussion über heikle Themen weiterführen möchten.[28] Mir scheint es wichtig, noch einmal zu beteuern, dass das Evangelium nicht ein Katalog von verpflichtenden Normen ist, sondern eine immer wiederkehrende Frage, die uns gestellt wird. Das Evangelium bringt uns dazu, unseren sicheren Glauben in Frage zu stellen, zwingt uns dazu, immer wieder aufs Neue die Treue unserer Institutionen gegenüber der Offenbarung zu prüfen. Die Kirche sollte Gottes Wort hören, sein Wort, das uns die Freiheit der Interpretation überlässt. Ecclesia sancta, sed semper reformanda; ius sacrum, sed semper reformandum!

Wenn man sich auch darüber freuen kann, dass sich manche heutigen Kirchenrechtsdebatten auf die Bibel stützen, sollte man doch vermeiden, die Bibel einfach als Argument zu benutzen, nur um diejenigen zum Schweigen zu bringen, die anders denken. Um einen berühmten Satz wieder aufzugreifen: Man soll sich nicht des Wortes Gottes bedienen, sondern dem Wort dienen.

---

26 Erklärung des päpstlichen Rates für die Gesetzestexte v. 06.07.2000, zugänglich in verschiedenen Sprachen auf der Homepage des Vatikans (http://www.vatican.va) unter den Stichworten: „Die Römische Kurie“, „Päpstliche Räte“, „Gesetzestexte“.

27 Erscheint demnächst in der Revue de droit canonique.

28 Motu proprio „Ad tuendam fidem“ v. 18.05.1998, zugänglich in verschiedenen Sprachen auf der Homepage des Vatikans (http://www.vatican.va) unter den Stichworten: „Heiliger Vater“, „Johannes Paul II.“, „Motu proprio“.

Lieber Richard!

Ich hätte diesen Vortrag eigentlich mit der Bemerkung beginnen sollen, dass es für mich eine große Ehre sei, das Wort hier in dieser berühmten Tübinger Universität bei diesem feierlichen Anlass ergreifen zu dürfen. Doch gebührt in Wirklichkeit die Ehre dieses Tages Dir. Es ist mir eine große Freude, mich dieser Ehrung anschließen zu dürfen, indem ich einige Gedanken, die ich soeben vorgetragen habe, Dir widme, in meinem eigenen Namen sowie in dem all meiner Kollegen des Straßburger Institut de Droit Canonique. Und ich möchte diesen Vortrag zusammenfassen in der Behauptung, dass das Kirchenrecht im Dienste der Verkündigung des Evangeliums stehen soll, oder, wie Du es selbst vor einigen Monaten in Straßburg wieder gesagt hast, dass die Bestimmungen der Kanones „elastisch" und „diakonisch" sein sollen, d. h. im Dienste der Pastoral und des Heils der Menschen stehen. Diese beiden Adjektive, „elastisch" und „diakonisch", die auch biblisch klingen, findet man sehr wohl in Deinem „Katholischen Kirchenrecht". Diese Lektion, dass das Kirchenrecht dienen soll, die Du gerne wiederholst, habe ich von Dir, lieber Freund und Kollege, gelernt. Dafür danke ich Dir ganz herzlich.

Worte des Dankes auf der Feier meines 60. Geburtstages

Richard Puza

Exzellenzen, Magnifizenz, Spectabilis, meine Damen und Herren, die Sie in Wort und Schrift sowie durch Ihre Anwesenheit an dieser Feier meine Person und meine Arbeit würdigen!

Der Tag hat schon gut angefangen. Heute früh kam von meinem Kollegen Prof. Dr. Wolfgang Mantl aus Graz ein Glückwunschschreiben mit folgenden Worten: „Du bist neben Arnold Schwarzenegger einer der größten Auslandssteirer!“ Na ja.

Ich bin geehrt, ich bin ergriffen über so viel Lob und Anerkennung. Allen sei ein herzliches Dankeschön dafür gesagt.

1. Mein Lob an Gott

Unsere Talente verdanken wir Gott. Er hat mir einige davon gegeben. Deshalb sei ihm zuallererst gedankt.

Zu danken habe ich an zweiter Stelle meinen schon lange verstorbenen Eltern. Sie haben in mir den Glauben geweckt und in für sie schwerer Zeit mitgegeben. Aber noch viel mehr! Eine Regel meines Vaters lautete: „Es hat noch nie jemand etwas Ordentliches geleistet, der nicht etwas Außerordentliches leisten wollte.“ Ich habe mich immer bemüht, meine Pflicht zu erfüllen. Aber wer wollte sich damit begnügen? Oft ist es mir allerdings nicht leicht gefallen, die Ziele zu erreichen, die ich mir selbst gesetzt habe. Meine Mutter hat mir beigebracht, dass „man die Menschen so nehmen muss, wie sie sind, nicht wie sie sein sollen“. Das habe ich immer beherzigt und das hat mir oft geholfen, in Konfliktfällen die richtigen Wege zu finden und zu gehen.

2. Mein Dank an die Mitmenschen

Zu dem, was wir geworden sind und erreicht haben, haben viele Menschen beigetragen: Die Eltern, meine Frau und meine Kinder, mein Taufpate, die Verwandten, die Lehrer und Kameraden, Weggefährten und Freunde sowie das – wie man wohl sagen kann – ganze menschliche Umfeld. Es war zunächst die Nachkriegszeit, dann das österreichische, das Kärntner Klima, das mich geprägt hat. Klagenfurt, meine erste Heimatstadt, hatte damals nicht einmal eine Universität. Ein späterer Generalvikar hat noch Anfang der 60er Jahre bei Katholischen

Hochschulwochen von einem „geistigen Vakuum" in Kärnten gesprochen. Sicher zu Unrecht, wenn man aufzählen würde, wer damals dort aufgewachsen ist, z. B. mein Klassenkamerad und späterer Kommilitone im Jurastudium, Peter Handke.

Aber es war notwendig, zum Studium von zu Hause weg zu gehen, in das steirische Klima. Dort habe ich in den Studienkollegen und vielen Professoren sowie in den Mitgliedern der Katholischen Hochschuljugend ein fruchtbares Klima des Lehrens und Lernens und christlicher Koinonia gefunden. Es war das richtige Klima, um zum Juristen zu werden. In dieser Zeit hatte ich auch meine ersten wissenschaftlichen Kontakte nach Deutschland geknüpft, vermittelt durch den damals hier gut bekannten Öffentlichrechtler Prof. Dr. Gustav E. Kafka, den vehementen Vertreter einer österreichischen Nation und eines politischen Katholizismus. Ich erinnere mich noch gut an seine Seminare zu diesem Thema. Er hat mir, dem jungen Assistenten, die Teilnahme an den Essener Gesprächen zum Thema Staat und Kirche ermöglicht. „Sagen Sie dort etwas Gescheites, dann werden Sie wieder eingeladen", hat er mir auf den Weg mitgegeben. Ich werde seitdem bis heute eingeladen.

Eine Person möchte ich noch ausdrücklich nennen: Prof. Karl-Eugen Fischer, damals Professor für Kirchenrecht in Augsburg, den ich auf einem Rechtshistorikertag kennen gelernt habe. Ermuntert durch seinen Rat, mich auch an Theologischen Fakultäten zu bewerben, habe ich mich in Tübingen an dieser Fakultät beworben. Hier konnte ich mich dann voll entfalten. Und so sei auch einer Institution zusammen mit ihrem staatlichen und kirchlichen Umfeld gedankt. Gemeint sind natürlich die sie mit Leben füllenden Menschen.

3. Dank an die Akteure der heutigen Feier und des Symposions

Mein Dank gilt den Akteuren der heutigen Feier und des Symposions.

1. Allen voran danke ich unserem Bischof Dr. Gebhard Fürst für die mich ehrenden Worte. Ich kann von mir sagen, dass Sie schon der vierte Diözesanbischof sind, dem ich diene, der erste in Graz, der dritte seit ich in Tübingen bin. Und ich werde das weiter auch mit Freuden tun. Ich habe meine Aufgabe als Universitätslehrer im Kirchenrecht sowohl an der Juristischen als auch an der Theologischen Fakultät immer auch darin gesehen, über die Universität hinaus in der Ortskirche zu wirken.

Mein Dank gilt den Weihbischöfen Dr. Johannes Kreidler und Thomas Maria Renz für die Ehre, die Sie mir durch Ihre Anwesenheit erweisen.

2. Ich danke dem Prorektor der Eberhard-Karls-Universität, Herrn Prof. Dr. Teut Risler, für sein Grußwort. Uns verbindet seit Jahren in der Professorenliste „Forschung und Lehre" die gemeinsame Sorge für das Wohl des Universitätsganzen.

3. Ich danke dem Dekan für seine freundlichen Worte. Nicht nur freundschaftlich fühlen wir uns verbunden, sondern auch durch die gemeinsame Sorge um das Schicksal der Fakultät.

4. Mein besonderer Dank gilt dem Festredner, Prof. Dr. Jean Werckmeister. Mit ihm verbindet mich über das Fachliche hinaus auch persönliche Freundschaft. Er hat als Franzose und Elsässer in seiner lateinisch-französischen Ausgabe des Prologes des Ivo von Chartres angeregt, dass man besser von Flexibilität des Rechtes spräche als von dessen Elastizität, elasticità, einem Begriff, der von mir dem Italienischen entlehnt wurde. Du hast Erfolg gehabt, der Titel der Festschrift gibt Dir recht! Die biblische Begründung dieser Auffassung der Funktion von Recht in der Kirche ist offensichtlich, Du hast heute nun einen weiteren Baustein zu dieser Begründung geliefert. Cher ami, je ne dois pas traduire mes paroles. Mais je voudrais te remercie que tu es venu à Tübingen et que tu a préparé cette hommage á mon œuvre, qui a été aussi une conférence excellente. Arbeiten wir weiter an einem „vernünftigen Kirchenrecht".

5. Ich danke denen, die sich die Mühe gemacht haben, mir, dem erst 60-jährigen, eine Festschrift zu widmen, und diesen Festakt durch Wort und auch Tat zu gestalten: Herrn Prof. DDr. Andreas Weiß und Herrn Dipl.-Theol. Stefan Ihli J.C.L.

a. Lieber Andreas! Ich habe Dich als Richter am Offizialat in Rottenburg und als Doktorand in Strasbourg näher kennen und Deine wissenschaftlichen Fähigkeiten schätzen gelernt. Als Prof. Dr. Jean Schlick mich bei einem meiner Aufenthalte in Strasbourg wegen einer Habilitation Deinerseits in Tübingen ansprach, war ich dazu sofort bereit. Nun habe ich zusätzlich Deine organisatorischen Fähigkeiten besser schätzen gelernt. Deine Schaffenskraft ist bewundernswert. Du hast es erreicht, dass die Festschrift lange vor dem Festakt erschienen ist. Du hast mich allerdings ganz schön auf die Folter gespannt, als Du mir vor vierzehn Tagen – meine Frau und ich saßen bei Dir – sagtest, dass sie im Nebenzimmer sei, aber ich sie noch nicht sehen dürfe, da ja „eine Überraschung noch bleiben müsse". Ich danke Dir für die viele Mühe.

b. Lieber Stefan! Ja, Dich habe ich schon seit Deiner Studienzeit geschätzt. Du warst ein ausgezeichneter Student und Assistent. Heute geben wir gemeinsam die auch international erfolgreiche Internet-Zeitschrift NomoK@non heraus. Ich danke Dir für die vielen Stunden, die Du dieser Festschrift geopfert hast. Ich weiß aber auch, dass Dir diese Tätigkeit durchaus Spaß macht. Ich freue mich auf noch viele weitere Zusammenarbeit mit Dir.

c. Ich danke allen, die an der Festschrift mitgewirkt haben, auch denen, die heute nicht dabei sein können.

6. Ich danke den Rednern am Symposion über den Schutz der Kulturgüter als Aufgabe für Staat und Kirche:

- Herrn Offizial Dr. Lorenz Wolf aus München, der uns die Kirche als älteste Schützerin der Kulturgüter vorgestellt hat,
- Herrn Diözesanjustitiar Privatdozent Dr. Felix Hammer aus Rottenburg, der uns in den Schutz der Kulturgüter in den Verfassungen Europas unter dem Blickwinkel der Religionsfreiheit eingeführt hat,
- Herrn Diözesankonservator Wolfgang Urban aus Rottenburg, der den mittelalterlichen Aspekt der biblia pauperum aufgenommen und in das moderne Gewand des Kulturgutes gekleidet hat.

7. Ich danke allen meinen Assistenten und Schülern, denen ich Lehrer und Wegbegleiter sein konnte, besonders meiner jetzigen Assistentin Dr. Monica-Elena Herghelegiu und ihren Vorgängern, den Herren Prof. Dr. Pierre Noël, Stefan Ihli J.C.L., PD Dr. Hans-Jürgen Guth und Dr. Karl-Christoph Kuhn.

8. Ich danke allen, die gekommen sind, um mit mir zu feiern.

a. Ich danke den Kolleginnen und Kollegen, Assistentinnen und Assistenten sowie Studentinnen und Studenten meiner, der Evangelischen und der Juristischen Fakultät.

b. Mein Dank gilt weiteren heute anwesenden Spitzen und Vertretern der Diözese Rottenburg-Stuttgart. Insbesondere möchte ich den emeritierten Offizial Herrn Apostolischer Protonotar Ernst Rößler, der heute leider krankheitshalber nicht dabei sein kann, und Herrn Offizial Monsignore Reinhold Melber nennen, mit denen mich nicht nur die Tätigkeit am Diözesangericht, sondern auch die gemeinsame Sorge um die Ausbildung des kirchenrechtlichen Nachwuchses erfolgreich verbunden hat und verbindet, sowie Herrn Domdekan Prälat Georg Kopp.

c. Ich danke den Verwandten meiner Frau, unseren gemeinsamen Freunden und Bekannten und den Nachbarn aus Rottenburg, besonders jenen vom Stieglitzweg.

4. Dank an die Familie

Im Glückwunschschreiben eines Freundes wird der Baum als Bild des Lebens, eines reifen und erfüllten Lebens bezeichnet: Die Wurzeln, die fest verankert sind im Erdreich, aus dem er die Nährstoffe zieht. Der feste Stamm, dem die Stürme nichts anhaben können. Mächtige Zweige münden in die feinsten Verästelungen, um mit dem dichten Blattwerk sich dem Licht auszusetzen, die Kraft zu schöpfen, die das Leben zu voller Entfaltung bringt. Dieses Bild ist nicht nur eine Metapher für ein erfülltes 60-jähriges Leben! Es spricht von der Gnade Gottes.

4.1. Dank an meine liebe Frau

In dem Schreiben des Freundes findet sich noch eine wunderschöne Passage zu meiner Familie, sie lautet: „Deine Familie ist in dieses Leben und in die Gnade voll eingebunden und integriert. Karin, Walther und Ivo gehören zu Deinem Leben, sie machen das Ansehen aus, sie unterstreichen die Größe."

Ich möchte ergänzen: Beruf und Familie gehören zusammen, auch wenn sie sich in der Praxis des Alltages oft reiben. Die Wissenschaft kann eine eifersüchtige Geliebte sein, zusätzlich vermehrt durch die Wissenschaftsverwaltung. Dann bleibt oft nichts anderes übrig, als ihr, statt der Familie – keineswegs immer mit Freuden – zu huldigen.

Liebe Karin, ich möchte Dir heute für Deine Unterstützung – Du stehst immer neben mir, hältst mir den Rücken frei – und für die viele Hilfe danken, mit der Du meine – oft auch die gemeinsamen Abende und Wochenenden raubende – wissenschaftliche Arbeit vom Anfang unserer Ehe an mit Tat und Rat begleitet hast. Schon meinen ersten wissenschaftlichen Aufsatz über Patronat und Baulast an Kirchengebäuden, dann die Habilitationsarbeit, gespickt mit lateinischen Zitaten, die ich im Vatikanischen Archiv ausgegraben habe, hast Du damals ausdauernd mit der Schreibmaschine geschrieben. Ich denke auch an Deine Hilfe beim Übersetzen ins Italienische und das Lesen der Korrekturen, das ein endloses Unterfangen ist, das aber, wie ich hoffe, noch lange ein solches bleiben wird. Manchen Urlaub im schönen Allgäu haben wir dazu benützt, Korrekturfahnen zu lesen. So korrigierten wir vierzehn Tage lang den Umbruch des „Katholischen Kirchenrechts" in den Osterferien 1986.

Liebe Karin, wenn das alles stimmt, was ich heute über mich gehört habe, hast auch Du Dir große Verdienste um das Kirchenrecht erworben.

4.2. Dank an meine, nein für unsere Kinder

Ja, und was wären wir ohne unsere beiden Söhne! Walther und Ivo gehören zu Deinem Leben, hat mein Freund geschrieben, sie gehören zu unserem Leben. Und dafür möchte ich danken.

5. Dank an jene, die diesen Festakt in besonderer Weise mitgestaltet haben

Danken möchte ich auch allen, die dazu beigetragen haben, dass dieser Festakt so stattfinden konnte: meiner Assistentin Frau Dr. Monica-Elena Herghelegiu, den beiden Musikerinnen, Frau Christine Schäfer und Frau Friederike Saam vom Duo Sereno, meiner Hilfskraft Frau Claudia Schindler und allen anderen hilfsbereiten Helfern.

6. Dank an diejenigen, die für den Leib gesorgt haben

Bevor wir uns beim Empfang in persönlicher Begegnung austauschen können, möchte ich die nennen, die für das leibliche Wohl sorgen. Ich danke Herrn Oskar Zeeb und seiner Firma vielmals, dass er und seine Tübinger Filiale in der Kornhausstraße nach dem Unfalltod seines Rottenburger Filialleiters Werner Heim und dessen Gattin Carmen Scharf das Buffet kurzfristig übernahmen und bestens organisierten. Außerdem danke ich Herrn Konditor Gerhard Walter und seiner Frau Brigitte für den köstlichen Nachtisch.

Ich darf Sie alle nun zum Stehempfang bitten.

Schriftenverzeichnis
Prof. Dr. Richard Puza
Stand: 15. März 2004

Zusammengestellt von
Stefan Ihli

1. Monographien

1. Res iudicata. Rechtskraft und fehlerhaftes Urteil in den Decisionen der Römischen Rota, Graz 1973.

2a. Katholisches Kirchenrecht, Heidelberg ^{1}1986.

2b. Katholisches Kirchenrecht, Heidelberg ^{2}1993.

2c. Katholisches Kirchenrecht, Heidelberg ^{3}2004 (im Druck).

3. Franz Xaver Wernz – Lehrer, Kanonist und Jesuitengeneral aus Rottweil. Ein deutscher Kirchenrechtler in Rom, Rottweil 1994.

2. Herausgeberschaft und Mitherausgeberschaft

1. Programm ERASMUS Theologie Lyon (F) – Tübingen (D) – Fribourg (CH) – Madrid (E) – Maynooth (IRL), hg. v. Puza, Richard, Tübingen u. a. o. J.

2a. Rechtswissenschaften, hg. v. Puza, Richard / Lube, Manfred, Graz ^{1}1974.

2b. Fachliche Benützungsanleitung für die Bibliotheken der Universität Graz. Band 7: Rechtswissenschaften. Mit Anleitung zum Studium, hg. v. Puza, Richard / Lube, Manfred, Graz ^{2}1977.

3. Die Lage der Dozenten an den Universitäten in Österreich, hg. v. Kneucker, Raoul F. / Puza, Richard, Wien 1977.

4. Mit-Herausgeberschaft bei der ThQ seit 1980.

5. Der CIC 1983 (Sonderheft der ThQ), hg. v. Puza, Richard, München 1983.

6. Beiträge zum Kirchenrecht, hg. v. Grote, Heiner / Kaiser, Matthäus / Puza, Richard, Schwerte 1984.

7. Eine Kirche – ein Recht? Kirchenrechtliche Konflikte zwischen Rom und den deutschen Ortskirchen, hg. v. Puza, Richard / Kustermann, Abraham P., Stuttgart 1990.

8. Die Kirchen und die deutsche Einheit. Rechts- und Verfassungsfragen zwischen Kirche und Staat im geeinten Deutschland, hg. v. Puza, Richard / Kustermann, Abraham P., Stuttgart 1991.

9. Viri probati (Sonderheft der ThQ), hg. v. Puza, Richard / Mieth, Dietmar, München 1991.

10. Staatliches Religionsrecht im europäischen Vergleich, hg. v. Puza, Richard / Kustermann, Abraham P., Fribourg 1993.
11. Beginn und Ende der Ehe. Aktuelle Tendenzen in Kirchen- und Zivilrecht, hg. v. Puza, Richard / Kustermann, Abraham P., Heidelberg 1994.
12. Wiederverheiratete Geschiedene (Sonderheft der ThQ), hg. v. Puza, Richard / Mieth, Dietmar / Hünermann, Peter, München 1995.
13. Neue Verträge zwischen Kirche und Staat. Die Entwicklung in Deutschland und Polen, hg. v. Puza, Richard / Kustermann, Abraham P., Fribourg 1996.
14. Synodalrecht und Synodalstrukturen. Konkretionen und Entwicklungen der „Synodalität" in der katholischen Kirche, hg. v. Puza, Richard / Kustermann, Abraham P., Fribourg 1996.
15. Bilderstreit um die Ehe. Theologische und kanonistische Erblasten eines aktuellen Konflikts, hg. v. Puza, Richard / Kustermann, Abraham P., Fribourg 1997.
16. Iustitia in caritate. Festgabe für Ernst Rößler zum 25jährigen Dienstjubiläum als Offizial der Diözese Rottenburg-Stuttgart, hg. v. Puza, Richard / Weiß, Andreas, Frankfurt am Main u. a. 1997.
17. NomoK@non. (Staats)Kirchenrecht im Web, Internetzeitschrift unter der Adresse http://www.nomokanon.de, hg. v. Puza, Richard, Tübingen 1998 ff.
18. Nach Scheidung im Recht. Die Rechtsstellung wiederverheirateter Geschiedener in der katholischen Kirche, hg. v. Puza, Richard / Ihli, Stefan / Frank, Engelbert, Tübingen 2001.
19. Zivilreligion (Sonderheft der ThQ), hg. v. Puza, Richard, München 2003.
20. Ökumenisches Lexikon kirchlicher Amtsbegriffe, hg. v. Puza, Richard, Stuttgart 2004 (im Druck).
21. Unité des nations, pluralisme religieux et construction européenne (LeSuppl, Sonderheft Nr. 228), hg. v. Puza, Richard / Durand, Jean-Paul, Paris 2004 (im Druck).
22. Mitglied im Redaktionskomitee der RDC.

3. Aufsätze

1. Die finanzielle Leistungspflicht des Patrons nach dem österreichischen Baulastrecht, in: ÖAKR 19 (1968) 13-61.
2. Patronat und Inkorporation nach österreichischem Staatskirchenrecht unter besonderer Berücksichtigung der Baulast, in: ÖAKR 19 (1968) 308-336.
3. Die Prüfung fehlerhafter Gesetze im Kirchenrecht. Ein Beitrag zum Problem der Normenkontrolle, in: ÖAKR 26 (1975) 90-119.
4. Ordensstand und Treuhand, in: FS Plöchl (70), 423-438.
5. Signatura iustitiae und commissio. Ein Beitrag zum Prozeßgang an der römischen Kurie in der Neuzeit, in: ZRG KA 64 (1978) 95-115.
6. Die gesetzlich anerkannten Kirchen und Religionsgesellschaften als Tendenzbetriebe. Überlegungen zu § 132 Abs. 4 des österreichischen Arbeitsverfassungsgesetzes von

1973, in: Reformen des Rechts. FS zur 200-Jahr-Feier der Rechtswissenschaftlichen Fakultät der Universität Graz, hg. v. Sutter, Berthold, Graz 1979, 377-385.

7. Kirchenrechtliche Probleme konkordatärer Vereinbarungen, in: ThQ 160 (1980) 122-137.
8. Rechtsgeschäfte über das Kirchenvermögen, in: GrNKirchR, 735-740.
9. Rescriptum und Commissio. Die Entscheidung der Signatura iustitiae im 16. und 17. Jahrhundert, in: ZRG KA 66 (1980) 354-370.
10. Die Verwaltung des Kirchenvermögens, in: GrNKirchR, 729-735.
11. Die diakonische Funktion des Kirchenrechts – gewandeltes Rechtsverständnis im neuen CIC?, in: AKathKR 151 (1982) 130-139.
12. Gründer einer Gemeinde und Stifter einer Kirche oder eines Klosters in der christlichen Antike. Kirchen- und rechtsgeschichtliche Überlegungen zu den Begriffen ktistes und fundator, in: AKathKR 151 (1982) 58-72.
13. Die Diözesansynode. Ihre rechtliche Gestalt im neuen CIC (cc. 460-468), in: ThQ 163 (1983) 223-226.
14. Die Dom- und Stiftskapitel, in: HdbKathKR[1], 376-380.
15. Der neue Codex Iuris Canonici und das Diözesanrecht, in: ThQ 163 (1983) 59-61.
16. Die Rechtsgeschäfte über das Kirchenvermögen, in: HdbKathKR[1], 910-915.
17. Strömungen und Tendenzen im neuen Kirchenrecht, in: ThQ 163 (1983) 163-178.
18. Die Verwaltung des Kirchenvermögens, in: HdbKathKR[1], 900-910.
19. Zur Stellung der Frau im alten und neuen Kirchenrecht, in: ThQ 163 (1983) 109-122.
20. Kirchenrechtslehrer an der Juridischen Fakultät der Universität Graz aus zwei Jahrhunderten, in: ZRG KA 70 (1984) 237-270.
21. Der Laie im neuen Codex Iuris Canonici, in: ThQ 164 (1984) 88-102.
22. Die Teilkirche und ihr Recht im neuen Codex, in: ThQ 164 (1984) 34-51.
23. Verfaßte Kirche im neuen Codex. Gemeinde – Hierarchie – Kirche, in: Beiträge zum Kirchenrecht (vgl. Nr. 2.6), 25-38.
24. Zur Rechtsstellung der Sekten in Österreich, in: Ökumenisches Forum 8 (1984) 23-38.
25. Kanonistische Ansätze zur Frage der Rechtsstellung wiederverheirateter Geschiedener. Aus Anlaß einer Neuerscheinung, in: ThQ 165 (1985) 308-313.
26. Diözesansynode und synodale Struktur. Ein Beitrag zur Ekklesiologie des neuen Codex Iuris Canonici, in: ThQ 166 (1986) 40-48.
27. Kirche und Gemeinde im neuen Codex Iuris Canonici, in: Thériault, Michel u. a. (Hg.), The New Code of Canon Law. 5th International Congress of Canon Law, Ottawa 1986, 671-679.
28. Die Ehe als Sakrament und Vertrag. Zu Geschichte und Gegenwart eines kodifizierten Rechtssatzes, in: ThQ 167 (1987) 128-136.
29. Gemeinsame Verantwortung und Mitverantwortung, in: ThQ 167 (1987) 214 f.
30. Die Weltkirche und die Staaten, in: FG Schwendenwein, 651-663.

31. Die Finanzierung der katholischen Kirche im historischen Rückblick, in: FS Carlen, 335-351.

32. Kanonistische Überlegungen zur Entstehung und Rezeption synodaler Beschlüsse, in: Kirche in der Zeit. Walter Kasper zur Bischofsweihe. Gabe der Katholisch-Theologischen Fakultät Tübingen, hg. v. Vogt, Hermann J., München 1989, 224-244.

33. Kirchenrecht als Zeitgeschichte. Das Gewohnheitsrecht in der Entstehungsphase des CIC 1917 (1904-1912), in: ThQ 169 (1989) 81-98.

34. Kirchenrecht – Theologie – Liturgie. Kanonistische Überlegungen zur Identität von Ehevertrag und Ehesakrament sowie zum „Spender" des Ehesakramentes, in: Eheschließung – mehr als ein rechtlich Ding?, hg. v. Richter, Klemens, Freiburg i. Br. 1989, 62-83.

35. Die Communio-Ekklesiologie und das Recht der Teilkirche. Terminologie – Entwicklung – Situation, in: Eine Kirche – ein Recht? (vgl. Nr. 2.7), 23-45.

36. Der Konflikt als Ernstfall des Kirchenrechts. Rechtliche Möglichkeiten und Verfahren zur Lösung von Verfassungs- und Sachkonflikten im Rahmen der communio, in: Eine Kirche – ein Recht? (vgl. Nr. 2.7), 187-201.

37. Verflechtung und Trennung von Kirche und Staat. Thesen zur Kirchenfinanzierung in der Bundesrepublik Deutschland, in: ThQ 170 (1990) 120-128.

38. Einheit Deutschlands – kirchliche Einheit?, in: ThQ 171 (1991) 64 f.

39. Geeintes Deutschland: Neue Rechtsfragen zwischen Kirche und Staat. Stand der Diskussion anhand der „Essener Gespräche" 1991, in: Die Kirchen und die deutsche Einheit (vgl. Nr. 2.8), 83-98.

40. Die Kirchen und die deutsche Einheit. Kirchen- und staatskirchenrechtliche Probleme um das deutsch-deutsche Zusammenwachsen, in: ThQ 171 (1991) 188-203.

41. Konfliktlösung in der Ecclesia-Communio. Kanonistische Aspekte der Bewältigung heutiger Verfassungs- und Sachkonflikte in der Kirche, in: FG Pototschnig, 215-232.

42. Staatskirchenrechtliche und kirchenrechtliche Stellung und Aufgaben der Theologischen Fakultäten, in: ThQ 171 (1991) 108-114.

43. Le lien matrimonial dans sa formation et sa durée. Apports récents de la théologie et du droit canonique allemands, in: RDC 42 (1992) 309-329.

44. Menschenrechte ad extra und ad intra?, in: Christliche Sozialethik im Anspruch der Zukunft. Tübinger Beiträge zur Katholischen Soziallehre, hg. v. Mieth, Dietmar, Freiburg i. Br. 1992, 155-173.

45. Viri uxorati – viri probati. Kanonistisch-historische Überlegungen, in: ThQ 172 (1992) 16-23.

46. Der Abschluß des Ehebundes. „Spenden" oder „Proklamieren" des Ehesakramentes, in: ThQ 173 (1993) 81-98.

47. Europa ohne Grenzen – und die Kirche? Europäische Dimensionen des Verhältnisses von Kirche und Staat, in: ThQ 173 (1993) 9-18.

48. Modalitäten der Kirchenfinanzierung in der europäischen Union, in: ÖAKR 42 (1993) 178-195.

49. Das staatliche Religionsrecht in Italien, in: Staatliches Religionsrecht im europäischen Vergleich (vgl. Nr. 2.10), 59-77.

50. L'attuazione del nuovo codice di diritto canonico in Germania, in: QDPE 1 (1994) 159-178.

51a. Commemoratio. Franz Xaver Wernz. Kanonist und Jesuitengeneral, in: PerRCan 83 (1994) 351-373.

51b. Franz Xaver Wernz – Lehrer, Kanonist und Jesuitengeneral aus Rottweil. Ein deutscher Kirchenrechtler in Rom, in: ThQ 174 (1994) 22-33.

51c. Franz Xaver Wernz – Lehrer, Kanonist und Jesuitengeneral aus Rottweil. Ein deutscher Kirchenrechtler in Rom, in: FS Schmitz, 793-807.

52. Die Ehe als Gemeinschaft der Liebe und Treue, in: RDC 44 (1994) 109-124.

53. Die fakultative Zivilehe in den Konkordaten, in: 60 Jahre Österreichisches Konkordat, hg. v. Paarhammer, Hans / Pototschnig, Franz / Rinnerthaler, Alfred, München 1994, 421-435.

54. Neues zum Ehesakrament aus kirchenrechtlicher Sicht, in: StZ 212 (1994) 98-106.

55. Rechtsprobleme um die fakultative Zivilehe im religionsneutralen Staat. Die Entwicklung in Italien, in: Beginn und Ende der Ehe (vgl. Nr. 2.11), 41-51.

56. Resümee: Beginn und Ende der Ehe – alte und neue Gesichtspunkte, in: Beginn und Ende der Ehe (vgl. Nr. 2.11), 121-126.

57. L'actualité en Allemagne. La Cour constitutionnelle, la Bavière et le crucifix dans les écoles, in: RDC 45 (1995) 373-379.

58. 30 Jahre Bischofssynode. Erfahrungen und Perspektiven, in: FS Heinemann (70), 291-303.

59. Les échos de l'affaire Gaillot en Allemagne, in: RDC 45 (1995) 147-149.

60. Die gescheiterte Ehe. Eine Anfrage an die kanonistische Lehre und Praxis, in: ThQ 175 (1995) 97-108.

61. Kirche und Staat – vertragliche Partnerschaft mit Zukunft, in: NVwZ 14 (1995) 460-462.

62. Die Konzilskongregation. Ein Einblick in ihr Archiv, ihre Verfahrensweise und die Bedeutung ihrer Entscheidungen von ihrer Errichtung bis zur Kurienreform Pius' X, in: RQ 90 (1995) 23-42.

63. Laicité de l'État und vertragliche Partnerschaft zwischen Kirche und Staat, in: ThQ 175 (1995) 199-202.

64. Les nouvelles formes de procréation et leurs conséquences sur le droit de l'Église, in: RDC 45 (1995) 308-310.

65. The Position of Church and State in Austria, in: EJCSR 2 (1995) 91-93.

66. Die Bischofssynode und die Zusammenschlüsse der Bischofskonferenzen, in: Synodalrecht und Synodalstrukturen (vgl. Nr. 2.14), 31-66.

67. Chronique. La science canonique de langue allemande, in: RDC 46 (1996) 367-378.

68. Der Ehenichtigkeitsprozeß muß vereinfacht werden, in: ThQ 176 (1996) 153 f.

69. Fakultätenrecht im Wandel? Aktuelles über Katholisch-Theologische Fakultäten in Deutschland, in: ThQ 176 (1996) 138-152.

70. Konkordatäre Vereinbarungen und staatliches Religionsrecht. Grundsätzliche Fragen – Elemente einer Konkordatstheorie, in: Neue Verträge zwischen Kirche und Staat (vgl. Nr. 2.13), 13-29.

71. Stichworte zum Vertrag des Hl. Stuhles mit Polen, in: Neue Verträge zwischen Kirche und Staat (vgl. Nr. 2.13), 109-119.

72. Verträge zwischen Kirche und Staat in den neuen Bundesländern. Evangelische Kirche – katholische Kirche – jüdische Gemeinschaften, in: ThQ 176 (1996) 177-191.

73. Convenzioni concordatarie e diritto statale in materia religiosa. L'esperienza della Germania, in: QDPE 14 (1997) 313-330.

74. Das gewandelte Eheverständnis und die kanonistische Theorie und Praxis. Eine Anfrage an das Kirchenrecht, in: Bilderstreit um die Ehe (vgl. Nr. 2.15), 129-146.

75. La hiérarchie des normes en droit canonique, in: RDC 47 (1997) 127-142.

76. Das in Brandenburg eingeführte Unterrichtsfach Lebensgestaltung – Ethik – Religionskunde und der konfessionelle Religionsunterricht, in: Gott – mehr als Ethik? Der Streit um LER und Religionsunterricht, hg. v. Biesinger, Albert, Freiburg i. Br. 1997, 147-163.

77. Le mariage et les relations Eglise-Etat en Allemagne, in: Recueil canonique d'Arras 10 (1997) 141-167.

78a. Regulation und Deregulation in neueren römischen Dokumenten, in: ThQ 177 (1997) 189-202.

78b. Regulation und Deregulation in neueren römischen Dokumenten, in: Regulering en deregulering in het kerkelijk recht, hg. v. Martens, Kurt / Stiphout, Maurice van, Leuven 1998, 28-44.

79. Das synodale Prinzip in historischer, rechtstheologischer und kanonistischer Bedeutung, in: Dialog als Selbstvollzug der Kirche?, hg. v. Fürst, Gebhard, Freiburg i. Br. 1997, 242-269.

80. Was können wir aus den Voten eines Kollegialrichters lernen? Überlegungen zur Vereinfachung des Ehenichtigkeitsverfahrens aus der Sicht eines Richters, in: FG Rößler, 383-396.

81a. Die diakonische Funktion des Kirchenrechts in der Communio, in: FS Socha, 13-24.

81b. Kirchenrecht und Communio. Perspektiven auf dem Weg zu einem diakonischen Kirchenrecht in der Communio, in: ThQ 178 (1998) 194-208.

81c. Perspektiven auf dem Weg zu einem diakonischen Kirchenrecht in der Communio, in: Communio – Ideal oder Zerrbild von Kommunikation?, hg. v. Hilberath, Bernd J., Freiburg i. Br. 1999, 123-135.

82. Le droit allemand des religions en 1997, in: EJCSR 5 (1998) 11-22.

83. Der liturgische Leitungsdienst aus kirchenrechtlicher Perspektive, in: Wie weit trägt das gemeinsame Priestertum? Liturgischer Leitungsdienst zwischen Ordination und Beauftragung, hg. v. Klöckener, Martin / Richter, Klemens, Freiburg i. Br. 1998, 249-263.

84. Le nouveau règlement de l'élection pontificale, in: RDC 48 (1998) 163-174.

85. Ändert sich das Verhältnis von Kirche und Staat? Eine Analyse der aktuellen Situation in Deutschland mit einem Blick auf Frankreich, in: GS Schulz, 677-688.

86. Citoyens et fidèles dans les pays de l'Union Européenne. L'Allemagne. in: Cittadini e fedeli nei paesi dell'Unione Europea. Una doppia appartenenza alla prova della secolarizzazione e della mondializzazione. Atti del colloquio Università per Stranieri, Reggio Calabria, 12-15 Novembre, 1998, Milano 1999, 373-404.

87. Démocratie et synode. Le principe synodal dans une perspective historique, théologique et canonique, in: RDC 49 (1999) 125-140.

88. La diversité des religions et des phénoménes religieux, y compris l'indifférentisme engagé et les relations église-etat, in: Theologische Fakultät Leuven (Hg.), Conference of Catholic Theological Institutes, Leuven 1999, 1-16.

89. Die Dom- und Stiftskapitel, in: HdbKathKR^2, 475-479.

90. Le droit allemand des religions en 1998, in: EJCSR 6 (1999) 47-58.

91. Giovanni Paolo II e i concordati. Il finanziamento della Chiesa, in: QDPE 16 (1999) 111-125.

92. Die „Handreichung für die kirchliche Mitwirkung bei der Berufung von Theologieprofessoren" der Zentralstelle Bildung der Deutschen Bischofskonferenz von 1997, in: Bindung an die Kirche oder Autonomie? Theologie im gesellschaftlichen Diskurs, hg. v. Franz, Albert, Freiburg i. Br. 1999, 197-218.

93. Les pays germaniques combinant la tradition concordataire catholique et le système des églises établies protestantes. L'Autriche, in: Les origines historiques du statut des confessions religieuses dans les pays de l'Union Européenne, hg. v. Basdevant-Gaudemet, Brigitte, Paris 1999, 137-144.

94. Les pays germaniques combinant la tradition concordataire catholique et le système des églises établies protestantes. Introduction, in: Les origines historiques du statut des confessions religieuses (vgl. Nr. 3.93), 119-124.

95. Rechtsfragen um den Religionsunterricht und das brandenburgische Unterrichtsfach LER, in: FS Listl, 407-427.

96. Rechtsgeschäfte über das Kirchenvermögen, in: HdbKathKR^2, 1103-1108.

97. Der Rechtsschutz im Kirchenrecht zwischen Hierarchie und Grundrechten, in: ThQ 179 (1999) 179-194.

98. Religion, Ethik und LER als Pflichtfächer?, in: Ethik und Sozialwissenschaften 10 (1999) 438 f.

99. Die Verwaltung des Kirchenvermögens, in: HdbKathKR^2, 1093-1102.

100. Weiterdenken im kirchlichen Recht. Reformbedürftiges am „Codex Iuris Canonici" von 1983, in: HK 53 (1999) 80-84.

101. Après la décision de la cour constitutionelle fédérale. La présence de crucifix dans le locaux scolaires, in: RDC 50 (2000) 25-28.

102. Belastung und behutsame Weiterentwicklung. Zwölf Thesen zum deutschen Religionsrecht, in: ThQ 180 (2000) 308-312.

103. Entwicklungen in Österreich. In: Geschichte des kirchlichen Lebens in den deutschsprachigen Ländern seit dem Ende des 18. Jahrhunderts. Die Katholische Kirche. Band 6: Die Kirchenfinanzen, hg. v. Gatz, Erwin, Freiburg i. Br. 2000, 200-212.

104. Les facultés de théologie en Europe, in: StCan 34 (2000) 75-89.

105. Die Kirchenfinanzierung in Österreich seit dem Zweiten Weltkrieg, in: Geschichte des kirchlichen Lebens (vgl. Nr. 3.103), 341-357.

106. Die Kirchenfinanzierung nach dem CIC/1983 und den neuen konkordatären Vereinbarungen, in: Geschichte des kirchlichen Lebens (vgl. Nr. 3.103), 443-454.

107. Die Neuordnung in den habsburgischen Ländern unter Joseph II, in: Geschichte des kirchlichen Lebens (vgl. Nr. 3.103), 31-48.

108. Relations between Church and State in the Federal Republic of Germany in 1999, in: EJCSR 7 (2000) 71-89.

109. Die Religionen und das Recht. Grundlagen, Prinzipien und Strukturen des religiösen Rechts im Judentum, Islam und Christentum, in: Informationes theologiae Europae 9 (2000) 273-283.

110. Siebzehn Jahre Codex Iuris Canonici. Eine Bilanz – wie geht es weiter?, in: ThQ 180 (2000) 161-174.

111. Die Zeit der nationalsozialistischen Herrschaft in Österreich, in: Geschichte des kirchlichen Lebens (vgl. Nr. 3.103), 281-290.

112. L'avenir de la codification. Application et interprétation de la loi selon la théorie de l'interprétation mobile, in: RDC 51 (2001) 335-346.

113. Christliches und jüdisches Eheverständnis und deren rechtliche Implikationen, in: Das Judentum – eine bleibende Herausforderung christlicher Identität, hg. v. Groß, Walter, Mainz 2001, 55-77.

114. Einführung, in: Nach Scheidung im Recht (vgl. Nr. 2.18), 9-42.

115. Fragen des staatlichen Religionsrechtes um den Islam in Deutschland. Mit einem Blick auf die Europäische Union und einem Anhang zur Frage der Ehrenpromotion eines Muslimen an der Katholisch-Theologischen Fakultät der Eberhard-Karls-Universität Tübingen, in: ThQ 181 (2001) 307-328.

116. L'insegnamento della teologia. Alcune esperienze europee, in: QDPE 9 (2001) 205-211.

117. Kanonistisches zur Streitkultur in der kirchlichen Communio, in: Was ist heute noch katholisch? Zum Streit um die innere Einheit und Vielfalt der Kirche, hg. v. Franz, Albert, Freiburg i. Br. 2001, 135-159.

118. Legal Position of Churches, Church Autonomy and Tendencies in Jurisprudence. Report of Austria, in: Legal Position of Churches and Church Autonomy, hg. v. Warnink, Hildegard, Leuven 2001, 57-81.

119. Die Praxis der Diözesen im deutschen Sprachraum, in: Nach Scheidung im Recht (vgl. Nr. 2.18), 99-113.

120. Rechtsmeinung und Rechtsfortbildung. Die Entscheidungen der Konzilskongregation (1563-1908), in: FS Aymans, 463-479.

121. Relations Between Church and State in the Federal Republic of Germany in 2000, in: EJCSR 8 (2001) 35-60.

122. The Rights of Moslems and Islam in Germany, in: EJSCR 8 (2001) 61-89.
123. Statement zu den verfahrensrechtlichen Rahmenbedingungen, in: Bulletin ET 12 (2001) 73-92.
124. Bestandsgarantie und Umbildung von Lehrstühlen und Professorenstellen an staatlichen Katholisch-Theologischen Fakultäten in Deutschland, in: ZRG KA 88 (2002) 391-410.
125. Kirchenrecht gestern und heute, in: ThQ 182 (2002) 236-257.
126. Die Unterschiedlichkeit der Religionen und der religiösen Phänomene sowie des engagierten Humanismus und das Verhältnis von Kirchen und Staat, in: ThQ 182 (2002) 1-13.
127. Das Verhältnis von Lehramt und Leitungsamt in kirchenrechtlicher Perspektive, in: Bulletin ET 13 (2002) 182-194.
128. Die Amts- und Berufspflichten der kirchlich Bediensteten in Deutschland. Verfahrensweisen, die bei Verletzung dieser Pflichten durch die kirchlich Bediensteten, Kleriker und Laien, angewendet werden, in: ThQ 183 (2003) 39-70.
129. Das Domkapitel zum heiligen Martinus, in: Wo Kirche sich versammelt. Der Dom „St. Martin" zu Rottenburg in Geschichte und Gegenwart, hg. v. Groß, Werner, Ostfildern 2003, 181-206.
130. „Halte, was du hast!" Der Diözese Rottenburg-Stuttgart zum 175. Geburtstag, in: ThQ 183 (2003) 247-250.
131. Salus animarum suprema lex. Gültiges und richtiges Urteil in der Rechtsprechung der alten Heiligen Römischen Rota, in: FS Fürst, 329-359.
132. Zivilreligion. Einführung und Zusammenfassung, in: ThQ 183 (2003) 89-96.
133. Il diritto matrimoniale nei rapporti Chiesa-Stato nell'Unione Europea, in: Ho Theologos, hg. v. Pontificia Facoltà di Teologia di Palermo, Palermo 2004 (im Druck).
134. Die Kirchenordnung und die Grundlagen des Kirchenrechts, in: Theologie als Instanz der Moderne. Sebastian-Drey-Symposion der Katholisch-Theologischen Fakultät Tübingen, hg. v. Kessler, Michael / Fuchs, Ottmar, Frankfurt am Main 2004 (im Druck).
135. Les lieux de culte et la protection des monuments en Allemagne, in: Flores-Lonjou, Magalie / Messner, Francis, Lieux de culte, Strasbourg 2004 (im Druck).
136. Les obligations inhérentes à la charge de préposé ecclésiastique et leurs devoirs professionnels en Allemagne, in: La déontologie des ministéres ecclésiaux, hg. v. Christians, Louis-Léon, Paris 2004, 81-105 (im Druck).
137. PACS und Lebenspartnerschaft. Ehe, Konkubinat und Lebenspartnerschaft und die Kirchen in Frankreich und Deutschland. Ein Rechtsvergleich, in: Gott im Haus der Wissenschaft. Vorlesungen der Katholisch-Theologischen Fakultät Tübingen, hg. v. Baumann, Urs, Frankfurt am Main 2004 (im Druck).
138. Relations between Church and State in the Federal Republic of Germany in 2001, in: EJCSR 9 (2002) [2004] (im Druck).
139. Report on Austria, Belgium, Germany and the Netherlands, in: Oviedo-Meeting November 2003, hg. v. Hollerbach, Alexander, Milano 2004 (im Druck).
140. Salutation de participantes et brève introduction au colloque de Stuttgart avril 2003, in: LeSuppl Nr. 228 (vgl. Nr. 2.21) (im Druck).

141. L'unité allemande et le pluralisme religieux du XIXe au XXIe siècle, in: LeSuppl Nr. 228 (vgl. Nr. 2.21) (im Druck).

4. Lexikonartikel

1. Administrator, in: RGG⁴ I, 121.
2. Alter. IV. Kirchenrechtlich, in: LThK³ I, 452.
3. Apostolischer Vikar, in: RGG⁴ I, 653.
4. Authentik. I. Rechtsgeschichtlich, in: LThK³ I, 1286.
5. Authentizität. II. Kirchenrechtlich, in: LThK³ I, 1289.
6. Bigamie, in: LKStKR I, 256.
7. Bischofskollegium, in: RGG⁴ I, 1624 f.
8. Bischofskonferenz, in: RGG⁴ I, 1625.
9. Bischofskonvent, in: LThK³ II, 499.
10. Bischofssynode, in: RGG⁴ I, 1626.
11. Bischofsvikar, in: RGG⁴ I, 1626 f.
12. Bistum. II. Kirchenrechtlich, in: RGG⁴ I, 1632 f.
13. Bona fides. 2. Kanonisches Recht, in: LMA II, 399.
14. Breve, in: RGG⁴ I, 1756.
15. Codex Iuris Canonici (1917), in: RGG⁴ II, 409 f.
16. Codex Iuris Canonici (1983), in: RGG⁴ II, 410.
17. Confirmo, in: LThK³ II, 1294.
18. Corpus Iuris Canonici, in: LThK³ II, 1321-1324.
19. Datarie, in: LThK³ III, 32 f.
20. Datarie, in: LKStKR I, 372.
21. De legibus [Francisco Suárez], in: LthW, 176 f.
22. Defectus, in: RGG⁴ II, 611 f.
23. Degradation, in: RGG⁴ II, 613.
24. Designation. II. Kirchenrecht, in: LMA III, 728.
25. Devolutionsrecht, in: LMA III, 926.
26. Die Eigenkirche [Ulrich Stutz], in: LthW, 249 f.
27. Diebstahl. B. Kanonisches Recht, in: LMA III, 988.
28. Diözesansynode, in: RGG⁴ II, 865 f.
29. Dominativgewalt, in: RGG⁴ II, 930 f.
30. Dotation, in: LMA III, 1329.
31. Ehe. VII. Rechtlich. 2. Kirchliches Recht. a) Katholisch, in: RGG⁴ II, 1083 f.

32. Eigentum. A. II. Kanonisches Recht, in: LMA III, 1716.
33. Exemtion, in: LMA IV, 165.
34. Frau. B. II. Kanonisches Recht, in: LMA IV, 855.
35. Frau. VII. Kirchenrechtlich, in: LThK^3 IV, 70 f.
36. Gerichtsbarkeit, kirchliche. I. Katholische Kirche, in: StL^7 II, 913-916.
37. Gesetzeszweck, in: LKStKR II, 116 f.
38. Gesetzgebungsverfahren, II. Kath., in: LKStKR II, 124 f.
39. Inkardination, in: LMA V, 424.
40. Inquisition, in: Ergänzbares Lexikon des Rechts, Neuwied 1986 ff., 1/680.
41. Institutionenmethode, in: LKStKR II, 304 f.
42. Institutionensystem, in: LKStKR II, 305-307.
43. Investitur. II. Kirchenrecht, in: LMA V, 478.
44. Inzest. II. Kirchenrechtlich, in: LThK^3 V, 577.
45. Irregularität, in: LMA V, 663.
46. Iuris Ecclesiastici Publici [Camillo Tarquini], in: LthW, 410.
47. Kirchenamt. I. Im Verständnis der katholischen Kirche. 2. Kanonistisch, in: StL^7 III, 416-419.
48. Kirchenrecht. I. Geschichte. 3. Katholische Kirche, in: RGG^4 IV, 1271 f.
49. Kirchenrecht. II. Gegenwart. 1. Katholische Kirche, in: RGG^4 IV, 1273-1276.
50. Kirchenverfassung, II. Kath., in: LKStKR II, 532-537.
51. Kirchenvermögen, II. Kath., in: LKStKR II, 538-541.
52. Kollegiatkirche, Kollegiatstift, in: LMA V, 1253.
53. Kollekte, Kollektor, in: LMA V, 1254.
54. Konkordat, in: Katholisches Soziallexikon, hg. v. Klose, Alfred, Innsbruck ^{2}1980, 1477-1486.
55. Konzil. III. Kirchenrechtliche Stellung, in: StL^7 III, 671 f.
56. Laie, in: LMA V, 1616.
57. Lehrschreiben, kirchliche. III. Theologie, in: Historisches Wörterbuch der Rhetorik V, hg. v. Ueding, Gert, Tübingen 2001, 122-124.
58. Mala fides, in: LMA VI, 160.
59. Meßstipendium, in: LMA VI, 564.
60. Mitverantwortung in der Kirche, in: StL^7 III, 1188-1192.
61. Nomination, in: LMA VI, 1228.
62. Offizial, in: RGG^4 VI, 496.
63. Österreich, in: TRE XXV, 87-103.
64. Papst, in: Ergänzbares Lexikon des Rechts, Neuwied 1986 ff., 1/950.

65. Papst. 7. Papstwahl, in: StL^{7} IV, 286 f.
66. Pastoralrat, in: RGG^{4} VI, 996.
67. Patronat, -srecht. II. Westen, in: LMA VI, 1809.
68. Pfarrei, Pfarrorganisation, in: LMA VI, 2021.
69. Phillips, George, in: LThK^{3} VIII, 242 f.
70. Potestas ecclesiastica, in: LMA VII, 133.
71. Primas, in: RGG^{4} VI, 1660 f.
72. Privilegium fori, in: LMA VII, 228.
73. Provision. I. P. (provisio canonica), in: LMA VII, 285.
74. Raub. C. Kanonisches Recht, in: LMA VII, 472.
75. Recht, kanonisches. I. Römisch-katholische Kirche, in: TRE XXVIII, 256-277.
76. Reservation, in: LMA VII, 754.
77. Resignatio. I. Kanonistik, in: LMA VII, 757.
78. Sägmüller, Johann Baptist, in: LThK^{3} VIII, 1429.
79. Sakramentenrecht (altkanonisches), in: LMA VII, 1275.
80. Sandei, Felino Maria, in: LThK^{3} IX, 5 f.
81. Sedisvakanz, in: LMA VII, 1666.
82. Selig- und Heiligsprechungsverfahren, in: LMA VII, 1735.
83. Speisegebote, christlich, in: RGG^{4} VII (im Druck).
84. Spiritualia, in: LMA VII, 2123.
85. Spolienrecht, in: LMA VII, 2131.
86. Stolgebühren, in: LMA VIII, 190.
87. Suspension, in: LMA VIII, 332.
88. Synode. I. Begriff. II. Kirchengeschichtlich. III. Katholische Kirche, in: StL^{7} V, 410-414.
89. Taufkirche, -nverfassung, in: LMA VIII, 504.
90. Temporalia, in: LMA VIII, 540.
91. Teologia del Diritto Canonico [Eugenio Corecco], in: LthW, 707 f.
92. Theatrum veritatis et iustitiae [Giambattista De Luca], in: LthW, 712 f.
93. Titelkirchen, röm., in: LMA VIII, 814.
94. Titelkirchen, römische, in: LThK^{3} X, 54-56.
95. Titularbischof, in: LMA VIII, 815.
96. Tote Hand, in: LMA VIII, 894.
97. Um eine neue Kirchenordnung [Piet Huizing], in: LthW, 767.
98. Vermögen, kirchliches, in: LMA VIII, 1559.
99. Visitation, in: LMA VIII, 1748.

100. Vom Sinn und Zweck der Ehe [Herbert Doms], in: LthW, 788 f.
101. Wahl, in: Ergänzbares Lexikon des Rechts, Neuwied 1986 ff., 1/1270.
102. Wahlen, kirchliche. I. Katholische Kirche, in: StL^7 V, 843-845.
103. Weihbischof, in: LMA VIII, 2104.
104. Weihe, -grade, -hindernisse. A. I. Kanonisches Recht [Westkirche], in: LMA VIII, 2104.
105. Weihetitel, in: LMA VIII, 2109.
106. Weihetitel, in: RGG^4 VII (im Druck).
107. Weltliche Institute (instituta saecularia), in: RGG^4 VII (im Druck).
108. Wernz, Franz Xaver, in: $LThK^3$ X, 1105.
109. Witwe. A. I. Kanonisches Recht, in: LMA IX, 276.
110. Zehnt. I. Allgemeine Darstellung des Kirchenzehnten, in: LMA IX, 499.
111. Zerrüttung, in: $LThK^3$ X, 1439.
112. Zeuge. B. Kanonisches Recht, in: LMA IX, 583.
113. Zivilehe, in: $LThK^3$ X, 1474 f.
114. Alle Stichwörter aus katholischer Perspektive, in: Ökumenisches Lexikon kirchlicher Amtsbegriffe (vgl. Nr. 2.20).

5. Rezensionen

1. Buchbesprechung: Leisching, Peter, Kirche und Staat in den Rechtsordnungen Europas. Ein Überblick, Freiburg i. Br. 1973, in: AKathKR 144 (1975) 298 f.
2. Buchbesprechung: Erler, Adalbert, Kirchenrecht. Ein Studienbuch, München ^{4}1975, in: AKathKR 145 (1976) 666 f.
3. Buchbesprechung: Gordon, Ignacio / Grocholewski, Zenon, Documenta recentiora circa rem matrimonialem et processualem. 2 Bände, Roma 1977 und 1980, in: ThQ 161 (1981) 313.
4. Buchbesprechung: Kremsmair, Josef, Der Weg zum österreichischen Konkordat von 1933/34, Wien 1980, in: AKathKR 150 (1981) 318-321.
5. Buchbesprechung: Mikat, Paul (Hg.), Kirche und Staat in der neueren Entwicklung, Darmstadt 1980, in: ThQ 161 (1981) 313 f.
6. Buchbesprechung: Möck, Charlotte, Staat und Kirchen. Bibliographie zu ihrem rechtlichen Verhältnis in der Bundesrepublik Deutschland. Berichtszeit 1968-1977. Mit einem Anhang über das Verhältnis von Staat und Kirchen in der Deutschen Demokratischen Republik, Hamburg 1979, in: ThQ 161 (1981) 315.
7. Buchbesprechung: Müller, Hubert, Das Gesetz in der Kirche „zwischen“ amtlichem Anspruch und konkretem Vollzug, München 1978, in: ThQ 161 (1981) 154 f.
8. Buchbesprechung: Patzelt, Erna, Die fränkische Kultur und der Islam. Mit besonderer Berücksichtigung der nordischen Entwicklung. Eine universalhistorische Studie, Aalen ^{2}1978, in: ThQ 161 (1981) 235 f.

9. Buchbesprechung: Ramadan, Said, Das islamische Recht. Theorie und Praxis, Wiesbaden 1980, in: ThQ 161 (1981) 236 f.

10. Buchbesprechung: Schmitz, Heribert, Auf der Suche nach einem neuen Kirchenrecht. Die Entwicklung von 1959 bis 1978, Freiburg i. Br. 1979, in: ThQ 161 (1981) 155 f.

11. Buchbesprechung: Schwendenwein, Hugo, Rechtsfragen in Kirche und Staat, Graz 1979, in: ThQ 161 (1981) 156 f.

12. Zeitschriftenbesprechung: Communicationes, Roma 1969 ff., in: ThQ 162 (1982) 267 f.

13. Buchbesprechung: Erler, Adalbert, Kirchenrecht. Ein Studienbuch, München ^{5}1983, in: ThQ 163 (1983) 235.

14. Buchbesprechung: Lüdicke, Klaus, Eherecht. Canones 1055-1165, Essen 1983, in: ThQ 163 (1983) 331 f.

15. Buchbesprechung: Prader, Josef, Das kirchliche Eherecht in der seelsorglichen Praxis. Orientierungshilfe für die Ehevorbereitung und Beratung in Krisenfällen. Mit Hinweisen auf die Rechtsordnungen der Ostkirchen, Bozen 1983, in: ThQ 163 (1983) 331 f.

16. Buchbesprechung: Ruf, Norbert, Das Recht der katholischen Kirche nach dem neuen Codex Iuris Canonici. Für die Praxis erläutert, Freiburg i. Br. u. a. 1983, in: ThQ 163 (1983) 331 f.

17. Buchbesprechung: Schwendenwein, Hugo, Das neue Kirchenrecht. Gesamtdarstellung, Graz 1983, in: ThQ 163 (1983) 235 f.

18. Buchbesprechung: Sebott, Reinhold, Das neue kirchliche Eherecht, Frankfurt am Main 1983, in: ThQ 163 (1983) 331 f.

19. Buchbesprechung: Wegan, Martha, Ehescheidung – Auswege mit der Kirche, Graz u. a. ^{2}1983, in: ThQ 163 (1983) 233-235.

20. Buchbesprechung: Zapp, Hartmut / Mosiek, Ulrich, Kanonisches Eherecht, Freiburg i. Br. ^{6}1983, in: ThQ 163 (1983) 233-235.

21. Buchbesprechung: Barraclough, Geoffrey, Die Welt des Christentums. Kirche und Gesellschaft in zwei Jahrtausenden, München 1982, in: ThQ 164 (1984) 235 f.

22. Buchbesprechung: Hehl, Ernst-Dieter, Kirche und Krieg im 12. Jahrhundert. Studien zu kanonischem Recht und politischer Wirklichkeit, Stuttgart 1980, in: ThQ 164 (1984) 155 f.

23. Buchbesprechung: Zwack, Joseph P., Annullment. Your Chance to Remarry Within the Catholic Church. A Step-by-Step Guide Using the New Code of Canon Law, New York 1983, in: ThQ 165 (1985) 251 f.

24. Buchbesprechung: Ritzer. Korbinian, Formen, Riten und religiöses Brauchtum der Eheschließung in den christlichen Kirchen des ersten Jahrtausends, Münster 1982, in: ThQ 166 (1986) 157.

25. Buchbesprechung: Bender, Bernd / Sparwasser, Reinhard, Umweltrecht. Eine Einführung in das öffentliche Recht des Umweltschutzes, Heidelberg 1988, in: ThQ 168 (1988) 253.

26. Buchbesprechung: Cattaneo, Arturo, Questioni fondamentali della canonistica nel pensiero di Klaus Mörsdorf, Pamplona 1986, in: ThQ 168 (1988) 343 f.

27. Buchbesprechung: Gaudemet, Jean, Les sources du droit de l'église en occident du II. au VII. siècle, Paris 1985, in: ThQ 168 (1988) 252 f.
28. Buchbesprechung: Lenz, Gisela, Die Rechtsbeziehung zwischen dem Land Hessen und der katholischen Kirche unter besonderer Berücksichtigung der Bistumsverträge vom 9. März 1963 und 29. März 1974, Frankfurt am Main 1987, in: ThQ 168 (1988) 344 f.
29. Buchbesprechung: May, Georg / Egler, Anna, Einführung in die kirchenrechtliche Methode, Regensburg 1986, in: ThQ 168 (1988) 251 f.
30. Buchbesprechung: Pree, Helmuth, Österreichisches Staatskirchenrecht, Wien u. a. 1984, in: ThQ 168 (1988) 345.
31. Buchbesprechung: Sobański, Remigiusz, Grundlagenproblematik des katholischen Kirchenrechts, Wien u. a. 1987, in: ThQ 168 (1988) 172 f.
32. Buchbesprechung: Le Tourneau, Dominique, Le droit canonique, Paris 1988, in: ThQ 169 (1989) 251.
33. Buchbesprechung: Schnizer, Helmut / Woisetschläger, Kurt, Kirche und Staat – Symbol und Kunst, Würzburg 1987, in: ThQ 169 (1989) 153.
34. Aufsatzbesprechung: Colloque droit canonique – droit civil (Poitiers 20-22 avril 1989). Divorce et nullité de mariage (AnCan 32 [1989] 21-195), in: ThQ 170 (1990) 221 f.
35. Buchbesprechung: Duquoc, Christian, La femme, le clerc et le laïc. Oecuménisme et ministère, Genf 1989, in: ThQ 170 (1990) 223 f.
36. Buchbesprechung: Echeverría, Lamberto de (Hg.), Code de droit canonique annoté. Traduction et adaptation françaises des commentaires de l'Université pontificale de Salamanque. Traduction par Alexandre Soria-Vasco, Paris 1989, in: ThQ 170 (1990) 144 f.
37. Buchbesprechung: Gaudemet, Jean, Le droit canonique, Paris 1989, in: ThQ 170 (1990) 143.
38. Buchbesprechung: Jeegers, Christine, L'engagement matrimonial des époux. Une nouvelle approche des causes de nullité de mariage communes en droit canon aux droits civils français et belge, Louvain-la-Neuve u. a. 1988, in: ThQ 170 (1990) 220 f.
39. Buchbesprechung: Valdrini, Patrick, Droit canonique, Paris 1989, in: ThQ 170 (1990) 146 f.
40. Buchbesprechung: Bajada, Joseph, Sexual Impotence. The Contribution of Paolo Zacchia (1584-1659), Roma 1988, in: ThQ 171 (1991) 149 f.
41. Buchbesprechung: Heckel, Martin, Die Vereinigung der evangelischen Kirchen in Deutschland, Tübingen 1990, in: ThQ 171 (1991) 233-235.
42. Buchbesprechung: Le Bourgeois, Armand, Chrétiens divorcés remariés, Paris ^{2}1990, in: ThQ 171 (1991) 74 f.
43. Buchbesprechung: Maisonneuve, Henri, L'Inquisition, Paris 1989, in: ThQ 171 (1991) 150-152.
44. Zeitschriftenbesprechung: Praxis juridique et religion. Revue semestrielle ouverte aux interrogations actuelles du droit des religions, Strasbourg 1984 ff., in: ThQ 171 (1991) 154.

45. Buchbesprechung: Reinhardt, Heinrich J. F., Die kirchliche Trauung. Ehevorbereitung, Trauung und Registrierung der Eheschließung im Bereich der Deutschen Bischofskonferenz. Texte und Kommentar, Essen 1990, in: ThQ 171 (1991) 152 f.

46. Buchbesprechung: Schmitt Glaeser, Walter, Die Stellung der Bundesländer bei einer Vereinigung Deutschlands, Berlin 1990, in: ThQ 171 (1991) 73 f.

47. Buchbesprechung: Schmitz Heribert / Kalde, Franz, Partikularnormen der deutschsprachigen Bischofskonferenzen, Metten 1990, in: ThQ 171 (1991) 152 f.

48. Buchbesprechung: Gampl, Inge / Potz, Richard / Schinkele, Brigitte, Österreichisches Staatskirchenrecht, 2 Bände, Wien 1990 und 1993, in: ThQ 172 (1992) 73 f.

49. Buchbesprechung: Marré, Heiner, Die Kirchenfinanzierung in Kirche und Staat der Gegenwart. Die Kirchensteuer im internationalen Umfeld kirchlicher Abgabensysteme und im heutigen Sozial- und Kulturstaat Bundesrepublik Deutschland, Essen ³1991, in: ThQ 172 (1992) 71-73.

50. Buchbesprechung: Del Giudice, Federico, Il diritto ecclesiastico, Napoli 1993, in: ThQ 173 (1993) 53-56.

51. Buchbesprechung: Finocchiaro, Francesco, Diritto ecclesiastico, Bologna ²1989, in: ThQ 173 (1993) 53-56.

52. Buchbesprechung: Fürst, Carl G., Canones-Synopse zum Codex Iuris Canonici und Codex Canonum Ecclesiarum Orientalium, Freiburg i. Br. 1992, in: ThQ 173 (1993) 151-153.

53. Buchbesprechung: Garelli, Franco, Religione e chiesa in Italia, Bologna 1991, in: ThQ 173 (1993) 53-56.

54. Buchbesprechung: Hirnsperger, Johann, Statuten der österreichischen Domkapitel, Metten 1992, in: ThQ 173 (1993) 327-329.

55. Buchbesprechung: Kalde, Franz, Authentische Interpretationen zum Codex Iuris Canonici. Responsiones authenticae PCI, i. e. Collectio responsionum a Pontificia Commissione Codici Iuris Canonici authentice interpretando annis 1984-1989 datarum, Metten 1990, in: ThQ 173 (1993) 327-329.

56. Buchbesprechung: Kotzur, Hubert, Kollisionsrechtliche Probleme christlich-islamischer Ehen. Dargestellt am Beispiel deutsch-maghrebinischer Verbindungen, Tübingen 1988, in: ThQ 173 (1993) 153 f.

57. Buchbesprechung: Long, Gianni, Le confessioni religiose „diverse dalla cattolica". Ordinamenti interni e rapporti con lo Stato, Bologna 1991, in: ThQ 173 (1993) 53-56.

58. Buchbesprechung: Morgante, Marcello, Il concordato tra la Santa Sede e la Repubblica Italiana. Nella revisione del 18. febbraio 1984, Torino 1988, in: ThQ 173 (1993) 53-56.

59. Buchbesprechung: Prader, Joseph, Il matrimonio in Oriente e Occidente, Roma 1992, in: ThQ 173 (1993) 151-153.

60. Zeitschriftenbesprechung: Quaderni di diritto e politica ecclesiastica, Bologna 1984 ff., in: ThQ 173 (1993) 53-56.

61. Buchbesprechung: Reuter, Timothy / Silagi, Gabriel, Wortkonkordanz zum Decretum Gratiani, 5 Bände, München 1990, in: ThQ 173 (1993) 252 f.

62. Buchbesprechung: Werckmeister, Jean, Petit dictionnaire de droit canonique, Paris 1993, in: ThQ 173 (1993) 329 f.

63. Buchbesprechung: Carlen, Louis, Neue Bistumsgrenzen – neue Bistümer, Fribourg 1992, in: AKathKR 163 (1994) 663-665.

64. Buchbesprechung: Chélini Jean / Chelini, Blandine, Histoire de l'église. Nos racines pour comprendre notre présent, Paris 1993, in: ThQ 174 (1994) 244 f.

65. Buchbesprechung: Kremser, Holger, Der Rechtsstatus der evangelischen Kirchen in der DDR und die neue Einheit der EKD, Tübingen 1993, in: ThQ 174 (1994) 327 f.

66. Buchbesprechung: Tomko, Jozef, Sinodo dei Vescovi. Natura, metodo, prospettive, Città del Vaticano 1985, in: ThQ 174 (1994) 250 f.

67. Buchbesprechung: Le Bourgeois, Armand, Questions des divorcés à l'Église, Paris 1994, in: ThQ 175 (1995) 142-146.

68. Buchbesprechung: Carlen, Louis, Neue Bistumsgrenzen – neue Bistümer. Vorträge einer Tagung an der Universität Freiburg vom 21. Februar 1992, Fribourg 1992, in: ThQ 175 (1995) 374 f.

69. Buchbesprechung: Duby, Georges, Ritter, Frau und Priester. Die Ehe im feudalen Frankreich, Frankfurt am Main 1985, in: ThQ 175 (1995) 142-146.

70. Buchbesprechung: Gaudemet, Jean, Église et cité. Histoire du droit canonique, Paris 1994, in: ThQ 175 (1995) 142-146.

71. Buchbesprechung: Göbel, Gerald, Das Verhältnis von Kirche und Staat nach dem Codex Iuris Canonici des Jahres 1983, Berlin 1993, in: ThQ 175 (1995) 73 f.

72. Buchbesprechung: Hohberg, Hermann, Inventario dell'Archivio della Sacra Romana Rota, Città del Vaticano 1994, in: ThQ 175 (1995) 232 f.

73a. Buchbesprechung: Musselli, Luciano, Manuale di diritto canonico e matrimoniale, Bologna 1995, in: RDC 45 (1995) 405-407.

73b. Buchbesprechung: Musselli, Luciano, Manuale di diritto canonico e matrimoniale, Bologna 1995, in: ThQ 175 (1995) 233 f.

74. Buchbesprechung: Riedel-Spangenberger, Ilona, Grundbegriffe des Kirchenrechts, Paderborn 1992, in: ThQ 175 (1995) 234.

75a. Buchbesprechung: della Rocca, Fernando, Diritto matrimoniale canonico, Padova ^{3}1992, in: ThQ 175 (1995) 376.

75b. Buchbesprechung: della Rocca, Fernando, Diritto matrimoniale canonico, Padova ^{3}1992, in: DPM 2 (1995) 346 f.

76. Aufsatzbesprechung: Werckmeister, Jean, La fidélité conjugale dans le droit canonique médiéval, Revue de droit canonique 44 (1994) 17-31, in: ThQ 175 (1995) 142-146.

77. Buchbesprechung: Bertolino, Rinaldo, Matrimonio canonico e bonum coniugum. Per una lettura personalistica del matrimonio cristiano, Torino 1995, in: ThQ 176 (1996) 247.

78. Buchbesprechung: Carlen, Louis (Hg.), Trennung von Kirche und Staat. Vorträge an einer Tagung an der Universität Freiburg/Schweiz, Fribourg 1994, in: ThQ 176 (1996) 85 f.

79. Zeitschriftenbesprechung: Collana di studi di diritto canonico ed ecclesiastico, Torino 1989 ff., in: ThQ 176 (1996) 247 f.

80. Zeitschriftenbesprechung: European Journal for Church and State Research, Leuven 1994 ff., in: ThQ 176 (1996) 83 f.

81. Buchbesprechung: Koja, Friedrich (Hg.), Hans Kelsen oder die Reinheit der Rechtslehre, Wien 1988, in: ThQ 176 (1996) 248-251.

82. Buchbesprechung: Khoury, Adel Theodor, Christen unterm Halbmond. Religiöse Minderheiten unter der Herrschaft des Islam, Freiburg i. Br. u. a. 1994, in: ThQ 176 (1996) 166-168.

83. Zeitschriftenbesprechung: De processibus matrimonialibus. Fachzeitschrift zu Fragen des kanonischen Ehe- und Prozeßrechtes, Hildesheim 1994 ff., in: ThQ 177 (1997) 69 f.

84. Zeitschriftenbesprechung: Kirche & Recht. Zeitschrift für die kirchliche und staatliche Praxis, Neuwied 1995 ff., in: ThQ 177 (1997) 69 f.

85. Buchbesprechung: Menuz, L., Divorcés remariés. De la communion ecclésiale à la communion eucharistique. Contribution à la recherche, Annecy 1996, in: ThQ 177 (1997) 154 f.

86. Buchbesprechung: Messner, Francis (Hg.), La culture religieuse à l'école. Enquête, prises de position, pratiques européennes, Paris 1995, in: ThQ 177 (1997) 154.

87. Buchbesprechung: Nersinger, Ulrich, Selig- und Heiligsprechungen heute. Eine Information, Klosterneuburg ^{2}1996, in: ThQ 177 (1997) 150-152.

88. Zeitschriftenbesprechung: Revue de droit canonique, Strasbourg 1951 ff., in: ThQ 177 (1997) 70.

89. Buchbesprechung: Schmugge, Ludwig, Kirche, Kinder, Karrieren. Päpstliche Dispense von der unehelichen Geburt im Spätmittelalter, Zürich 1995, in: ThQ 177 (1997) 70-72.

90. Buchbesprechung: Sekretariat der Deutschen Bischofskonferenz / Kirchenamt der Evangelischen Kirche in Deutschland (Hg.), Zum Verhältnis von Staat und Kirche im Blick auf die Europäische Union. Gemeinsame Stellungnahme zu Fragen des europäischen Einigungsprozesses, Bonn 1995, in: ThQ 177 (1997) 152-153.

91. Buchbesprechung: Siegel, Rainer, Die Finanzierung anerkannter Kirchen und Religionsgemeinschaften. Ein Vergleich zwischen Österreich und Frankreich, Linz 1994, in: ThQ 177 (1997) 72-74.

92. Buchbesprechung: Gatz, Erwin, Der Diözesanklerus, Freiburg i. Br. 1995, in: ThQ 178 (1998) 173.

93. Buchbesprechung: Messner, Francis (Hg.), Les statuts de l'enseignement religieux, Paris 1996, in: ThQ 178 (1998) 246 f.

94. Buchbesprechung: Minnerath, Roland, Histoire des conciles, Paris 1996, in: ThQ 178 (1998) 74.

95. Buchbesprechung: Sebott, Reinhold, Fundamentalkanonistik. Grund und Grenzen des Kirchenrechts, Frankfurt am Main 1993, in: ThQ 178 (1998) 72-74.

96. Buchbesprechung: Torfs, Rik, A Healthy Rivalry. Human Rights in the Church, Leuven 1995, in: ThQ 178 (1998) 172-173.

97. Buchbesprechung: Werckmeister, Jean, Yves de Chartres, Le prologue, Paris 1997, in: ThQ 178 (1998) 170-172.

98. Buchbesprechung: Durand, Jean-Paul, Les Institutions religieuses, Paris 1999, in: RDC 49 (1999) 416.

99. Buchbesprechung: Ecarius, Herrmann, Auf der Suche nach dem einen Gott, Karlsruhe 1998, in: ThQ 179 (1999) 322.

100. Buchbesprechung: Erdö, Peter, Theologie des kanonischen Rechts. Ein systematisch-historischer Versuch, Münster 1999, in: ThQ 179 (1999) 321 f.

101. Buchbesprechung: Ferrari, Silvio / Ibán, Iván C., Diritto e religione in Europa occidentale, Bologna 1997, in: ThQ 179 (1999) 320 f.

102. Buchbesprechung: Gatz, Erwin (Hg.), Kirche und Katholizismus seit 1945, 2 Bände, Paderborn u. a. 1998 und 1999, in: ThQ 179 (1999) 232 f.

103. Buchbesprechung: Krumenacker, Yves, Histoire de l'Eglise et théologie, Lyon 1996, in: ThQ 179 (1999) 143-145.

104. Buchbesprechung: Llobell, Joaquin / De León, Enrique / Navarrete, Jesús, Il libro „De processibus" nella codificazione del 1917. Studi e documenti, Milano 1999, in: ThQ 179 (1999) 318 f.

105. Buchbesprechung: Werner, Gitta, Verfassungsrechtliche Fragen des Ersatzunterrichts zum Religionsunterricht, Bonn 1998, in: ThQ 179 (1999) 235.

106. Buchbesprechung: Basdevant-Gaudemet, Brigitte / Messner, Francis, Les origines historiques du statut des confessions religieuses dans les pays de l'union européenne, Paris 1999, in: ThQ 180 (2000) 229 f.

107. Zeitschriftenbesprechung: Il concordati di Papa Woytila = Quaderni di diritto e politica ecclesiastica 1999/1, in: ThQ 180 (2000) 158 f.

108. Buchbesprechung: Congrégation pour la doctrine de la foi (Hg.), La pastorale de divorcées remariés, Paris 1999, in: ThQ 180 (2000) 230 f.

109. Buchbesprechung: Durand, Jean-Paul, Les institutions religieuses, Paris 1999, in: ThQ 180 (2000) 231.

110. Buchbesprechung: Martín de Agar, José T., Raccolta di Concordati 1950-1999, Città del Vaticano 2000, in: ThQ 180 (2000) 232.

111. Buchbesprechung: Metz, René, Le nouveau droit des églises orientales catholiques, Paris 1997, in: ThQ 180 (2000) 156-158.

112. Buchbesprechung: Berlingò, Salvatore (Hg.), Code Européen Droit et Religions, Band 1: U.E. – Les Pays de la Méditerranée, Milano 2001, in: ZRG KA 88 (2002) 520-523.

113. Urteilsanmerkung: Gibt es jetzt „ökumenische Kirchenverträge" mit Mitwirkung von Christgläubigen? Kommentar zu BVerfG v. 11.12.2001, 1 BvF 1/96, in: ThQ 182 (2002) 63-65.

114. Urteilsanmerkung: Kommentar zu BVerfG v. 19.12.2000, 2 BvR 1500/97, in: ThQ 182 (2002) 65-67.

115. Buchbesprechung: Muscheler, Karlheinz, Das Recht der eingetragenen Lebenspartnerschaft, Berlin 2001, in: ThQ 182 (2002) 60-63.

116. Buchbesprechung: Schwab, Dieter, Familienrecht, München ^{11}2001, in: ThQ 182 (2002) 60-63.

117. Buchbesprechung: Wieshaider, Wolfgang, Denkmalschutzrecht. Eine systematische Darstellung für die österreichische Praxis, Wien 2002, in: NomoK@non (vgl. Nr. 2.17) (im Erscheinen).

6. Übersetzungen

1. Übersetzung der Vollmachten für den Primas von Polen, Kardinal Hlond (Reskript der S. Congregatio degli affari ecclesiastici straordinari v. 8. Juli 1945), in: Scholz, Franz, Zwischen Staatsräson und Evangelium. Kardinal Hlond und die Tragödie der ostdeutschen Diözesen. Tatsachen – Hintergründe – Anfragen, Frankfurt am Main 1988, 95-98.
2. Konkordat zwischen dem Heiligen Stuhl und der Republik Polen v. 28. Juli 1993, übers. v. Puza, Karin / Puza, Richard, in: Neue Verträge zwischen Kirche und Staat (vgl. Nr. 2.13), 133-145.
3. Durand, Jean-Paul, Zivilreligion zwischen Trennung und Vertrag unter Staaten und Religionsgemeinschaften am Beispiel Frankreichs, Ungarns und Deutschlands, übers. v. Herghelegiu, Monica-Elena / Puza, Richard, in: ThQ 183 (2003) 135-147.
4. Musselli, Luciano, Zivilreligion in Italien, übers. v. Puza, Karin / Puza, Richard, in: ThQ 183 (2003) 167-176.
5. Werckmeister, Jean, „Religion civile" und katholisches Kirchenrecht, übers. v. Werckmeister, Jean / Herghelegiu, Monica-Elena / Puza, Richard, in: ThQ 183 (2003) 128-134.
6. Übersetzungen der französischen Zusammenfassungen der RDC ins Deutsche.

Im Schriftenverzeichnis verwendete Abkürzungen

AKathKR	Archiv für katholisches Kirchenrecht, Mainz 1857 ff.
Bulletin ET	Bulletin der Europäischen Gesellschaft für katholische Theologie, Münster 1990 ff.
DPM	De Processibus Matrimonialibus, Fankfurt am Main u. a. 1994 ff.
EJCSR	European Journal for Church and State Research, Leuven 1994 ff.
FG Pototschnig	Scientia Canonum. FG für Franz Pototschnig zum 65. Geburtstag, hg. v. Paarhammer, Hans / Rinnerthaler, Alfred, München 1991.
FG Rößler	Iustitia in Caritate. FG für Ernst Rößler zum 25jährigen Dienstjubiläum als Offizial der Diözese Rottenburg-Stuttgart, hg. v. Puza, Richard / Weiß, Andreas, Frankfurt am Main u. a. 1997.
FG Schwendenwein	Recht im Dienste des Menschen. Eine Festgabe. Hugo Schwendenwein zum 60. Geburtstag, hg. v. Lüdicke, Klaus / Paarhammer, Hans / Binder, Dieter A., Graz 1987.
FS Aymans	Communio in Ecclesiae Mysterio. FS für Winfried Aymans zum 65. Geburtstag, hg. v. Geringer, Karl-Theodor / Schmitz, Heribert, St. Ottilien 2001.
FS Carlen	FS für Louis Carlen zum 60. Geburtstag, hg. v. Morsak, Louis C. / Escher, Markus, Zürich 1989.
FS Fürst	Ius Canonicum in Oriente et Occidente. FS für Carl Gerold Fürst zum 70. Geburtstag, hg. v. Zapp, Hartmut / Weiß, Andreas / Korta, Stefan, Frankfurt am Main u. a. 2003.
FS Heinemann (70)	Theologia et Ius Canonicum. FG für Heribert Heinemann zur Vollendung seines 70. Lebensjahres, hg. v. Reinhardt, Heinrich J.F., Essen 1995.
FS Listl	Dem Staate, was des Staates, der Kirche, was der Kirche ist. FS für Joseph Listl zum 70. Geburtstag, hg. v. Isensee, Josef / Rees, Wilhelm / Rüfner, Wolfgang, Berlin 1999.
FS Plöchl (70)	Ex aequo et bono. Willibald M. Plöchl zum 70. Geburtstag, hg. v. Leisching, Peter / Potz, Richard / Pototschnig, Franz, Innsbruck 1977.
FS Schmitz	Iuri Canonico Promovendo. FS für Heribert Schmitz zum 65. Geburtstag, hg. v. Aymans, Winfried / Geringer, Karl-Theodor unter Mitwirkung v. Krämer, Peter / Riedel-Spangenberger, Ilona, Regensburg 1994.
FS Socha	Iustitia et modestia. FS für Hubert Socha zur Vollendung seines 65. Lebensjahres, hg. v. Boekholt, Peter / Riedel-Spangenberger, Ilona, München 1998.
GrNKirchR	Grundriß des nachkonziliaren Kirchenrechts, hg. v. Listl, Joseph / Müller, Hubert / Schmitz, Heribert, Regensburg 1980.
GS Schulz	Winfried Schulz in memoriam. Schriften aus Kanonistik und Staatskirchenrecht, hg. v. Mirabelli, Cesare / Feliciani, Giorgio / Fürst, Carl G. / Pree, Helmuth, Frankfurt am Main u. a. 1999.
HdbKathKR^1	Handbuch des katholischen Kirchenrechts, hg. v. Listl, Joseph / Müller, Hubert / Schmitz, Heribert, Regensburg 1983.
HdbKathKR^2	Handbuch des katholischen Kirchenrechts, hg. v. Listl, Joseph / Schmitz, Heribert, Regensburg ^{2}1999.
HK	Herder-Korrespondenz. Monatshefte für Gesellschaft und Religion, Freiburg i. Br. 1946 ff.
NVwZ	Neue Zeitschrift für Verwaltungsrecht, München 1982 ff.

LeSuppl	Le Supplément. Revue d'éthique et théologie morale. Revue trimestrielle, Paris 1970 ff.
LKStKR	Lexikon für Kirchen- und Staatskirchenrecht, hg. v. Campenhausen, Axel von / Riedel-Spangenberger, Ilona / Sebott, Reinhold unter Mitarbeit v. Hallermann, Heribert, Paderborn u. a. 2000 ff.
LMA	Lexikon des Mittelalters, 10 Bde., hg. v. Bautier, Robert-Henri / Auty, Robert / Angermann, Norbert, München u. a. 1980-1998.
LThK^{3}	Lexikon für Theologie und Kirche, begr. v. Buchberger, Michael, hg. v. Kasper, Walter, 11 Bde., Freiburg i. Br. u. a. ^{3}1993-2001.
LthW	Lexikon theologischer Werke, hg. v. Eckert, Michael / Herms, Eilert / Hilberath, Bernd J. / Jüngel, Eberhard, Stuttgart 2003.
ÖAKR	Österreichisches Archiv für Kirchenrecht, Wien 1950-1998 (danach öarr).
PerRCan	Periodica de re canonica, Roma 1991 ff.
QDPE	Quaderni di diritto e politica ecclesiastica, Bologna 1985 ff.
RDC	Revue de droit canonique, Strasbourg 1951 ff.
RGG^{4}	Religion in Geschichte und Gegenwart. Handwörterbuch für Theologie und Religionswissenschaft, hg. v. Betz, Hans D., Tübingen ^{4}1998 ff.
RQ	Römische Quartalschrift für christliche Altertumskunde und Kirchengeschichte, Roma 1887 ff.
StCan	Studia Canonica, Ottawa 1967 ff.
StL^{7}	Staatslexikon der Görres-Gesellschaft, 7 Bde., Freiburg i. Br. ^{7}1985-1993.
StZ	Stimmen der Zeit. Katholische Monatsschrift für das Geistesleben der Gegenwart, Freiburg i. Br. 1914 ff.
ThQ	Theologische Quartalschrift, Tübingen 1819 ff.
TRE	Theologische Realenzyklopädie, hg. v. Krause, Gerhard / Müller, Gerhard, Berlin u. a. 1977 ff.
ZRG KA	Zeitschrift der Savigny-Stiftung für Rechtsgeschichte. Kanonistische Abteilung, Weimar 1911 ff.

Adnotationes in Ius Canonicum

Herausgegeben von Elmar Güthoff und Karl-Heinz Selge

Band 1 Anton Morhard: Die gerichtliche Berufung im kanonischen Recht. Eine Analyse des klassischen remedium iuris. 1995.

Band 2 Elmar Güthoff (Hrsg.): Der Schutz des geistigen Eigentums in den Schriften von Winfried Schulz. Festgabe für Theodor Schmitz zur Vollendung des 80. Lebensjahres. 1997.

Band 3 Richard Puza/Andreas Weiß (Hrsg.): Iustitia in caritate. Festgabe für Ernst Rößler zum 25jährigen Dienstjubiläum als Offizial der Diözese Rottenburg-Stuttgart. 1997.

Band 4 Ernst Freiherr von Castell: Alkoholismus in der Rechtsprechung der Rota Romana. 1997.

Band 5 Burghard Pimmer-Jüsten: Facultas vel licentia imponendi tributa sacerdotibus. Partikularrechtliche Untersuchung zu den diözesanen "Pflichtabgaben" der Kleriker. 1997.

Band 6 Jürgen Olschewski: Das Recht auf Sakramentenempfang. Zur Entwicklung eines Fundamentalrechtes der Gläubigen vom Konzil von Trient bis zur Gegenwart. 1998.

Band 7 Martin Grichting: Die Umschreibung der Diözesen. Die Kriterien des II. Vatikanischen Konzils für die kirchliche Zirkumskriptionspraxis. 1998.

Band 8 Cesare Mirabelli/Giorgio Feliciani/Carl Gerold Fürst/Helmuth Pree (Hrsg.): Winfried Schulz in memoriam. Schriften aus Kanonistik und Staatskirchenrecht. 1999.

Band 9 Christoph Kühn: Die Rechtsbeziehungen des Heiligen Stuhls zum Europarat. 1999.

Band 10 Peter Stockmann: Außerordentliche Gemeindeleitung. Historischer Befund – Dogmatische Grundlegung – Kirchenrechtliche Analyse – Offene Positionen. 1999.

Band 11 Jürgen Cleve: Inkompatibilität und Kumulationsverbot. Eine Untersuchung zu c. 152 CIC/1983. 1999.

Band 12 Karl-Heinz Selge: Ehe als Lebensbund. Die Unauflöslichkeit der Ehe als Herausforderung für den Dialog zwischen katholischer und evangelisch-lutherischer Theologie. 1999.

Band 13 Elmar Güthoff / Karl-Heinz Selge (Hrsg.): Der Staat der Vatikanstadt, der Heilige Stuhl und die Römische Kurie in den Schriften von Winfried Schulz. Città del Vaticano, Santa Sede e Curia Romana negli Scritti di Winfried Schulz. Franz X. Walter zur Vollendung des 70. Lebensjahres. 1999.

Band 14 Hermann Kahler: Absentia consensus. Der fehlende Mindestwille zur Ehe als Ehenichtigkeitsgrund. 1999.

Band 15 Nikolaus Schöch: Die kirchenrechtliche Interpretation der Grundprinzipien der christlichen Anthropologie als Voraussetzung für die eheprozessrechtliche Beurteilung der psychischen Ehekonsensunfähigkeit. Eine kanonistische Studie unter besonderer Berücksichtigung der päpstlichen Allokutionen und der Judikatur der Römischen Rota. 1999.

Band 16 Michael Landau: Amtsenthebung und Versetzung von Pfarrern. Eine Untersuchung des geltenden Rechts unter besonderer Berücksichtigung der Rechtsprechung der Zweiten Sektion des Höchsten Gerichts der Apostolischen Signatur. 1999.

Band 17 Paul Weibel: Das Selbstbestimmungsrecht der römisch-katholischen Kirche. Eine staatskirchenrechtliche Studie am Beispiel des Kantons Schwyz. 2003.

Band 18 Stefan Korta: Der katholische Kirchenvertrag Sachsen. 2001.

Band 19 Jürgen Wätjer: Das katholische Domkapitel zu Hamburg von den Anfängen bis zur Reformation und seine Wiedererrichtung 1996. Eine kanonistische Untersuchung. 2001.

Band 20 Bernd Matecki: Der Traktat *In primis hominibus*. Eine theologie- und kirchenrechtsgeschichtliche Untersuchung zu einem Ehetext der Schule von Laon aus dem 12. Jahrhundert. Anhang: Edition des Traktates *In primis hominibus*. 2001.

Band 21 Stefan Gatzhammer: Der Souveränitätsanspruch des Apostolischen Stuhles in päpstlichen Lehraussagen und in der Kanonistik von 1846 bis 1978. 2001.

Band 22 Andreas Franitza: Das Domkapitel zu Hildesheim in der Zeit zwischen Preußenkonkordat (1929) und Niedersachsenkonkordat (1965) und seine Statuten von 1984. 2001.

Band 23 Péter Erdö: Die Quellen des Kirchenrechts. Eine geschichtliche Einführung. 2002.

Band 24 Rüdiger Althaus / Rosel Oehmen-Vieregge / Jürgen Olschewski (Hrsg.): Aktuelle Beiträge zum Kirchenrecht. Festgabe für Heinrich J. F. Reinhardt zum 60. Geburtstag. 2002.

Band 25 Hartmut Zapp / Andreas Weiß / Stefan Korta (Hrsg.): Ius Canonicum in Oriente et Occidente. Festschrift für Carl Gerold Fürst zum 70. Geburtstag. 2003.

Band 26 Johnson Michael Kallidukil: The Canonical Significance of the Synod of Bishops of 1994 on Consecrated Life. From the *Lineamenta* to the *Vita consecrata*. 2003.

Band 27 Hubert Schiepek: Der Sonntag und kirchlich gebotene Feiertage nach kirchlichem und weltlichem Recht. Eine rechtshistorische Untersuchung. 2003.

Band 28 Andreas Weiß / Stefan Ihli (Hrsg.): Flexibilitas Iuris Canonici. Festschrift für Richard Puza zum 60. Geburtstag. 2003.

Band 29 Benita von Beyme: Die Baulast für das Freiburger Münster. 2003.

Band 30 Nikolaus Schöch: Festlegung, Änderung und Konformität von Klagegründen im kanonischen Eheprozess. 2003.

Band 31 Andreas Weiß / Stefan Ihli (Hrsg.): Kulturgutschutz und Kirche, Bibel und Kirchenrecht. Symposion und Festakt anlässlich des 60. Geburtstags von Professor Dr. Richard Puza. 2004.

www.peterlang.de

FSC
www.fsc.org
MIX
Papier | Fördert
gute Waldnutzung
FSC® C083411

Kolibri 360 GmbH
Ferdinand-Jühlke-Straße 7
99095 Erfurt, Deutschland
produktsicherheit@kolibri360.de

Druck:
CPI Druckdienstleistungen GmbH
im Auftrag der
Kolibri 360 GmbH
Ferdinand-Jühlke-Str. 7
99095 Erfurt